本书受到南京大学理论经济学博士后流动站资助

金融发展对技术创新的
影响机制与对策研究

黄婷婷　著

中国财经出版传媒集团

经济科学出版社
Economic Science Press

图书在版编目（CIP）数据

金融发展对技术创新的影响机制与对策研究/黄婷婷著．－－北京：经济科学出版社，2022.11
ISBN 978 – 7 – 5218 – 4153 – 4

Ⅰ．①金…　Ⅱ．①黄…　Ⅲ．①金融业－经济发展－影响－技术创新机制－研究－中国　Ⅳ．①F279.23

中国版本图书馆 CIP 数据核字（2022）第 197098 号

责任编辑：王红英　汪武静
责任校对：徐　昕
责任印制：王世伟

金融发展对技术创新的影响机制与对策研究
黄婷婷　著
经济科学出版社出版、发行　新华书店经销
社址：北京市海淀区阜成路甲 28 号　邮编：100142
总编部电话：010 – 88191217　发行部电话：010 – 88191522
网址：www.esp.com.cn
电子邮箱：esp@ esp.com.cn
天猫网店：经济科学出版社旗舰店
网址：http://jjkxcbs.tmall.com
北京季蜂印刷有限公司印装
710 × 1000　16 开　19.25 印张　280000 字
2023 年 1 月第 1 版　2023 年 1 月第 1 次印刷
ISBN 978 – 7 – 5218 – 4153 – 4　定价：75.00 元
（图书出现印装问题，本社负责调换．电话：010 – 88191510）
（版权所有　侵权必究　打击盗版　举报热线：010 – 88191661
QQ：2242791300　营销中心电话：010 – 88191537
电子邮箱：dbts@ esp.com.cn）

前　言

改革开放以来，经济增长方式仍主要是依靠生产要素投入带动增长的粗放型模式，技术进步带动经济增长的贡献较低，理论研究和中国实践经验都表明创新是经济增长的源泉。在全球资源日趋短缺，市场竞争日趋激烈的情况下，企业创新成为中国经济增长动力的关键支撑点，如何有效提升企业技术创新能力，已经成为各部门重点关注的焦点。技术创新需要大量研发投入资金，金融发展在促进技术创新和提高生产率过程中扮演着重要的角色。金融发展如何影响企业的技术创新？现有文献由于数据和理论的局限性对这个问题研究还不够深入。

金融是经济发展持续过程的核心，金融活动在国民经济中广泛存在，且作用日益明显。金融支持是经济发展过程中一种特殊的资源，它可以动员储蓄，降低交易成本，改善经济运行过程中资金的供给和需求，从而推进技术创新，促进经济增长。本书主要从三个方面阐述金融发展对技术创新的作用。第一，在金融整体发展方面，金融水平提升可以更好地提供融资等服务，企业在技术创新时更容易获取资金支持，即金融整体水平地提升会缓解企业面临的融资约束问题，对企业技术创新更有利；同时从行业层面，金融资本的支持更有利于外部融资依赖性显著的行业和高技术密集型行业的技术创新。第二，从结构视角分析，随着我国自主创新的不断推进，银行体系难以满足企业技术创新的资金需求，间接融资相比于直接融资所表示的金融结构也需要不断优化，以适应企业技术创新；随着"走出去"战略的实施，金融开放成为国内对外开放的重要方面，金融对外开放结构也是技术创新的重要影响因素。第三，金融创新是金融发展的推动力，金融创新是金融发展的表现。从耦合视角看，金融创新和技术创新两大系统之间的耦合、互动关系，反映金融创新通过影响技术创新进而作用于经济增长。现实经济中，金融发展与技术创新一直都是互动共生的状态，金融的发展为技术创新带来了更有效的资金支持，同时每一次技术革新带来的财富增长，也必然能够促进金融业的发展，金融支持与技术相结合构成了中国经济增长的新动力。

首先，本书揭示了中国金融发展与技术创新的现状。采用定量和定性的方法分析了金融发展、技术创新以及金融发展对技术创新的影响。结果发现，我国金融体系仍然是以银行体系间接融资为主导，资本市场等直接融资为辅的局面。从开放角度看，整体上国际资本流动总额呈现上升趋势，资本账户开放度指标反映了中国渐进式的资本账户自由化开放战略。无论是基于法定规则还是基于事实情况，我国资本账户开放程度均呈现不断提升的状态。但相比于发达经济体和一些新兴经济体，我国在资本账户方面的开放程度仍处在较低水平。企业技术创新方面，通过定量统计分析发现，中国企业创新呈现自主创新能力不足，模仿创新为主的局面。鉴于上述事实分析，接下来要讨论金融发展是如何影响技术创新的。第一，金融发展可以通过缓解企业面临的融资约束问题，进而影响企业的生产率，推动经济增长。第二，银行业可能对企业创新存在的负向影响，主要是因为以银行业为主的间接融资存在厌恶风险的特征，而企业创新活动通常是风险较高的项目，因此会存在一定的消极作用。第三，区域金融差异化是企业创新异质性的重要原因，金融发展越好，市场化程度越高，处理和防范风险的能力较强。第四，构建耦合模型考察金融创新与技术创新的关系，发现金融创新与技术创新之间存在较高的协调性。

其次，阐述金融综合发展水平对技术创新的影响。企业层面上，基于中国沪深两市上市企业数据证明此结论。研究发现，地区金融支持可以通过缓解企业投资融资约束，进而推动企业技术创新；考虑金融支持对融资约束的缓解作用，企业投资行为对生产率具有显著的促进作用。基于产权结构差异分析，金融支持在缓解国有企业和私营企业融资约束进而刺激技术创新、提升生产率过程中的作用都显著，国有上市企业显著性稍强。基于区域差异估计表明，金融发展通过缓解融资约束促进技术创新的效应在东部最为显著，在西部最弱。行业层面上，这里通过引入行业异质性变量，说明哪种类型的行业更有利于金融发展对技术创新的作用发生。结论表明：股票市场发展对外部融资依赖型行业的技术创新有较大的积极作用；信贷市场的发展对外部融资依赖型行业的技术创新相对较小；股票市场的发展将更有利于促进高技术密集型行业的技术创新；相比之下，信贷市场发展对高技术密集型行业技术创新的促进作用较小。

再次，将金融体系结构划分为金融内部结构和金融开放结构两个视角分别分析其对技术创新的影响。在金融内部结构层面：第一，基于简单技术外生增长模型分析最优金融结构稳态条件以及动态演化过程，并构建计量模型探究金融内部结构对技术创新的影响，结果发现以银行体系指标与金融市场指标比值（代表金融内部结构对企业技术创新）的影响是显著为负，说明市场主导型金融机构比银行主导型金融结构更有利于企业进行技术创新；第二，在此基础上运用面板分位数回归方法分析金融内部结构对企业技术创新边际效应的演化，发现边际效应的演化轨迹随时间呈现明显的上升趋势，即市场主导型金融结构对技术创新的促进作用会随着时间的变化而不断增强。在金融开放结构层面：分别讨论基于法定的金融开放结构和基于事实的资本开放对技术创新的作用，结果发现，控制了国家政治风险因素及其他公共因素后，除个别资本账户控制对创新影响是正向的以外，其他资本账户控制会阻碍企业的技术创新；无论是静态关系分析还是动态影响分析，都发现资本开放结构对技术创新产出和创新决策存在持续的积极作用。

最后，创新不仅存在于技术部门，同时也存在于金融部门，基于金融创新与技术创新高度协调的耦合关系，同时引入金融创新和技术创新构建适当的理论模型，考察金融创新是如何通过影响技术创新共同作用于经济发展的。第一，通过构建简单的计量模型分析单纯的金融创新对经济增长影响的不确定性，这里的金融创新是通过构建指标体系来确定的。第二，为金融创新对经济增长作用找到最合适的中介机制——技术创新，将金融创新体系和企业技术创新体系放在同一个系统中，考察两者之间的耦合关系。在此基础上构建灰色关联度模型测算两大体系的各个指标之间的耦合度，结果发现金融创新体系和研发支出占比之间的耦合度都介于 0.45~0.6，处在磨合时期（中度协调），而与专利申请数的耦合度都介于 0.6~0.8，说明金融创新体系与企业自主创新体系之间的耦合度更高，为本书考察金融创新是如何通过影响技术创新共同作用于经济做好铺垫。第三，在证明了金融创新与技术创新之间存在中高水平耦合程度的基础上，分析金融创新通过技术创新作用于经济增长的效应，在模型中引入交叉项，采用两阶段最小二乘法（以内生变量的滞后一期作为工具变量），结论表明：企业技术创新能够带动技术进步，推动经济增长；单纯的金融创新（包括金融创新规模、金融创新效率和金融创新结构）对经济增长的作用不明确，甚至是起显著抑制作用；在金融创新效率体系与企业技术创新体系的协同作用下，金融创新能够通过影响技术创新进而能更好地促进经济增长。

在本书付梓之际，心中充满了感动和喜悦。一方面，本书是基于笔者的博士论文进行编写的，具有重要的意义，博士论文从选题到开题，再到成稿、定稿的完成过程令笔者难忘，能够顺利出版也是对笔者学术研究的肯定；另一方面，本书在编写过程中采纳了高波教授提出的意见和建议，在此致以衷心感谢，另外感谢王辉龙教授、李言副教授、孔令池博士、雷红博士、王紫绮博士、陈诚博士生等提出的建议。本书能够顺利出版，要特别感谢经济科学出版社的编辑所给予耐心、细致的帮助。希望本书能够对金融发展以及企业创新相关问题感兴趣的读者带来一定的启发，并为未来的相关研究提供新的思路。

　　不积跬步，无以至千里，学术研究的道路是漫长的，未来笔者将不断沉淀积累，在金融发展、金融制度改革研究的道路上不忘初心、砥砺前行！

黄婷婷

2022 年 9 月

目　　录

第1章　绪论 ·· 1

1.1　研究背景 ··· 1

1.2　研究意义 ··· 3

1.3　研究思路、技术路线和研究方法 ············· 5

1.4　研究可能的创新之处 ························· 9

第2章　概念、基础理论和文献综述 ················ 11

2.1　概念界定与范畴 ······························· 11

2.2　基础理论 ·· 25

2.3　文献综述 ·· 33

2.4　本章小结 ·· 44

第3章　金融发展与技术创新的现状分析 ·········· 45

3.1　中国的金融发展的事实分析 ················· 45

3.2　技术创新的现状与创新模式分析 ············· 72

3.3　技术创新的金融支持事实分析 ··············· 79

3.4　本章小结 ·· 86

第4章 金融发展对技术创新的影响机制 ┈┈┈┈┈┈ 87

4.1 技术创新项目投资失败原因分析 ┈┈┈┈┈┈ 88

4.2 金融部门对技术创新影响的机制分析 ┈┈┈┈ 90

4.3 金融部门对技术创新影响的理论模型 ┈┈┈┈ 98

4.4 本章小结 ┈┈┈┈┈┈┈┈┈┈┈┈┈┈┈┈ 108

第5章 金融综合发展水平对技术创新的影响 ┈┈┈┈ 109

5.1 金融综合发展水平、融资约束和技术创新 ┈┈ 109

5.2 基于行业异质性视角下金融发展对技术创新的影响 ┈┈ 131

5.3 本章小结 ┈┈┈┈┈┈┈┈┈┈┈┈┈┈┈┈ 171

第6章 金融结构演化对技术创新的影响 ┈┈┈┈┈┈ 173

6.1 企业技术创新进程中金融内部结构的边际效应演化 ┈┈ 173

6.2 金融开放结构对技术创新的影响 ┈┈┈┈┈┈ 194

6.3 本章小结 ┈┈┈┈┈┈┈┈┈┈┈┈┈┈┈┈ 230

第7章 金融创新的技术创新效应：经济增长视角 ┈┈┈ 231

7.1 金融创新对经济增长影响的不确定关系 ┈┈┈ 232

7.2 金融创新的技术创新效应：经济增长视角 ┈┈ 248

7.3 本章小结 ┈┈┈┈┈┈┈┈┈┈┈┈┈┈┈┈ 269

第8章 结论、政策建议与研究展望 ┈┈┈┈┈┈┈┈ 270

8.1 主要结论 ┈┈┈┈┈┈┈┈┈┈┈┈┈┈┈┈ 271

8.2 政策建议 ┈┈┈┈┈┈┈┈┈┈┈┈┈┈┈┈ 273

8.3 研究展望 ┈┈┈┈┈┈┈┈┈┈┈┈┈┈┈┈ 275

参考文献 ┈┈┈┈┈┈┈┈┈┈┈┈┈┈┈┈┈┈┈┈ 277

第1章

绪 论

1.1 研究背景

中国的实践经验表明技术进步是经济增长的动力源泉，但是改革开放四十多年来，中国仍是依靠生产要素投入带动的经济增长。在全球资源日趋短缺，市场竞争日趋激烈的情况下，企业创新成为中国经济增长动力的关键支撑点，如何有效提升企业技术创新能力，已经成为各部门重点关注的焦点。企业技术创新过程中对资金的需求较高，只有当存在充足的资金时，才会完成技术创新项目。金融在我国国民经济中的作用逐渐扩大，延伸范围较广。金融支持是经济发展过程中一种特殊的资源，它可以动员储蓄，降低交易成本，改善经济运行过程中资金的供给和需求，从而可以推进技术创新，促进经济增长。经过几十年的发展，中国金融市场已经建立了包括银行、股票、债券和基金在内的完整的金融体系。从量的角度来看，1999 年中国银行机构融资额为 10.88 万亿元，非银行金融机构融资的数额是 0.24 万亿元，只占总量的 2% 左右。

到 2015 年非银行金融机构筹资额 3.53 万亿元，但是仍然占总量的比例较低。这说明我国金融市场仍保持着银行业垄断的局面，资本市场在金融业的地位不高。

党的十九大报告中也明确提出做好全国金融深化工作，保证信贷投放的稳定性，发展多层次资本市场，降低企业融资成本，缓解企业在投资活动中面临的融资约束等问题，强化创新加大金融支持实体经济力度，为适应目前国内产业结构升级的客观要求，银行应从消费金融、技术金融、普惠金融和绿色金融四个方面进一步支持实体经济。

自 20 世纪 90 年代后，出现了"科技金融"的概念，反映出金融市场与技术相结合的新经济增长范式。2019 年中国人民银行印发了《金融科技（FinTech）发展规划（2019—2021 年)》（以下简称"规划"），这是金融科技第一份科学且全面的规划。《规划》明确提出未来三年金融科技工作的各个方面，特别是建立健全我国金融科技发展的"四梁八柱"，确定未来三年六方面重点任务，为金融科技发展指明了方向和路径，对金融科技发展具有重要和深远的意义。在《规划》的指引下，我国金融机构以及监管部门各司其职、齐心协力，充分发挥金融科技赋能作用，不断增强金融风险防范能力，进一步推动我国金融业高质量发展。

为什么金融发展与技术创新之间存在紧密的联系呢？不仅是因为金融整体发展对技术创新的资金支持作用，更体现在技术创新过程中最优金融结构的形成以及金融创新与技术创新协同作用于经济增长的过程。第一，在金融整体发展方面，金融水平的提升可以更好地提供金融融资服务，企业在技术创新时更容易获取资金支持，即金融整体水平的提升会缓解企业面临的融资约束问题，对企业创新更有利；同时从行业层面，金融资本的支持更有利于高技术密集型行业的创新。第二，在金融结构优化方面，在技术创新过程中不同的金融结构充当着不同的角色，最优金融结构的演化路径问题也值得关注，随着我国自主创新的不断推进，银行体系难以满足企业技术创新的资金需求，间接融资相比于直接融资所表示的金融结构也需要不断优化以适应企业技术创新。第三，金融创新是金融发展的推动力，在金融创新和技术创新两大系统之间的互动，金融创新可以通过影响技术创新协同作用于经济增长。

现实经济中，金融发展与技术创新一直都是共生的状态，金融发展为技术创新带来了更有效的资金支持，同时每一次技术革新带来的财富增长，也必然能够促进金融业的发展。金融与技术相结合构成了中国经济增长的动力。那么金融发展如何影响技术创新？技术创新进程中金融结构的边际效应如何演化？在现实经济下，金融创新与技术创新之间是否存在耦合关系？如果存在，耦合程度如何？在两者结合共同作用于经济增长时，如何克服内生性问题？厘清这些问题，不仅有利于我们更好地理解金融和技术两者的密切关系，加强对技术创新过程中最优金融结构演化路径的理解，更有助于我国构建更完善的金融体系，以更好地服务于技术创新。

1.2 研究意义

1.2.1 理论意义

第一，有利于丰富金融发展与企业技术创新的理论内涵。从金融的多个层面分析其对企业技术创新的作用。现有研究大多只是单独地考虑宏观金融发展水平的作用，而忽略了金融结构演化与金融创新的影响。为了更深入地分析金融体系是如何对技术创新发挥作用，我们将分析划分为金融整体发展、金融结构演化、金融创新，考察其对技术创新的影响。

第二，有关金融结构的文献中，虽然有少量文献讨论了市场主导型金融结构与银行主导型金融结构的区别，但并没有很深入地讨论金融内部结构和金融开放结构，也没有很好地运用定量方法来完善这方面的研究。本书将金融结构进行细分，并定量建模分析技术创新过程中的最优金融结构演化，考察不同金融内部结构对技术创新的作用，更加丰富了金融领域的研究，具有一定的理论价值。

第三，目前研究样本大多数选用的是宏观层面的，主要是由于微观数据处理的复杂性和获取的难度较大。本书多处从企业微观样本层面分析，丰富了已有的经验分析。另外，本书将金融创新体系和技术创新体系放在同一个经济系统下，通过建立适当的模型进行实证分析金融创新与技术创新的耦合作用对经济增长的影响，具有理论意义。

1.2.2 实践意义

在中国建设创新型国家的大背景下，在新发展理念下，强调金融与技术的结合至关重要。虽然中国在金融科技领域已经有了一定的基础，但金融科技的快速发展已经逐渐模糊了金融业务的边界，金融风险传导突破了时间和空间的限制，给货币政策和金融稳定带来了新的挑战。

我国金融科技发展仍然不平衡、不充分。缺乏顶层设计和总体规划，各市场主体在科技能力、创新动力、人才队伍、体制机制等方面失衡；产业基础相对薄弱，尚未形成具有国际影响力的生态系统；迫切需要完善金融科技发展的基础设施、政策法规和标准体系。

本书的研究将理论运用到金融与技术创新的实践当中，探究金融体系对技术创新的关系，提出相关对策建议，既有助于解决上述存在的问题，为中国未来新技术支持的金融发展提供政策建议，也有助于我国建立更完善的基于技术创新的金融体系。为促进经济又好又快发展，实现经济协调可持续增长提供科学的理论指导和现实依据。

1.3 研究思路、技术路线和研究方法

1.3.1 研究思路与技术路线

本书在我国金融综合发展水平、金融结构和金融市场的现状分析的基础上，首先以企业和行业视角考察金融综合发展对技术创新的作用；其次分别探究金融结构演化对技术创新的影响、金融创新通过与技术创新的耦合关系共同作用于经济增长的机制（具体思路见图 1–1）。

1.3.2 章节安排

第 1 章，绪论。从研究背景、研究意义出发，并精要论述了本书的研究思路和研究方法等，同时阐述本书研究创新和不足之处。

第 2 章，概念、基础理论和文献综述。分三部分进行论述：第一，对金融发展、金融结构、金融创新和技术创新进行相关概念界定；第二，阐述基础理论，包括金融发展理论和创新理论的演进，金融发展理论，从金融结构理论、金融抑制与金融深化理论、金融功能论和金融创新论分别说明了金融发展理论的历史和现状；创新理论的演进，从马克思到后来的熊彼特创新理论、波特创新理论，再到创新理论的新发展，阐明了创新理论发展的演进过程，在此基础上还重点分析了中国独具特色的创新发展理念；第三，文献综述部分根据本书研究的需要将以往文献的研究成果进行梳理总结，分别论述了金融发展、金融结构及金融创新指标的测度、技术创新指标的测度、金融发展对技术创新的影响、金融结构对技术创新的影响、金融创新与技术创新的关系这五个方面的研究现状。

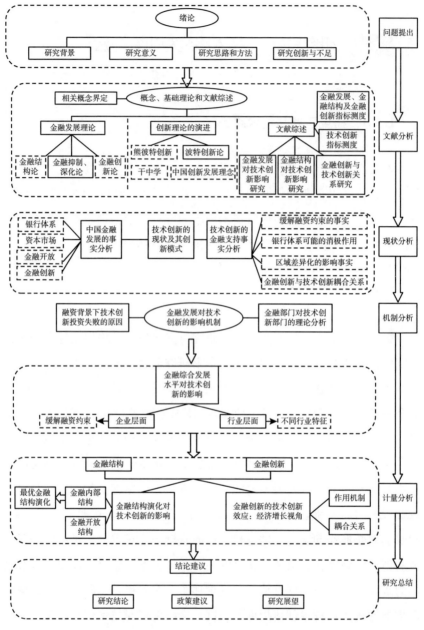

图1-1 本书技术路线

注: 笔者绘制。

第 3 章，金融发展与技术创新的现状分析。这部分采用定量和定性的方法分析了金融发展、技术创新以及金融发展对技术创新影响的事实。首先，从银行体系、资本市场、金融开放和金融创新四个层面分析了金融的发展状况。其次，分析技术创新的现状时，先指出自主创新能力不足的现状和问题，再通过定量统计的方法对地区模仿创新和自主创新的指标进行测算。最后，描述金融发展对技术创新影响的特征事实。第一，金融发展可以通过缓解企业面临的融资约束问题，从而影响企业的生产率，进而推动经济增长。第二，银行业可能对企业创新存在的负向影响，主要是因为银行业为主的间接融资存在厌恶风险的特征，而企业创新活动通常是风险较高的项目，因此会存在一定的消极作用。第三，区域金融差异化是企业创新异质性的重要原因，金融发展越好，市场化程度越高，处理和防范风险的能力较强。第四，构建耦合模型考察金融创新与技术创新的关系，发现金融创新与技术创新之间存在较高的协调性。

第 4 章，金融发展对技术创新的影响机制。本章主要建立在熊彼特创新理论的基础上，借鉴罗默（Romer，1990）、格罗斯曼和赫尔普曼（Grossman and Helpman，1991）以及阿吉翁和霍伊特（Aghion and Howitt，1992），构建一个内生增长模型分析金融发展如何通过作用于技术创新进而影响经济增长的内在机制。一方面，模型建立在众所周知的熊彼特创新理论上，即企业通过寻求垄断利润来促进创新；另一方面，在熊彼特理论基础上引入金融机构的重要性，因为金融机构可以对企业家进行评估和融资，激励企业通过开展技术创新活动并将新产品推向市场。

第 5 章，金融综合发展水平对技术创新的影响。这一章分别从上市企业层面和国民经济行业分类层面阐述金融发展整体水平对技术创新的影响，企业层面上，技术创新的结果表现为技术进步，在内生增长理论模型中可以体现为生产率的提升，因此需要分析的是金融发展水平是否能够通过缓解企业的融资约束进而促进企业生产率的提升；行业层面上，这里通过引入行业异质性特征变量，说明哪种类型的行业更有利于金融发展对技术创新的作用发生。

第6章，金融结构演化对技术创新的影响。本章将金融体系结构划分为金融内部结构和金融开放结构两个方面进行分析。金融内部结构又可以分为银行业主导的金融结构和市场主导型的金融结构，金融开放结构主要讨论资本账户开放结构。第一，重点考察金融内部结构对技术创新的影响机制，分析技术创新进程中金融内部结构的演化态势；第二，考察金融开放结构对技术创新的影响机制，从制度化视角说明基于法定规则的金融开放制度对技术创新的影响；同时通过理论分析和构建计量模型讨论基于实际情况的资本账户开放对技术创新的影响。

第7章，金融创新的技术创新效应：经济增长视角。第一，通过构建简单的计量模型分析金融创新对经济增长影响的不确定性。第二，为金融创新对经济增长作用找到最合适的中介机制——技术创新，将金融创新体系和企业技术创新体系放在同一个系统中，考察两者之间的耦合关系，在此基础上构建灰色关联度模型测算两大体系的各个指标之间的耦合度。第三，在证明了金融创新与技术创新之间存在中高水平耦合程度的基础上，分析金融创新通过技术创新作用于经济增长的效应。

第8章，结论、政策建议与研究展望。本章主要是对本书分析结论总的概述。首先，综合本书研究进行评价分析；其次，结合本书结论对中国金融发展以及经济发展提出建设性建议；最后，在本书研究基础上探讨未来的研究方向和展望。

1.3.3 研究方法

本书主要使用的研究方法归纳如下：

（1）文献研究法。本书为研究金融发展与技术创新的关系，通过文献研究法，对具有代表性的文献进行评述。通过调查文献来获得资料，从而全面地、正确地了解掌握研究方法。

（2）理论模型数理分析法。本书在第 3 章对金融发展对技术创新影响的机制构建了一个统一的理论模型；在第 5 章企业层面部分也构建了简单的理论模型，分析金融发展水平的提升是如何缓解企业融资约束问题，进而影响技术创新的机制；在第 7 章分析金融创新体系如何通过技术创新体系协同作用于经济增长时，也是构建了一个理论模型。

（3）静态分析和动态分析相结合。静态分析范式主要是强调结果，而动态分析范式则强调作用的过程。例如，本书在分析金融结构对技术创新的作用时既采用了静态分析，又采用了动态分析，动态分析部分就体现在最优金融结构优化方面；同时，在考察金融创新和技术创新时，就将两大系统放在同一个经济环境下进行两者之间的协同互动作用讨论，考察金融创新通过技术创新影响经济增长是典型的动态分析思路。

（4）统计分析和计量分析相结合。统计分析是将定量和定性方法与分析对象的相关知识相结合的一种研究活动；计量分析是通过构建合适的计量模型，采用有效的计量方法进行估计，书中大多数采用的是计量分析的方法，包括固定效应模型（FE）、两阶段最小二乘法模型（2SLS）、倾向得分匹配模型（PSM）等。

1.4　研究可能的创新之处

1.4.1　研究对象的创新

现有研究中不少文献从宏观层面分析金融发展对技术创新的作用，忽视了创新主体的微观性，本书则多处运用到工业企业数据库，将样本定位到工业企业，更全面、更准确地说明金融与技术的内在联系。尤其是在研究金融开放结构对技术创新作用时，通过对《境外投资企业（机构）名录》与《工业企业数据库》匹配得到微观数据。

1.4.2　研究视角的创新

金融发展对技术创新的影响，不仅体现在金融宏观发展水平，更体现在金融结构和金融创新上。本书首先从企业和行业层面探讨金融综合发展水平的技术创新影响，其次从"结构"视角分析金融结构对技术创新的作用，并以"耦合"视角考察金融创新通过技术创新对经济增长的作用。从不同的视角，分别探讨金融体系的不同因素对技术创新的不同作用，而不仅仅将研究对象局限于宏观金融。

1.4.3　研究方法的创新

这里重点指出，在分析金融与技术之间内在联系时，综合运用了面板回归、固定效应模型（FE）、两阶段最小二乘法模型（2SLS）、倾向得分匹配模型（PSM）等多种研究方法，较好地克服了模型潜在的有效性和内生性问题。

第 2 章

概念、基础理论和文献综述

2.1 概念界定与范畴

2.1.1 金融发展相关概念与范畴

戈登史密斯（Goldsmith，1969）首次提出了"金融发展"的概念，在其代表作《金融结构和发展》中从金融结构的视角定义了金融发展，认为金融发展实质上是金融结构的演进，金融结构就是由金融工具和金融机构共同决定的。金融是现代经济的核心，它能服务于实体经济促进经济发展。不同法律制度、外部环境、政策导向的国家的金融体系也各具特色。一般意义上的金融发展是一个包含金融要素的有机系统，承担着资金融通、风险控制以及监管的职能，其中金融要素包括金融资产、金融中介机构和金融市场等。

金融资产是指由单位和个人拥有的资产的价值，是实物资产的对称，是针对所有的金融工具在有组织的金融市场和现实的交易价格和未来的估值。金融资产的最大特点是它能够在市场交易中向其所有者提供即期或未来的货币收入流。金融资产包括金融市场上的所有金融工具。金融资产可以分为现金、现金等价物以及其他。现金是指个人拥有的以现金或高流动性资产形式存在的资产。其他金融资产是指个人由于投资行为而形成的资产，如各类股票和债券等。金融资产具有货币性、流通性、风险性和收益性等特征。

金融中介是指在金融市场融资过程中充当资本供求中介的个人或机构。金融中介是指从盈余单位吸收资金，向赤字单位提供资金，并提供各种金融服务的经济体。金融中介机构的功能主要包括信用创造、清算支付、资源配置、信息提供和风险管理。早期很多学者把金融中介机构分为两大类：货币系统和非货币的中介机构。

金融市场是指经营货币资金借贷、外汇交易、证券交易、债券和股票的发行场所的总称。直接金融市场和间接金融市场共同构成了整个金融市场。金融市场可以按照两种方法分类。一是按融资期限，可分为货币市场和资本市场。货币市场包括票据贴现市场、短期存贷款市场、短期债券市场和金融机构之间的拆借市场等；资本市场包括长期贷款市场和证券市场。二是按交易对象，可分为本币市场、外汇市场、黄金市场、证券市场等。

从金融发展的重点方向看，可以将金融发展划分为金融结构发展和金融创新发展。在金融体系发展过程中，目前存在几方面的不足：一是规模虽然迅速扩大，但是相对金融发展质量不高；二是结构上存在一定的问题，目前中国金融发展仍然是以银行部门为代表的间接融资为主要融资方式，资本市场比重依旧较低，因此金融结构需要进一步优化；三是创新能力较弱，虽然出现了如影子银行之类的非银行部门的融资主体，但是影子银行发展对经济的作用目前仍是争议的问题，除此之外，金融创新的能力不足还体现在效率较低。因此从金融体系发展中的问题可以看出：金融结构优化和金融创新能力提升是目

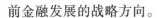

前金融发展的战略方向。

2.1.2 金融结构相关概念与范畴

金融发展可以从不同的视角进行分析，金融结构能够顺应经济发展格局的改变，满足实体经济的金融需求；金融创新也是技术进步的主要推动力，对经济的影响较大。因此，金融发展包括金融结构发展和金融创新发展，金融发展可以用金融发展规模、金融发展效率来衡量，规模和效率的提升可以看作是金融结构优化和金融创新的结果。因此本书从金融结构和金融创新两个层面更深层次讨论金融发展是如何影响技术创新的。鉴于以上分析，这里需要对金融结构和金融创新的概念和范畴进行介绍。

（1）金融结构的内涵

先了解一下"结构"的内涵。结构是指系统内各组成要素之间相互作用的方式，结构是系统的具体存在形式，结构是系统整体性的基础。结构又可以分为内部结构和外部结构，内部结构是指整体系统内部要素之间的相互组合和作用的形态结构，可以用系统内部要素之间的比值表示；外部结构是指整体系统在与外界环境作用时形成的形态结构。系统是随着内部要素和外部环境不断变化的，则内部结构和外部结构也会随着系统不断演化和发展。

在厘清"结构"概念的前提下，可以更好地明确金融结构的概念。关于金融结构的定义最早是由戈登史密斯（Goldsmith，1969）提出的，他认为金融发展是金融结构的演化，采用所有金融机构在金融市场中的相对比例来表示金融结构。张晓晶（2001）从融资视角定义金融结构，分别用内源融资和外源融资在企业中的比重表示不同的金融结构。但这些都属于狭义的定义，高明生（2004）从广义的层面定义，认为金融结构是指构成金融的各个组成部分的规模和组成，是一个系统性的概念。贝克等（Beck et al，2001）提出了典型的金融结构"二分法"，认为金融系统可以分为银行主导型和市场主导型金融结构。之后，李健和贾玉革（2005）认为金融结构不仅包括融资结构，还包括金融产业结构、金融市场结构和金融开放结构等多方面。

本书借鉴上述对金融结构的定义，将金融结构界定为金融体系内部结构和金融开放结构两个层面。金融体系内部结构借鉴了"二分法"的界定，采用银行指标与金融市场指标的比值来表示；对于金融开放结构，本书主要划分为基于法定规则和实际情况的金融开放结构，其中一方面，基于法定规则的开放结构分析项目是参考理查德（Richard，2019），借鉴 2018 年《汇兑安排和汇兑限制的年度报告（AREAR）》（第 69 期报告）[①]，该报告对所有国际货币基金组织成员国的外汇安排、外汇和贸易制度以及资本控制情况进行了年度描述，还提供全球交换和贸易系统的描述；此外，基于实际情况的金融开放结构重点考察资本账户开放结构，资本账户是国际收支平衡表中的一个重要部分，包含了不同开放程度的子项目，可以很好地反映金融对外开放的基本情况。

（2）金融内部结构

目前对金融内部结构分类较为常见的方法是：卡林顿和爱德华（Carrington and Edwards，1979）将存在金融结构差异的国家分为"银行主导型"金融结构的国家和"市场主导型"金融结构的国家。艾伦和盖尔（Allen and Gale，1995）指出，银行也主要是通过风险较小，时期较短的抵押贷款方式来帮助企业融资，而金融市场则更依赖于无形资产的投入，通过发行创新性较高，风险较高的证券产品来提供融资的。典型的"银行主导型"金融结构的国家有中国和日本等；而典型的"市场主导型"金融结构的国家有美国和英国。

银行主导型的金融机构，指在银行体系比较发达，企业外部资金来源主要通过银行业来融资，银行在动员储蓄、配置资金、监督公司

---

① 该报告由国际货币基金组织（IMF）发布。

管理者的投资决策以及在提供风险管理手段上发挥主要作用。银行在将储蓄转化为投资、分配资源、管理企业经营、风险管理方面起着主要作用。市场主导型的金融结构，指以金融市场（主要是证券市场）为基础和核心构建的金融体系。市场主导型金融体系是以直接融资市场为主导的体系。在这种金融体系中，企业的长期融资以资本市场为主，而此时的银行更专注于提供短期融资服务。在市场主导型金融体系中，资金通过金融市场实现有效配置，金融市场有效率地配置资源以促进经济发展。

两者在风险分散机制、公司治理机制与信息处理机制三方面存在较大的区别。第一，风险分散机制方面，银行主导型的风险分散机构主要是银行，更多在处理风险时采取风险共担机制；而证券市场可以通过证券的交易将企业技术创新中的风险分散给投资者，能更好地解决面临的流动性风险。第二，公司治理机制方面，无论是什么形式的金融结构，企业创新过程中获取资本的同时就必然要放弃一部分公司的控制权，让金融机构参与到企业的管理。但是这两种金融机构在参与公司治理的作用机制不同，证券市场融资中公司治理的目标是保证股东权益最大化，而银行主导的融资中公司治理的目标是保证利益相关者以及债权人的利益最大化。公司治理可以分为事前监督、中间监督和事后监督三个环节，不同金融结构在不同阶段发挥的作用也不同。第三，信息处理机制方面，作为企业创新活动过程中的资金提供方，金融体系也是信息传递的中间者，可以将有关技术创新的信息传递给投资者，来获得资金支持，但是市场资金支持和银行资金支持的信息传递机制不同。企业创新活动最关键的是研发投资资金的获取，研发投资又与金融体系密切相关，不同金融结构在推动研发活动中的作用大小取决于研发活动的性质、所需资金规模以及政府的政策支持等（见图2-1）。

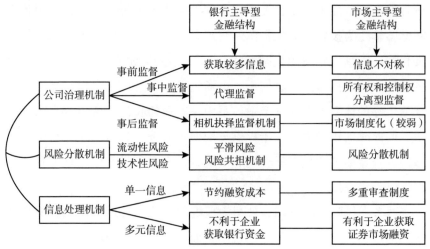

图 2 - 1　两种不同金融结构的三大机制差异总结

资料来源：笔者绘制。

（3）金融开放结构

金融开放是指国家（地区）的金融服务国际化、外国（地区）金融服务本国化和资本的跨境自由流动的过程。目前金融领域对金融开放从两个层次进行定义：一是资本账户，把金融开放看作是资本账户开放，即资本账户自由化，一般用资本账户管制程度和资本流动来测度；二是金融市场开放层次，把金融开放看作是金融市场的开放，并用金融服务开放水平来表示。在具体的金融开放测度上，有两种测度方法：一是基于法定规则的测度，二是基于实际情况的测度。这里的金融开放结构重点考察资本账户开放结构和金融业务对外开放结构，金融对外开放结构重点考察金融市场开放结构。这里将从这两种测度方法层面进行金融开放结构的分析——基于法定规则的开放结构和基于实际情况的开放结构。

2018 年《汇兑安排和汇兑限制的年度报告（AREAR）》是第 69 期，该报告对所有国际货币基金组织成员国的外汇安排、外汇和贸易制度以及资本控制情况进行了年度描述，还提供全球交换和贸易系统的描述。它包括对国际货币基金组织《协议条款》第十四条规定的当前国际支付和转让以及多种货币做法（MCP）的限制，以及根据《汇兑安排和汇兑限制的年度报告（AREAR）》第八条第 2（a）和 3 节受国际货币基金组织管辖的限制。还提供有关外汇市场运作、国际贸易管制、资本交易管制和金融部门实施的措施（包括审慎措施）的信息。此外，区域报告仅针对国内和国际安全原因，包括根据国际货币基金组织执行局的有关决定向国际货币基金组织报告的成员国所采取的外汇措施。

2018 年的《汇兑安排和汇兑限制的年度报告（AREAR）》，包含影响流入和流出资本流动的法规的描述。资本交易控制的概念被广泛地解释。对资本交易的控制包括：禁止、事先批准、授权和通知、管理汇率、歧视性税收以及由监管机构制定或执行的准备金要求或利息罚款。该条例适用于收据、付款以及非居民和居民发起的行动。此外，由于与金融交易密切相关，还提供了有关以外币进行的本地金融业务的信息，说明了限制居民和非居民发行外币证券的具体规定。以外汇表示的合同协议的货币或一般限制。这里按照 2018 年的《汇兑安排和汇兑限制的年度报告（AREAR）》公布的资本账户交易控制的次序，结合国内相关法规分析资本账户的开放情况以及管制情况。

资本开放账户存在六方面的资本管制内容。第一，资本和货币市场工具的控制：涉及的是一级市场公开发行或私募，或二级市场上市方面的问题，包括资本市场证券管制和货币市场工具管制，包括居民购买本地证券的控制、居民购买国外证券的控制、非居民购买本地证券的控制和非居民购买国外证券的控制进行详述。第二，金融衍生工具和其他工具的控制：指在其他可转让票据和非担保债权中进行的业务，这些业务可能包括权利、认股权证、金融期权和期货业务、其他金融债权的二级市场业务（包括主权贷款、抵押贷款、商业信贷、作为贷款发行的可转让票据、应收账款和贴现贸易票据）、远期业务（包括外汇业务）债券和其他债务证券、信贷和贷款的互换，以及其他互换（例如，利率、债务/股权、股权/债务、外币，以及上述任何工具的互换）。还包括对没有任何其他基础交易的外汇业务的控制（例如，外汇市场的即期或远期交易、远期套保业务等）。第三，信贷业务控制：包括商业信贷控制；金融信贷控制；担保、保证和金融支持设施。第四，直接投资的控制：对外直接投资、外商直接投资、直接投资的控制。第五，房地产交易管理：收购与直接投资无关的不动产，包括纯粹金融性质的不动产投资或为个人使用而收购不动产等，适用直接投资管理条例。第六，对个人资本交易的控制：包括代表私人发起的旨在惠及其他私人的转账。包括涉及财产的交易，该财产附有向所有人返还利息的承诺（例如，移民在其原籍国的贷款或债务清偿），以及免费向受益人进行的转让（例如，赠与和终止所有权、贷款、继承权和遗产，或移民资产）。

金融开放账户存在两方面的资本管制的内容。第一，商业银行及其他信贷机构：包括向国外借款；海外账户的维护；向非居民贷款（金融或商业信贷）；本地外汇贷款；购买以外汇计价的本地发行证券；外汇存款账户差异处理；非居民存款账户的差异处理；投资规则；未结外汇头寸限额。第二，机构投资者专用条款：保险公司；养老基金；投资公司和集体投资基金。

2.1.3 金融创新相关概念与范畴

（1）金融创新概念的界定

创新概念首先是由熊彼特在 1912 年提出的，他认为创新是一种创造性破坏，即将新的生产要素或者新的生产方式构成新组合的过程。这里将金融创新简单定义成在金融领域建立新的生产函数，构建金融体系要素和生产方式的新组合的过程，以获取更多的利润。在熊彼特之后，金融业发生了巨大的变革，尽管西方学者将创新概念引入金融领域，但是并没有对"金融创新"的概念进行明确定义。直到 1986 年国际清算银行指出金融创新是按照一定方向改变金融资产特性的过程；随后《新帕尔格雷夫经济学大辞典》正式将金融创新的概念收录，认为"金融创新是对富有创新精神的机构为克服金融市场不完善的奖励"。国内也有很多学者对金融创新进行深入研究，但大多数仍集中在金融产品创新。

所谓金融创新，就是指开发新的金融产品或金融工具、提供新的金融服务以及改进金融运行程序，以降低提供金融服务的成本。金融创新需要在技术创新的辅助下才能完成，即技术进步是影响金融创新的重要因素。2008年金融危机暴发，全球金融环境以及金融市场受挫，导致金融界的目光都集中在金融创新上。金融创新对经济的影响效果怎样，是促进还是阻碍的讨论是目前很多学者关注的问题，这个问题在近些年不断出现的全球性金融危机中得到大量关注。莱文（Laeven et al.，1999）将金融创新定义为由金融中介机构推出的新的金融产品，以致促进经济增长的过程。

本书在研究金融创新对技术创新作用时，重点将金融创新划分为金融创新规模、金融创新效率和金融创新结构三个方面，金融创新能力也是金融发展的一个重要表现。金融创新规模指标主要包括股票交易额占国内生产总值（GDP）比重、股票市值占GDP比重和金融机构总资产占M2比重。金融创新效率指标包括金融机构提供的国内信贷额占GDP比重、银行提供的信贷额占GDP比重、广义货币供给M2占GDP比重、金融资产总额占GDP比重。金融创新结构指标从两个方面来衡量：一是中央银行资产总额占金融总资产的比重，中央银行资产相对于总资产的比重可以很好地描述金融集中程度；二是中央银行总资产占GDP比重，这一指标可以很好地描述中央银行在整个金融体系中的重要性。

（2）金融创新与技术创新的耦合关系

对金融创新和技术创新的耦合关系的研究是建立在不断建设创新型国家的基础上。从耦合的视角可以分析金融创新和技术创新之间的关系，考察金融创新影响技术创新的机制。耦合是指两个或两个以上的系统之间相互作用，并互相影响以致共同联合的现象，即各个子系统之间协同发展的动态过程。这里将金融部门创新和企业技术创新的耦合定义为：一定时间内，金融体系和技术创新相互影响、协同创新，并通过要素的自由流动共同推动资源的优化配置，促进产业结构升级，推动经济增长，即形成金融和技术共生化一体化的经济体系的整个过程，就称为金融创新和技术创新的耦合。这两者之间的耦合的衡量指标就是金融创新和技术创新的耦合度，当这个耦合度较高时，说明金融部门的创新和企业技术的创新协调度较高，这就意味着金融部门和企业技术部门可以更好地发挥协同性，进而推动产业升级、经济发展；反之，当此耦合度较低时，意味着金融体系和技术体系没有很好的协调性，在同一个经济体系下，两个体系之间很好地配置自身的资源，不能产生更高的溢出效应，从而不能共同促进经济发展，反而这种不耦合会对经济发展起到消极影响。

金融创新和技术创新的耦合内涵既要包含金融创新的内涵，又要包含技术创新的内涵，应该是对金融创新和技术创新进程的统一性、综合性的概括。金融创新与技术创新的耦合内涵可以概括为：金融创新和技术创新的耦合，不仅是金融体系与技术体系两大系统的耦合，更是由构成这两大系统的子系统、子系统的各要素之间的耦合，进而对社会、教育机构之间进行资源优化配置的过程，总而言之，是指金融体系和技术体系的有机融合共同创造"技术金融共同体"这样的动态综合系统。

2.1.4 技术创新相关概念与范畴

（1）技术创新的内涵

企业的技术创新的内涵，熊彼特认为创新就是在生产过程中开发的新方法、新产品、新中间产品材料的过程。熊彼特还强调创新的主体是"企业家"，其中企业是指生产要素的新组合的实现。

技术创新活动需要投入大量的物质资本和人力资本等，技术创新的不确定性决定了经济增长的周期性。有些学者认为技术创新是一系列活动的概括，包括科技活动、生产活动等，是企业为了获取商业利润采取的措施，改善现有的生产要素组合，生产出新的工艺、新的技术和新产品的过程。目前我国官方给出的技术创新的概念是：技术创新是企业实现市场价值的新活动，企业采用新工艺、新思想改善企业现有的产品、生产方式和运营模式，以提升企业的服务质量。

技术创新是促进企业向高技术型企业转型的动力，也是实现产业升级的基础，最终促进经济增长。国家也重点鼓励企业加大自主创新，自主创新是在学习引进已有的先进技术基础上的再创新，创新是一个国家进步的灵魂。技术创新的推动力既包括需求方面的动力，也包括技术方面的动力。莫厄里和罗森伯格（Mowery and Rosenberg, 1979）认同需求拉动技术创新的观点，即认为技术创新的成功与否取决于市场的供求状况；还有很多学者认同科技推动学说，认为科学技术是经济增长的主要动力，需求拉动和技术推动两方面相互促进。

（2）技术创新体系

经济系统的创新是由政府和企业共同主导的，开发新产品、设计新的生产方法、发现原材料或者半成品的来源、变革新组织系统的过程。企业技术创新体系是组织系统、规则系统、资源配置系统与决策系统之间相互作用共同构成的有机整体。任何一个系统发生变化都会影响整个技术创新体系。

技术创新体系是创新主体、创新导向、创新要求以及创新环境相互作用的一个开放的构成（见图 2-2）。创新主体主要是政府主导，企业为主体。企业技术创新体系建设是以市场为导向，以提高企业自主创新能力为主要目标，发展高技术密集型产业和传统产业改造相结合，以完善创新投入、运行和激励机制为重点，推动企业技术进步，最终实现经济的可持续发展。为提高技术创新能力，需要完善技术创新体系，包括以下几点：首先，强化企业的创新主体地位和主导作用；其次，健全创新导向，所谓创新导向是指市场导向机制；再次，推进产学研结合，企业的技术创新主要是依靠自身的技术力量，在企业内进行技术创新，即模仿新技术和孵化新技术；最后，优化创新环境，这里的创新环境包括制度环境、营商环境和政策环境。

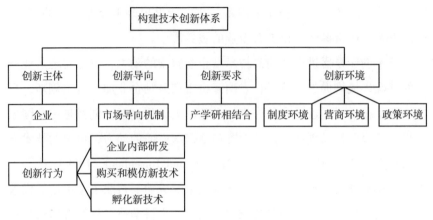

图2－2　构建技术创新体系的路线

资料来源：笔者根据党的十九届四中全会文件《中共中央关于坚持和完善中国特色社会主义制度、推进国家治理体系和治理能力现代化若干重大问题的决定》而绘制。

（3）企业家精神

熊彼特（Schumpeter，1934）指出了企业家精神在创新活动中的重要作用。"企业家"的概念最早追溯到经济学家理查德·坎特伦，之后经济学家萨伊①将企业家精神纳入经济分析中。但是目前学术界尚未形成对企业家精神的一个统一全面的定义。赫伯特和林克（Hebert and Link，1989）将企业家精神看作两个方面：第一是企业家的创业精神，是指建立新企业的行为，企业家拥有的成就需要以及是否具有冒险精神都可以影响创业精神，一般用企业进入率和退出率或者自我雇佣率来衡量；第二是企业家的创新精神，也是熊彼特流派思想的重点，可以用专利数量或者发明数量来衡量。创新是在企业中实现的，承担创新职能的

---

① ［法］萨伊．政治经济学概论：财富的生产、分配和消费［M］．北京：商务印书馆，2009.

是企业家。

中国目前企业家精神存在以下几个问题。首先，企业家的创新精神稀缺，创新能力不足。目前中国大部分创业企业都是模仿世界前沿的生产技术，市场的同类创新产品聚集，使得整体技术创新停滞不前。其次，企业家的冒险精神缺失，成功的道路必然要付出常人不能承受的风险和挑战，克服创新过程中的不确定性和信息不对称问题的最好办法就是创新活动组织中拥有一位具有冒险精神的战略家。最后，目前我国企业家社会责任意识还需进一步增强，企业家精神的一个重要体现就是关注社会责任，没有稳定的社会秩序，就不会有企业家创新的场所，因此企业家在追求自身利益的前提条件就是必须对社会有所贡献。

针对上面提出的我国企业家精神存在的问题，必须要重塑企业家精神。第一，优化企业家创新环境，改善政府职能。也就是说，企业需要不断注入创新型企业家而不是营利型企业家，企业想要实现长期可持续发展，必须通过不断地创新支撑发展，而不能一味地追求盈利。此外，政府在培育企业家精神的过程中不应统一规划，而是建立起企业家自身试错机制，并且政府要以公众效用最大化为目标，帮助企业创新活动最终为社会负责。第二，为提高企业家自身的创新能力，应当建立完善的培训机制。企业在成长过程中要不断适应经济环境的变化（包括全球经济变化、国内形势变化等），企业家要不断强化学习能力，提高自身创新能力。企业家应注重对新技能、新方法的加强，以顺应市场的竞争形势。第三，要构建稳定的社会诚信制度体系。诚信将会在整个经济社会中发挥重要的作用。构建稳定的诚信制度，营造良好的经营范围，才能更好地发挥企业家精神。

（4）企业的技术创新模式：模仿创新与自主创新

成功的创新不仅依赖于创新主体，更依赖于技术创新的模式。目前从全球经验看，可以将企业的技术创新模式划分为模仿创新与自主创新。模仿创新一般指技术改进和技术吸收改造，而自主创新一般表现为获得自主知识产权，用专利申请数来衡量。从世界各国的技术类型来看，可以分为技术领导者和技术跟随者，前者的创新主要是以原始创新为主，一般都处于世界技术前沿端；而后者主要是以模仿创新为主，以此不断追赶世界技术前沿水平。中国的国情决定了目前中国企业的技术创新模式仍以模仿创新为主，自主创新为辅。从长期来看，我国必将会从模仿创新为主转向自主创新为主。

①企业的模仿创新模式。"模仿创新"的概念最早是由莱维特（Levitt，1966）提出，模仿创新也分为两种：一是完全模仿创新，即企业模仿率先创新者的构想或行为，购买率先创新者的技术；二是在模仿基础上的改革创新，即企业在获得率先创新者的技术基础上进行改进或者进一步开发具有竞争力的技术。

模仿创新具备以下一些特征：第一，模仿创新具备追随性，模仿创新最重要的特点就是模仿率先创新者的技术以及成功和失败的经验；第二，模仿创新企业的研发投入具有针对性，模仿创新虽然是模仿率先创新者的技术，并在此基础上进一步创新，在这个过程中也是需要投入大量研发资金的，这种投入具备针对性；第三，模仿创新投入资源的集聚性，与率先创新投入相比，模仿创新在投入资源的过程中，只在中游投入较多的人力和物力。

沿着整个模仿创新链，模仿创新分为基础研究、开发研究、生产和市场营销环节的创新，模仿创新的主要类型有：第一，产品模仿创新，即产品商业化过程的创新，产品在市场营销过程中的模仿创新；产品模仿创新还可以按照产品生命周期的不同阶段细分为颠覆性创新、应用型创新以及平台创新；第二，过程模仿创新，即产品在生产过程中的模仿创新，包括新设备、新工艺以及组织管理方式上的创新，过程模仿创新按照周期细分为产品延伸线创新、增强型创新以及营销创新等①。

---

① 冯嘉琦. 论企业的模仿创新战略［D］. 北京：首都经济贸易大学，2008.

②企业的自主创新模式。所谓自主创新是相对于模仿创新而言的一种创新活动，自主创新的内涵最早来源于熊彼特提出的创新概念，他认为创新代表一种全新的生产函数关系、全新的要素投入和全新的技术条件。自主创新是指在不依靠旧技术，不进行技术模仿的基础上，通过自身的力量进行研究开发以获取对外部技术的追求。

自主创新具有一些特征：第一，自主创新具备基础性特征。原始创新本身就属于一种基础性研究的创新，该基础性主要体现为创新活动的成果既要满足原来客户的需要，又要满足新客户的需要，实质上仍是一种满足顾客需求的基础活动；第二，自主创新具备破坏性特征。即使创新活动是一项基础生产活动，但在改变现有商业模式上起到了至关重要的作用，这项活动可以彻底改变现有的商业模式。

自主创新的主要类型有：第一，根本性创新。从技术路径上看，根本性创新是不依靠原有的技术路径，重新开辟新的技术路径，形成一套新的技术发展路径；第二，渐进性创新。从技术路径上看，渐进性创新是指在经济和制度因素制约下，沿着已有的技术路径进行不断改进和修正的过程，即不断改进现存技术系统。从市场角度来看，渐进性创新是指沿着现有产品营销路径或者沿着产品性能的既定路径进行延续性创新。

2.2　基础理论

2.2.1　金融发展的相关理论

（1）金融结构理论

金融是现代经济的核心。美国经济学家戈登史密斯（Goldsmith，1969）在其代表作《金融结构与金融发展》中，通过对金融结构与金融发展的横向国际比较和纵向历史比较，揭示了金融发展过程中存在的规律性：经济增长与金融发展是同步的，经济快速增长的时期通常伴随着金融发展的非凡水平。由此，戈登史密斯（Goldsmith，1969）提出了"金融发展就是金融结构的变化"，他认为金融结构是由金融工具、金融机构共同决定。

戈登史密斯（Goldsmith，1969）采用金融相关比率（financial inter-relation ratio，FIR，指某一时点上现存的全部金融资产价值与国民财富之比）与一国的经济增长联系起来以衡量金融发展的水平，其前提是金融系统的规模正相关于金融服务的供给和质量。根据金融相关比率的高低和各个国家金融结构的共同特点，金融结构的演变大体经历了三种基本类型：初级阶段、发展阶段和发达阶段。

20 世纪 80 年代，以泰勒（Taylor）、布菲（Buffie）等为代表的新结构主义学派针对发展中国家金融体系的二元结构，运用家庭资产配置与组合的框架来反驳麦金农—肖（Mckinnon - Shaw）的金融自由化理论。随着金融深化的推进，正式信贷市场的利率提高会导致资金从非正式信贷市场流回正式信贷市场。莱文（Levine，1997）也指出，现有理论和实证检验都证明了金融体系与经济增长之间存在正向关系。金和莱文（King and Levine，1993）对金融发展和经济增长的关系进行了大量研究，发现无论是否控制国家的政策条件，金融发展水平越高对经济增长的促进作用越明显。他们还认为市场主导型金融体系和银行主导型金融体系对经济的影响无差异，但是有很多学者，如艾伦和盖尔（Allen and Gale，1995）、青木昌彦等（1999），通过实证方法证明市场主导型金融结构更有利于资本积累、技术进步，进而促进经济增长。

（2）金融抑制与金融深化理论

1973 年，美国斯坦福大学的两位教授肖（Shaw，1988）和麦金农（Mckinnon，1988）同时提出了著名的"金融深化"（financial deepening）或"金融抑制"（financial repression）理论，以及"金融自由化"（financial liberalization）和"金融深化"（financial deepening）的政策主张。他们两人将经济发展理论和货币金融理论融为一体，创立了金融发展理论。

　　麦金农（Mckinnon，1988）认为，"发展中国家的货币金融主要有以下特点：货币化程度低，市场分割，交易的范围和规模受到许多限制；有组织金融机构与无组织金融机构同时并存，与发展中国家经济的二元性相联系的是金融的二元性；缺乏完善的金融市场；苛刻的政府管制，主要表现在严格控制存贷款利率，其他方式包括低回报率的准备金及货币资产的通货膨胀税，它们的共同特征是对金融中介征收隐含税"。

　　肖（Shaw，1988）提出，金融抑制是"通过扭曲包括利率和汇率在内的金融资产价格的结果"。受政府管制过低的甚至为负的实际利率造成了经济的严重扭曲。低利率抑制了储蓄，使人们偏向于现时消费或选择实物形式来保有他们的财富，导致投资资金短缺，作为资金成本的利率偏低，鼓励了企业和个人肆意举债，产生大量无效投资；此外，资本市场不完全，无法实现资源的最优配置，政府必然实行信贷管制，从而容易导致资金浪费。因此，他认为金融抑制是发展中国家经济落后的主要原因，有效的经济发展战略必须立足于完全的金融自由化来实现金融深化。

　　肖（Shaw，1988）认为，金融深化对经济发展产生四大效应，即收入效应、储蓄效应、投资效应和就业效应，会促进经济稳定和发展。收入效应是指实际货币余额的增长，由此带来社会货币化程度的提高对实际国民收入的增长所产生的影响。储蓄效应一方面表现为实际国民收入的增加引起社会储蓄总额增加；另一方面体现为金融深化提高了货币的实际收益率，鼓励整个经济储蓄倾向的提高。投资效应既包括增加了投资的总额，也包括因交易费用的下降而提高了投资的效率。就业效应是指由于货币实际收益率的上升导致了投资者资金成本的提高，因此投资者将倾向于劳动密集型的生产代替资本密集型的生产以节约资本的使用。

　　基于上述认识，麦金农（Mckinnon，1988）和肖（Shaw，1988）主张发展中国家政府在金融深化的具体的实施过程中，应该放松政府干预，让市场机制更多地发挥作用，彻底废除一切对利率的干预或管制，放松对金融机构的信贷管制、金融机构私有化、降低存款准备金，积极制止通货膨胀，以使名义利率免受物价上涨的影响；实行金融自由化，以使实际利率通过市场机制的作用自动趋于均衡水平，从而保证经济发展以最优的速度进行。在以后的研究中，麦克农修正促进金融深化的观点，强调在自由化的条件或次序中，国内宏观经济状况的稳定是前提。

（3）金融创新论

在熊彼特对经济创新的定义基础之上，国内学者对金融创新进行定义，认为金融创新是金融领域内各种金融要素新的组合，为了追求利润而形成的金融市场改革。金融发展和金融创新可以看作同一个问题的两个方面：金融发展是结果，金融创新是过程。20 世纪 70 年代以来，金融领域中出现了大量的金融创新。主要的几个理论研究包括以下两点。

第一，交易成本理论和技术推进理论。尼汉斯（Niehans，1982）认为技术创新是金融行业在信息存储、检索与传输等方面减少成本提供了便利，使降低交易成本成为金融创新的首要动机。汉农（Hannon，1984）、切玛尼厄（Chemmanur，2002）认为信息技术在金融市场中的广泛应用为金融机构的创新活动提供了技术保证，技术创新是金融创新的主要原因。

第二，金融中介论、财富效应理论和特征需求理论。格利（Gurley，1955）就提出金融中介是经济增长必不可少的部分，金融创新是企业需求与金融中介提供的服务供给相匹配的结果。戈林鲍姆（Greenbaum，1973）通过研究发现社会财富的增长促进了金融服务需求的增加，从而促进了金融业的各种创新；罗斯（Ross，1989）分析了金融创新的动力，他认为金融市场存在严重的信息不对称，促进了个人投资者对新的金融机构及其金融创新的需求，并缓解金融市场出现的道德风险问题。

近些年还有很多学者通过构建金融创新模型来分析金融创新的运行机制。佩森道弗（Pesendorfer，1995）认为创新者构建了金融中介发行新证券的模型，基于分散风险和降低交易成本的目的，以金融创新来获取因市场不完全而产生的盈利机会。贝齐格和亨斯（Bettzuge and Hens, 2001）研究了金融创新的扩散机制，提出了金融创新的动态演进模型。

2.2.2　创新理论的演进

创新理论可以追溯到马克思以及后来的熊彼特，本节主要梳理创新理论的演进过程。主要包括熊彼特的创新理论、波特的创新理论、干中学理论以及创新经济的新发展与挑战。

马克思在《资本论》中提出技术进步的作用，也就是认为技术创新是经济的核心推动力，这也是创新思想的形成。马克思认为劳动生产力的重要影响因素就是科学的发展水平和它在工艺上的应用程度，这说明劳动生产力随着技术的不断进步而不断发展。科技可以促使生产成本的降低，进而提高劳动生产率的提升。马克思指出相对剩余价值是建立在提高社会劳动生产力的基础上，相对剩余价值生产必须变革劳动过程中的技术条件和社会条件，从而变革生产方式本身，以提高劳动生产率。现代工业的基础是革命的，创新是以科技革命为基础。马克思也认为现代工业从来不把某一生产过程中的现存形式当作最后的形式，因此现代工业技术是不断变革的。并且一个部门的创新能够带动全社会其他部门的创新，一个工业部门生产方式的变革，会引起其他部门生产方式的变革。

（1）熊彼特的创新理论

熊彼特是最早提出创新概念的经济学家，早在20世纪30年代，就对创新理论做了详细的论述。他被称为创新经济学之父，在其所著文章中曾提出很多有关创新的理论，至今影响深远。

熊彼特的创新理论主要包括以下三点假设。一是认为经济主体无论是个人还是组织，都有一定的"局限性"。二是认为市场先导者比其他人行动得快，才能获得潜在的利润。熊彼特认为秉承着经济活动中的完全信息而作出最优选择的假设不可行，因为企业家需要独特的能力去探索一些市场中不容易得到的信息。三是在所有社会层次中存在一些破坏性的惯性，使企业家不得不为了创新的成功付出一定代价。

熊彼特将创新概括为"在经济生活中以不一样的方式做事"，包括五种创新类型：第一，采用新的产品；第二，采用新的生产方法；第三，开辟新的产品市场；第四，控制中间产品生产的供应来源；第五，实现新的工业组织形式。熊彼特基于创新的概念定义了"企业"和"企业家"，他认为企业是实现的新组合，企业家是实现新组合的经营者们。实现新组合的过程就是创新的过程，因此熊彼特指出创新是一个创造性的破坏过程，即创新过程是用新的技术创新替代旧的技术创新。

另外，熊彼特还用创新理论说明经济周期的问题，处于创新过程中的新企业进入使得原来的企业不会坐享其成，而迫使他们不断模仿创新，因此为了享有利润，企业之间就不可能存在于静态的经济环境中，而是不断动态变化的。率先创新者和模仿创新者之间形成的这种竞争关系会影响经济增长，熊彼特认为这个过程是非线性的。经济周期主要分为四个阶段：繁荣、衰退、萧条和复苏，在经济周期不断发生变化的过程中，创新占据着非常重要的地位，生产技术和方法的改进会促使经济周期不断循环变化，经济周期的理论表明资本主义的发展离不开竞争的创新。

熊彼特还建立了两大创新活动的模型：一是"熊彼特 MarkI"，这种创新活动的特征是低技术含量的产业以及新企业的创新活动，企业是创新的关键，产生创新内生性的问题；二是"熊彼特 MarkII"，受早期美国工业的启发，熊彼特强调引入创新机制的大型企业驱动作用，这种创新活动的特征是技术含量高，这些大型企业已经形成对新进创新者的壁垒。

熊彼特的创新理论一直延续到如今的现实经济中，是创新经济学的核心。他凭借着"创新性破灭"在国际学术界树立了崇高的地位，随后在他的研究中分析过创新特征、经济周期等，都对后续的研究有着深刻的影响。

（2）波特的创新理论

在马克思和熊彼特之后，迈克尔·波特还从竞争优势的视角强调创新的内涵。他分别从产业、企业和国家的层面分别分析了竞争的问题。他认为竞争力是以产业为度量单位的，因此重视产业创新对国家竞争力的影响。在培育竞争优势的过程中，他提出创新驱动经济发展的观点，指出经济发展分为四个阶段：第一阶段为要素驱动阶段；第二阶段为投资驱动阶段；第三阶段为创新驱动阶段；第四阶段为财富驱动阶段。波特从企业层面指出国家获得竞争优势主要有四点。

一是国家竞争优势来源于最根本的创新。在国家层面，各国建立在国家特定资源上的创新难以模仿，这就形成了一定的竞争优势。同时，要想获得更多的竞争优势，无论是国内还是国外，都需要企业不断进行创新，以创造出更新的生产技术和方法。

二是在获取一定竞争优势之后，只有不断创新才能维持竞争优势。目前对于已经获得一定竞争优势的企业一般不喜欢改变，但随着时间推移，这些企业的创新被别的企业模仿，竞争优势会慢慢被削弱。只有在面临更大的竞争压力时，企业才会不断去创新以增强自身的竞争优势。

三是需要创造更持久的竞争优势。由于创新的方式不同，包括模仿创新、自主创新等，竞争优势的持续力不同，只有不断创新，并且逐渐从模仿创新过渡到自主创新，才能提升这种竞争优势的持续性。

四是科技进步不断改变着企业的竞争优势。波特认为技术变革是竞争优势的主要驱动力，因为信息技术可以影响企业的价值链；以及信息技术可以改变决定产业结构的五种作用力。

波特提出了著名的"钻石模型"，这个模型有机地融合了"五力分析"和"价值链"的重要思想。这个模型是由四个相互关联的主要因素（生产要素，需求条件，相关产业与支持性产业，企业战略、企业结构和同业竞争）和两个辅助因素（机会和政府）构成的。波特将这些因素放在同一个系统中构成了相互影响、相互作用的有机整体，共同影响国家竞争力和结构。

（3）"干中学"理论

每一个创新在某种程度上都是基础创新，也是次级创新，基础创新就是研发活动，次级创新就是阿罗（Arrow，1962）提出的"干中学"，他在著名的《干中学的经济含义》中提出了"干中学"效应（即学习效应），来说明动态规模经济的存在和发生过程，技术的动态变迁在国际分工中的作用由于导致"干中学"效应而更加受到关注。边干边学不仅是新技术和新知识的一个重要源泉，还是目前增长理论的核心研究。杨（Young，1992）提出在一个经济体系中，投入过多的资源用于研究而牺牲边干边学可能最终会减缓长期的增长速度。卢卡斯（Lucas，1993）认为一些新兴工业化国家成功的关键在于其数量众多的工人迅速在部门之间进行转换的能力。

"干中学"理论的核心思想，在生产产品的过程中，劳动者不可避免地思考、探索、尝试改进生产过程的方法，这样，在生产过程中就可以积累知识，有的知识积累不是有意努力的结果，而是传统经济活动中的副产品，这种知识积累称之为"干中学"模型。

（4）创新经济的新发展与挑战

熊彼特引领的创新经济学，直到第二次世界大战以后才引起各国的重视。美国农业部门常常会通过财政资助社会学家和经济学家来研究农业部门内的创新分布（Ryan and Gross，1943）；英国苏塞克斯大学科技政策研究中心也一直致力于科学、研发、创新和相关政策问题的研究，但其研究不仅仅集中在科学的狭义定义上，还研究行业创新和扩散的过程。到了 20 世纪 80 年代、90 年代时，经济学家们开始从知识经济时代的特征切入，赋予了创新的内涵，进而发展成新增长理论，强调创新对经济的作用。因此关于创新内生增长理论的研究成了重点，罗默提出的"知识外溢增长模式"，强调了知识资本的作用。

创新经济的研究在近几十年内取得较大的成就，但是仍然面临很多挑战：第一，人们对创新的认识需要更为广阔的视野，创新对于各国而言都存在于工业、经济、社会的整个大环境中，目前的研究大多数都是将创新放在企业层面上的考察，我们需要扩大视野，分析开放性创新的作用等。第二，不是所有的创新都是积极的，目前大多数文献认为创新都是有利而无害的，但是事实证明创新并非完全对经济和社会有利，例如，金融创新往往就是让参与人在短期内获得收益，但是会造成整体经济的下滑，即金融创新如果不考虑实体经济，不会带动经济增长。

2.3 文献综述

2.3.1 金融发展、金融结构及金融创新指标的测度研究

金融发展是个多层次的概念，包括金融规模、金融效率和金融结构等多个层面，目前国内外很多学者都采用构建金融发展指标体系进行分析。金融发展的定量分析起源于戈登史密斯（1969），早期他提出用金融总资产占 GDP 的比重（即金融相关比率 FIR）来表示金融发展水平，这个指标到目前为止都被学者广泛使用。之后，麦金农（Mckinnon，1973）提出金融深化指标，即用广义货币量占国内生产总值的比重来表示。金和莱文（King and Levine，1993）通过金融深度指标、银行信贷指标、私人部门贷款相对银行总贷款比值以及私人部门信贷指标四个层面指标构建金融发展指标体系。贝克等（Beck et al.，1999）也构建了大型数据库，分别从银行业规模和效率、资本市场规模和效率以及金融中介的规模和效率等多方面测度金融发展水平。拉加恩和辛格尔（Rajan and Zingales，2003）认为金融发展水平的测度必须用多维指标来衡量，单一的指标不能全面地反映金融体系的复杂性。舒等（Hsu et al.，2014）通过跨国数据构建综合指标来测度金融发展，米哈洛普洛斯等（Michalopoulos et al.，2015）描述金融创新与经济增长之间的关系，在测算金融创新时采用的就是宏观金融发展，运用的是综合指标测度方法。

国内学者对金融发展进行定量分析时，有部分沿用了前人的金融相关比率指标，也有一些学者通过构建指标体系量化金融水平。樊纲（2010）运用中国省级数据测算了金融发展市场化程度，编制了中国金融业竞争指数和市场化指数。刘洪铎（2014）兼顾金融发展的多维范畴，从樊纲的中国金融市场化指数中抽取金融市场化程度、金融业竞争、信贷资金分配市场化这三个指标，通过加权法构造了省际金融发展综合指标。李梅（2014）用信贷总额与 GDP 的比重、金融机构存贷总额占比来表示金融发展水平。张杰和高德步（2017）在规模指标为主的研究基础上，分别从金融发展规模、金融发展效率和金融市场化程度三个层面共同构造金融发展综合指标。

　　关于金融结构指标的衡量方法，许梦楠和周新苗（2018）分为信贷市场和资本市场两方面考虑何种金融结构更有助于创新，这里的信贷市场指标借鉴冉光和和鲁钊阳（2011）用各地区金融机构各项存贷款余额占 GDP 比重来衡量，资本市场指标用股票市场总值占 GDP 比重衡量。张成思和刘贯春（2015）构建了金融结构指数分析最优金融结构的问题，这里的金融结构指数采用股票市场交易总额占金融机构贷款总额的比重来表示。金融开放结构层面的指标衡量，大多数都采用资本账户开放指标来表示。贾焕等（2019）用直接投资资产、直接投资负债、证券投资资产和证券投资负债之和与 GDP 的比值来衡量资本开放度；喻海燕等（2018）将资本账户开放度分为资本流入和资本流出指标，资本流入指标用直接投资负债和证券投资负债之和占 GDP 比重表示，资本流出指标用直接投资资产和证券投资资产之和占 GDP 比重衡量。

　　陈浪南和逄淑梅（2012）提出事实开放的测度方法：国内储蓄率和投资率的匹配；利率平价条件和国际资本流动法。费尔德斯坦和堀冈（Feldstein and Horioka，1980）首次提出构建金融开放指标，是用储蓄和投资的相关度来测度的，而之后学者认为储蓄和投资的相关性不仅与资本流动性有关，还与经济冲击相关。因此该指标测算的结果与现实情况差距较大，目前不再使用。金融开放程度还可以通过某一国家或地区与利率的关联性来衡量，一般都用利率平价条件，但是这个指标对于发展中国家不适用，因为发展中国家的金融市场发展较缓慢，利率不能反映市场发展的水平，中国利率目前仍然处于管制状态，所以利率存在严重外生性，这种测度方式不适用我国目前的情况。结合前面所述，国际资本流动是目前最常用的金融开放的测度方法。从两个层面考察：流量层面和存量层面。流量层面以凯里（Karry，1998）提出的资本流量（capflow）指标法为主，用资本内流和资本外流总和与 GDP 的比值来测量；存量层面以莱恩和米勒斯·法拉帝（Lane and Milesi - Ferretti，2005）为代表，他们提出用跨进资产和负债的存量之和与 GDP 的比值来测量。流量层面测算和存量层面测算都各有利弊，下面从两个层面分别进行测算讨论。

金融创新指标的测算方法研究目前也取得一定的成就。早期普利和维萨里（Pulley and Vesala，1996）从五种非现金交易需求出发构建非现金效益模型分析金融创新。吴献金和苏学文（2003）是从组织体系、金融工具以及清算支付等多方面构造金融创新指标体系。喻平（2004）将金融创新划分为四个基本面：技术先进指标、成长性指标、投入产出指标和管理能力指标，定量测算金融创新指标体系。孙竹（2007）构建金融创新评价模型引入创新贡献率、工具引进系数、工具替换速度和金融创新系数，通过系统动力学仿真方法构建金融创新指标。蔺鹏（2019）将金融创新划分为两个序参量：公共金融创新能力和市场金融创新能力，构建指标体系测算金融创新指标。童藤（2013）用主成分分析法将金融创新划分为金融创新规模、金融创新效率和金融创新结构三个一级指标，以及十个二级指标构建金融创新指标。

本书在具体研究时根据研究内容的不同选择不同的测算方法，关于金融指标的选择，前人大多数都是以单一指标进行测算并说明问题，但是金融发展本身就是一个相对比较综合的概念，包含了很多内容，单一指标不能很好地解释提出的问题，因此在构建指标时采用的是指标体系的方法。

2.3.2 技术创新指标的测度研究

技术创新指标的测度主要从两个方面切入，第一，建立技术创新体系；第二，收集指标数据。

第一，学术界关于技术创新体系的理论研究起源于技术创新理论和国家创新系统理论。目前国内外的研究主要集中于技术创新体系的建设，从而衡量技术创新指标。欧洲创新记分牌体系（EIS）是早前较为成熟的技术创新指标体系，这个指标体系涵盖了创新驱动、企业行为和创新输出三个方面，时间跨度较大，覆盖范围较广。全球创新指数（GII）是基于前版指标与最新数据的合并，依赖创新投入和创新产出两个分类指标。国内关于构建技术创新体系的研究，一般可以划分为技术创新基础指标、投入指标和产出指标三大类。邹林全（2010）根据构建指标体系的原则，提出技术创新政策绩效评估指标体系，并分析指标体系存在的问题。

李文贵和余明桂（2015）以企业的新产品产值占营业收入的比重来衡量企业技术创新能力。之后余明桂等（2019）在研究民营化对企业创新的影响时，利用中国工业企业数据作为样本，用新产品产值占比表示企业技术创新。乔虹（2016）采用因子分析方法评价技术创新能力，构建技术创新能力指标体系测算企业技术创新指标。王洪庆和郝雯雯（2017）以高新技术产业为样本，构建技术创新指标评价体系，通过熵值法分析不同行业技术创新能力的区别。魏守华等（2010）在分析区域创新能力的影响因素时，分别从创新产出和创新基础两个方面分别讨论，用专利强度来表示创新产出，科学研究与试验发展（R&D）人员和经费投入表示创新基础。陈长兵（2019）选取一定规模以上企业研发活动及专利数据表示行业的技术创新指标。毛其淋和许家云（2014）分别用创新密集度和创新产出表示技术创新指标，其中，创新产出用新产品销售额占总销售额比重来衡量，创新密集度是从创新投入的角度来衡量的。

第二，收集相关的数据。关于数据的收集需要根据样本来决定。从企业层面看，由于企业是技术创新活动的直接主体，可以用企业的研发支出和企业新产品占比来表示；从地区层面看，技术创新水平可以用地区技术改造经费、地区专利申请书和地区新产品销售收入来表示；从行业层面看，技术创新水平可以用某行业的企业技术创新指标的总和来表示，从创新产出和创新投入两个角度进行测算。

2.3.3 金融发展综合水平对技术创新影响的研究综述

（1）金融发展支持经济增长的研究

金融发展对经济增长的作用一直以来都是研究的重点，关注的问题主要是金融发展如何影响经济增长以及传导机制等。金融发展水平是研究经济增长的一个很重要的变量之一，国家金融发展水平和经济增长绩效紧密相关（Pradhan et al.，2015）。自熊彼特（Schumpeter，1912）开创性研究工作提出"金融促进论"以来，金融发展与经济增长之间的联系一直都是大量理论和实证研究的重点。金融发展的速度和水平对于发展中国家是一个巨大的挑战，金融部门的缓慢发展会阻碍这些国家充分利用自身的优势来完成技术转移，导致一部分国家脱离世界生产前沿的增长速度（Aghion and Howit，2005）。冯（Fung，2009）认为金融体系薄弱的贫穷国家会陷入恶性循环，金融发展水平低，经济效益就会较低，金融发展水平会随着经济效益衰退而衰退，如此下去，疲软的金融体系可能会引发经济危机，具有潜在的破坏性影响。反之，有效的金融体系能够提供较好的金融服务，加快经济增长的速度（King and Levine，1993）。德米尔古克和莱文（Demirguc-kunt and Levine，2009）提出金融发展不仅能够促进各国自身的增长，更有利于穷国追赶经济体中的其他国家。金融发展可以通过多种渠道促进经济增长，这些渠道包括：提供可能的投资信息，有效地分配资本；监管公司并发挥公司治理作用；

风险多样化；动员储蓄；促进商品和服务的交换等（Levine，2005；Zhang et al，2012）。

大量经验研究表明，金融发展和经济增长的各种指标之间存在长期正相关，认为一个发展良好的金融体系是增长型的，即"更好的金融环境，更多的增长"（Law and Singh，2014；刘培森，2018）。同时越来越多的经济学家对金融与增长之间的因果关系有了极大的兴趣。发达国家和发展中国家在这方面都进行了大量类似的研究，虽然大多数研究都证实了存在金融发展和经济增长之间的因果关系（Hassan et al.，2011），但是仍然有少量研究，如恩格和哈比布拉（Eng and Habibullah，2011），并没有找到金融发展与经济增长的因果关系。现有的关于金融发展与经济增长关系的实证研究并不能为这种关系的性质和方向提供确凿的证据，经济学家对这种关系的本质并没有达成共识。总而言之，金融发展与经济增长之间的因果联系所强调的四个最重要的可能关系是金融发展主导的单向增长假设；单向增长主导的金融发展假设；金融和增长之间的双向因果关系假设；金融与增长之间没有因果关系假设。第一，金融发展主导的单向增长假设。金融发展通过两个主要渠道来促进经济增长：首先通过提高资本积累的效率，其次提高资本的边际生产率（Goldsmith，1969）。第二，通过提高储蓄率，从而提高投资率（肖，1973）。昂和麦基宾（Ang and McKibbin，2007）支持单向增长主导的金融发展假设。随着经济的发展，对金融服务需求的增加，导致这些服务的增长和发展。第三，郑（Cheng，2012）支持金融发展和经济增长之间的双向因果关系。第四，很多学者支持金融—经济的中立假设，金融发展和经济增长被看作是相互独立的（Fink et al.，2006）。

虽然，金融发展与经济增长之间的关系研究一直都是研究者和决策者讨论的重要领域，但金融结构的问题也不能忽视。金融结构的理论研究比较有代表性的是艾伦和盖尔等，他们主要研究的重点是金融体系如何影响不同的国家，以及为什么不同的国家会有不同的金融体系等问题。谈儒勇（2000）研究发现，我国的银行体系和股票市场对经济增长的作用相当有限。但是，银行部门、股票市场、债券市场以及保险市场等各个金融发展分部门之间存在怎样的作用和因果关系，目前尚不清楚。发展经济学领域分析金融发展和经济增长之间联系的文献包括四个部分：首先，银行部门和经济增长之间的联系（Tang，2005）；其次，股票市场与经济增长之间的联系（Akinlo et al.，2009）；再次，债券市场发展与经济增长之间的关系（Matei，2013）；最后，陈和李（Chen and Lee，2012）研究了保险市场发展与经济增长之间的关系。在"金融发展"这个广泛的领域，银行部门发展、股票市场发展、债券市场发展和保险市场发展是带动国家经济高速增长的主要力量。在一系列金融—增长联系的文献中，有一部分人认为银行部门、股票市场、债券市场和保险市场的发展可能会导致经济的增长。尽管有些决策者认为这些金融子市场的发展对经济增长的贡献程度有所不同，但是他们普遍认为，所有的子市场都很重要。

金融支持经济增长的渠道主要有很多，格林伍德和约万诺维奇（Greenwood and Jovanovic，1990）认为金融中介机构在市场上存在着信息不对称，各自可以凭借自身各方面的优势，收集分析行业动态信息，引导资金更有效的分配，进而促进生产率的提升。戴蒙德（Diamond，1984）建立理论模型验证了金融中介机构能够有效动员居民储蓄，并将资金以借贷的形式贷给企业，金融中介实行监管职能并能发挥公司治理的职能；孙浦阳（2012）认为金融发展通过技术进步对经济增长的促进作用是显著的。还有很多学者采取实证检验方法进行检验，贝克等（Beck et al，2000）以 1960～1995 年的 77 个国家数据为样本，实证得出金融发展能够显著促进全要素生产率的增长。同样，卡尔德隆和刘（Calderdon and Liu，2003）以 1960～1994 年的 109 个数据样本，分析得出金融深化通过生产率增长比通过资本积累增长对经济增长的促进作用更强。康贝卡尔和马洛塔斯（Kumbhakar and Mavrotas，2005）基于国家面板数据认为金融发展能够正向促进全要素生产率的提升，这种正向作用在发展中国家比发达国家效应显著。国内学者主要是运用省级数据为样本，分析这两者之间的关系。张军和金煜（2005）研究发现金融深化和生产率增长之间呈显著为正的关系。姚耀军（2012）基于区域差异，研究表明这种正向促进作用在不同区域存在不同的效应，并且将这种效应分解为技术进步和技术效率提升，发现增长效应主要来自技术进步。

（2）金融发展对技术创新的研究综述

目前关于金融发展对创新影响研究的文献主要是从国家、行业和企业层面进行不同视角的分析，舒等（Hsu et al.，2014）以跨国数据为样本，考察国家金融发展对创新的影响，发现信贷市场和股票市场对创新的影响不同，股票市场对创新的影响大于信贷市场。张杰和高德步（2017）从行业层面对中国的金融发展与技术创新的关系进行详述。

本书研究对金融和创新关系的文献作出了一定的贡献，从而更好地提出促进技术创新的战略。曼索（Manso，2011）认为金融市场短期承受风险，长期接受成功奖励的管理制度有利于激励技术创新。费雷拉等（Ferreira et al.，2014）发现私人所有权的企业更容易创新，而非国有企业。南达和罗德（Nanda and Rhodes，2011）提出"热"的金融市场比"冷"的市场更有助于激励技术创新。还有些因素：股票流动性（Fang et al.，2015）、金融市场的投资周期（Nanda and Nicholas，2014）、财务分析（He and Tian，2013）、产品市场竞争（Aghion et al.，2005）、投资者对失败的态度（Tian and Wang，2014）、银行竞争（Cornaggia et al.，2015）、企业风险投资以及机构所有权（Aghion et al.，2013）都会对技术创新产生积极或消极影响。

布朗等（Brown et al.，2009）提出研发融资是联结金融发展和全要素生产率之间关键的纽带，国内学者也提出我国企业研发投入创新不足的原因是企业面临严重的融资约束（张杰，2012；孙晓华，2015）。中国是处于经济转型的国家，长期形成的金融发展滞后和金融体制压抑，导致地区企业存在严重的外部融资约束，是抑制地区生产率提升的一个重要因素。克莱森斯和拉文（Claessens and Laeven，2003）研究发现，金融发展程度越高的国家，大多数企业更依赖于外源融资，融资约

束程度越小，即金融发展能够缓解企业的融资约束。

2.3.4　金融结构对技术创新影响的研究综述

大多数学者的研究都支持技术创新过程中金融体系对其起到重要的推动作用。但是关于金融结构与技术创新之间的关系目前尚未达成一致。这里参考徐明等（2017）的分析思路，划分为金融结构无关论、金融结构相关论。

金融结构无关论是认为金融结构对技术创新无影响，贝克等（Beck et al.，2000）认为银行主导型或金融市场主导型金融结构对企业技术创新没有显著影响的，而整个金融业的发展对技术创新发挥着重要的作用。

金融结构相关论则是和金融结构无关论相对立的，认为金融结构对企业技术创新起到显著的促进作用，这个观点的主要代表是艾伦和盖尔（Allen and Gale，2000），他明确指出金融结构的差异化对技术创新以及经济发展产生影响，同时技术进步和经济的不断增长又对金融结构提出更高的服务需求。第一，一部分学者认为银行主导型金融体系更有利于企业创新，如莱文（Levine，1997）认为银行中介可以很好地收集企业的相关信息，有效处理了信息不对称的问题，降低了企业创新的风险。第二，还有一部分学者认为金融市场主导型金融结构更有利于企业创新，如贝克等（Beck et al.，2000），又提出在推动技术进步的方面资本市场更为有效，其可以借助并购形式实现对公司的治理。

除此之外，林毅夫（2009）还在新结构经济学框架下提出了"最优金融结构理论"。他认为在现实经济中，最优金融结构会随着技术水平以及要素结构变化而呈现动态变化，即使当环境因素发生变化对金融结构带来的影响造成金融结构偏离最优金融结构时，也不会改变最优金融结构的动态演化路径以满足经济需求的规律。张成思和刘贯春（2015）在研究经济增长进程时强调金融结构的演化和最优金融结构的形成，发现随着经济发展速度的加快，不同阶段的最优金融结构是动态演化的，说明金融结构优化路径应适应于实体经济。

综上所述，金融结构对技术创新的作用研究已较为深入，但仍有许多方面值得更深入研究：首先，可以构建金融结构与技术创新的理论模型，找出最优金融结构的稳态水平；其次，细化金融结构，分别分析金融内部结构和金融开放结构对技术创新的不同作用；最后，样本选择上需要进一步改进，克服数据缺失的问题，从企业层面考察更为贴切。

2.3.5　金融创新与技术创新的关系研究综述

20 世纪 70 年代后期，金融市场规模扩张，金融服务需求的提升促使金融创新活动的增长。之后学者开始大量研究金融创新，部分学者还将研究重点放在金融创新对技术创新的影响以及两者结合对经济增长的作用上。

（1）金融创新对技术创新的支持作用研究综述

首先，阿莫尔（Amore，2013）通过实证方法证明了金融创新与技术创新之间存在紧密的相关性，他认为银行信贷规模扩大会不断提升企业的创新产出。史图斯（Stulz，2000）通过研究证明了银行在为需要融资的创新项目提供外部融资，作用很显著。郑婧渊（2009）以高科技产业作为样本，分析了金融在高科技产业发展进程中的重要作用。还有部分学者从金融制度视角分析了金融制度的改进创新也是有利于企业技术资助创新能力的重要方面。

其次，技术创新的一个重要特征是创造更新的技术方法，伴随着信息技术的不断创新，技术创新对金融服务的要求更高，进而推动金融创新（Revilla，2012）。唐智鑫等（2011）通过分析物联网新技术与银行业创新的关系，从物联网推动金融创新的优缺点分析未来金融创新的方向。

再次，目前国际上开始将这两种创新结合在一起分析问题，佩雷斯（Perz，2007）在《技术革命与金融资本》一书中，提出在技术革命的进程中，在高额利润的刺激下，金融资本与技术创新达到高度耦合。刘玉忠（2003）也强调加强金融创新与科技创新的结合，促使技术资源激活金融资本，以及金融资本催生技术资源。

最后，关于金融创新与技术创新耦合关系及机制分析方面，目前已有研究并不深入。大多数文献仅从单向视角分析，如只分析金融创新对技术创新的影响，或者技术创新对金融创新的影响，忽视了将金融创新体系与技术创新体系放在同一个系统中分析。第一，金融创新对技术创新的影响研究方面，不同学者从金融的不同角度分类，分别讨论金融创新对技术创新的影响，如金融结构、非正式金融以及互联网金融等具体的金融创新方式对创新的影响（张玉明和迟冬梅，2018）。第二，技术创新对金融创新的影响研究方面，科技金融是目前较热的词汇，是经济领域重要的问题，雷维利亚（Revilla，2012）认为不同城市之间金融创新方式不同，导致技术创新发生变化。

综上所述，目前大多数文献都只是分析了两者的定性关系，并没有很多文献从定量层面（测度两者的协调度）分析金融创新体系和技术创新体系两者之间的耦合度。本书就弥补了这一缺陷，构建灰色关联度模型测度了金融创新和技术创新两大系统之间各变量之间的耦合度，从而找到金融创新作用于经济增长的最优中介机制——技术创新，即金融创新可以通过影响技术创新以更好作用于经济增长。

（2）基于经济增长视角下金融创新的技术创新效应的研究

目前，尽管很多学者对金融创新对技术创新的影响进行大量研究，但是将金融创新体系和企业创新体系放在整个系统中，考察金融创新通过影响技术创新共同作用于经济增长的文献较少。弗雷姆和怀特（Frame and White，2004）指出忽略了金融创新与实体经济部门的技术相结合的讨论存在较大的局限。李丛文（2015）通过实证分析得知纯金融创新与经济增长呈负向关系；张元萍等（2016）也认为金融创新脱离实体经济的技术进步过程，可能会抑制经济的增长，只有两者协同发展才能对经济增长存在促进作用。孙蒲阳和张蕊（2012）运用跨国数据样本分析了基于技术进步视角下金融创新是促进还是阻碍了经济增长的问题，结论是金融创新单独对经济增长的作用不明确，而金融创新通过技术进步对经济增长的促进作用是显著的。

虽然上述文献认识到了金融创新与技术创新相结合对经济增长的重要性，却忽略了两者结合过程中的动态演化，金融创新对技术创新的作用是动态变化的循环过程，由于研究方法上没有很好的方法处理内生性问题，就需要选取动态模型来分析。

2.4 本章小结

综合以往研究内容看，很多学者的出发点是从宏观层面分析金融发展对经济增长的作用，但忽略了中间的影响机制，金融发展最大的职能是实现资金融通，且技术进步是目前经济增长的核心动力，企业技术创新是技术进步得以实现的前提，因此金融发展可以通过作用于技术创新进而影响经济增长。金融发展包含的内容也比较多，目前的研究更多是从金融发展的宏观层面出发。伴随着政策的变化以及科技的进步，金融结构发生了巨大的变化，金融创新成为推动技术进步的重要动力，而金融结构和金融创新本身就属于金融发展的范畴，因为需要从更深层次去分析"金融发展—技术创新"的内在机制。从现有研究看，学者们采用不同方法对金融发展与技术创新关系的研究进行了不同层面的探讨，但是多数仍采用宏观层面分析范式，随着微观数据获得性难度下降，目前的研究现状需要往微观层面转变更能说明经济事实。已经有越来越多的学者从不同角度构建引入金融部门的模型进行理论分析，这种分析范式能够将金融发展服务实体经济发挥得更好，同时也有利于将金融部门、技术部门和经济增长纳入一个更加完整的模型中考察，有助于更宏观地理解金融体系在经济中的重要性。

第3章

金融发展与技术创新的现状分析

本章主要对中国的金融发展与技术创新的现状进行分析。自改革开放以来，中国金融体制改革不断完善，随着金融市场发展进程不断加快，金融市场的资源配置效率也不断提升，金融发展不仅包括银行业市场的发展，还包括以股票市场为主体的资本市场的发展，同时包括金融开放的发展。当然，随着各地区金融发展程度的不断提升，有的地区发展快，有的地区发展慢，使区域金融发展水平呈现不同程度的差异化。对于技术创新，需要研究技术创新主体和创新模式，以更好地构建企业和行业层面的创新指标。伴随着金融发展水平的提升，企业获得资金的难度也逐渐降低，技术创新能力也逐渐提升。

3.1　中国的金融发展的事实分析

中国金融发展领域起步较晚，发展速度也滞后于经济增长速度。金融体制改革进程也相对滞后于其他体制。改革开放四十多年来，中国金融市场发展逐渐加快，形成以银行业为主导，资本市场不断发展的金融体系。但是到目前为止，由于国家政府对金融机构的控制，我国金融体系仍然是以银行部门间接融资为主导，资本市场的发展为辅助的局面。下面从四个层面介绍中国金融发展的现状。

3.1.1 中国银行体系发展现状

在改革开放之前，伴随中国计划经济体制，金融体制主要是以单一的银行体系为主导，并取得长足的发展。在以银行为主导的间接融资的金融体系下，银行业的改革关系到整个经济体系的发展。回顾改革开放四十多年来，中国银行业经历了以下四个阶段：（1）计划经济体制逐步打破，银行体系初步建成阶段（1978～1993年）；（2）随着市场经济体制的逐步形成，银行体系逐渐多样化，层次化（1994～2002年）；（3）改革红利的释放，银行业对外开放的不断深化，商业银行金融创新不断推进（2003～2013年）；（4）经济新常态背景下银行业加快推进金融工具的创新，银行业体系也随之转型和发展。①

银行部门包括商业银行、政策银行和独立金融机构，并且各部门发展日益多样化，能够为企业提供了很重要的融资渠道。银行业的迅猛发展可以从银行业金融机构的资产规模和结构、商业银行盈利能力以及商业银行风险管理能力角度分析。

（1）银行业金融机构的资产负债规模和结构、信贷规模

①银行业金融机构的资产负债规模和结构。银行业金融机构的资产负债规模是银行业发展的重要体现，银行业的发展与国民经济发展相互影响，相互作用。银行部门的主要职能是吸收社会资金以对需要的领域进行融资，实现资源的有效配置，从而缓解融资难等问题，从而促进了经济的高速运行。历史事实都表明，改革开放以来，中国的银行业发展

---

① 陆岷峰，周军煜. 中国银行业七十年发展足迹回顾及未来趋势研判［J］. 济南大学学报（社会科学版），2019（4）：5－19.

水平与经济发展水平保持一致性。

改革开放以来，银行体系与经济水平发展保持一致性（见图 3 - 1），图中表示 GDP 总额与银行业金融机构资产总额和负债总额都呈现稳步增长的趋势，但 GDP 总额增长幅度小于银行业金融机构资产总额和负债总额的增长幅度。一方面，因为经济水平的不断发展，会带动银行部门资产规模不断扩张，并能解决银行部门的不良贷款等问题，推动多层次银行体系的形成。另一方面，银行部门的迅猛发展同时又能对经济增长起到积极推动作用，初期银行业发展较缓慢，吸收资金以及融资的过程比较困难，此时经济增长速度也较缓慢；经济转轨时期，银行业发展速度加快，为国有企业提供了大量的金融支持，决定了这一阶段经济的快速增长。

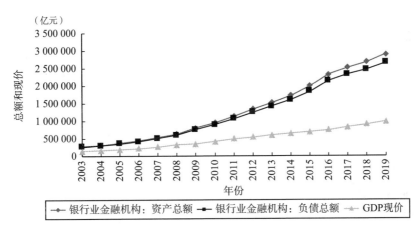

图 3 - 1　2003 ~ 2019 年银行业金融机构资产总额、负债总额与 GDP 现价

资料来源：wind 数据库、中国人民银行、中国银行保险监督管理委员会。

图 3 - 2 为资产负债表，反映了 2003 ~ 2017 年资产负债率变化趋势，可以很明显地看出随着时间的变化资产负债率呈现明显下降趋势，说明我国银行业资金不断充足。在现阶段新常态背景下，银行部门不断创新的过程带动资金规模的扩张，并保持不断发展的动力，也能为国民经济发展提供更加强有力的资金支持，为实现银行业金融机构的发展与市场经济发展的统一提供现实依据。

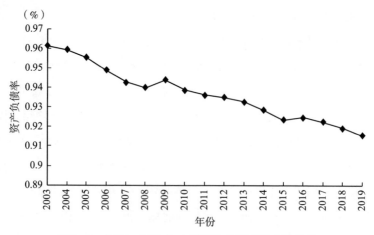

图 3 - 2　2003～2019 年中国资产负债率的变动趋势

资料来源：wind 数据库、中国人民银行。

②银行业金融机构的信贷规模。与银行业金融机构的资产负债规模类似，其信贷规模也是反映银行业发展的另一指标。信贷规模主要包括银行业存款、贷款规模，同样还包括银行业金融相关比率（即：银行业存贷款总额占 GDP 的比重），具体如图 3 - 3 所示。

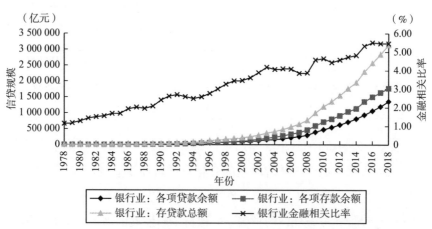

图 3 - 3　1978～2018 年中国银行业信贷规模与金融相关比率变化趋势

资料来源：中国人民银行，金融相关比率由作者自行计算。

图 3 - 3 是改革开放以来我国银行业信贷规模与金融相关比率变动趋势图。左侧纵坐标表示信贷规模，右侧纵坐标表示银行业金融相关比率，显然，首先，从银行业存款余额和贷款余额以及存贷款总额曲线上看，改革开放初期，银行业信贷规模非常小，主要是因为该时期资源禀赋和动员储蓄能力较低；进入 21 世纪后，银行部门信贷规模扩张速度不断加快，2018 年存款总额、贷款总额以及存贷款总额分别达到 136.297 万亿元、177.523 万亿元和 313.820 万亿元。其次，从银行业金融相关比率曲线上看，改革开放以来整体趋势是呈现稳步上升趋势，但在 2008 年经济危机时期该指标呈现短暂下滑形态，随后中国经济转型，金融相关比率又恢复上升趋势。总而言之，我国银行业发展整体水平呈现稳步上升趋势，银行业发展不断适应市场经济体制。

（2）商业银行盈利能力（银行业的资产回报率、净利润、营业收入）

商业银行规模结构的扩张说明银行部门职能的较好发挥，这里还从商业银行盈利能力视角考察商业银行的发展情况。如图 3 - 4 所示，2010~2018 年季度净资产利润率（ROE）和利息收入占比的折线图，还包括净利润的季度净利润柱状图。首先，从整体来看，净资产利润率呈现下滑趋势，尤其是近期更为明显，主要由于近期受金融脱媒、息差收窄的影响，银行盈利能力下降。其次，利息收入占比（利息收入占总收入的比重）呈现水平趋势，即利息收入随着总收入的增加而同比例增加。最后，从净利润额柱状图（按年为单位）可以看出，银行业净利润仍保持了一定增速，主要来自银行不良预期改善带来的拨备利润释放。总而言之，尽管银行盈利能力有所下降，但伴随着经济环境的持续改善，中国银行业发展实现了高速发展。

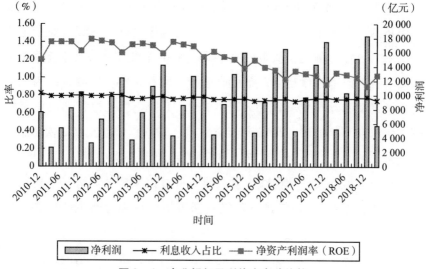

图 3 - 4　商业银行盈利能力变动趋势

资料来源：中国人民银行。

（3）商业银行风险管理能力

金融机构的风险防范是金融工作的重要任务。金融体制改革过程中，既要注重金融深化程度，又要防范金融风险。商业银行风险管理能力用商业银行不良贷款率和银行资本充足率来衡量。

图 3 - 5 是商业银行风险管理能力的体现（季度数据），不良贷款率是银行资产质量的指标，最能反映商业银行对业务风险的管理能力。明显看出，中国自 2002 年开始商业银行不良贷款率呈现迅速下降的趋势，到 2008 年以后基本稳定在 1% ~ 1.5% 。但 2016 年以后有缓慢上涨的趋式，随着宏观经济出现复苏迹象，银行资产质量趋稳。整体上看来，银行的不良贷款额在上升，不良贷款率在下降，这给银行转型发展带来了空间。

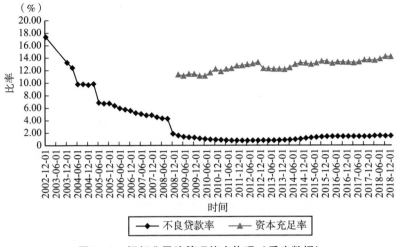

图 3 – 5　银行业风险管理能力体现（季度数据）

资料来源：国泰安数据库、中国人民银行。

3.1.2　中国资本市场发展现状

资本市场是与货币市场相对应，属于长期资金市场，通常包括期限在 1 年以上的各种融资活动组成的市场，由于在长期金融活动中，涉及资金期限长、风险大，具有长期较稳定收入，类似于资本投入，因此称之为资本市场。资本市场具备最基本的职能即为融资功能（即为缺乏资金或者难以通过间接融资渠道获得资金的企业提供资金支持），同时还能承担风险定价等职能，由于资本市场是在以实现价格机制下的收益最大化为目的，因此资本市场的融资活动存在较大的风险；另外，对于创新型企业而言，资本市场是其主要的融资渠道。我国的资本市场主要是由股票市场和债券市场组成，每个市场都有一级市场和二级市场的区分，下面分别对我国股票市场和债券市场发展进行事实分析。

（1）中国股票市场发展的现状

中国的股票市场得益于地方政府的开拓，于 1990 年批准上海证券交易所成立，深圳证券交易所也随后成立。这两个交易所的成立带动了中国股票市场未来几十年的发展，这几十年的迅猛发展为企业筹集资金、改善企业融资结构、优化配置金融资源以及带动经济同步发展等起到了至关重要的作用。

中国股票市场自 1990 年发生了翻天覆地的变化，股票市场价值以及上市公司数量等方面，都呈现出了惊人的增长态势。这里主要以上海证券交易所和深圳证券交易所两大交易所的股票市场规模指标进行分析。

图 3 - 6 中两条曲线分别表示上海证券交易所（上证所）和深圳证券交易所（深交所）自 2001 年 5 月以来每月的股票总市值，上证所和深交所的趋势相同。从 2006 年开始上证所和深交所的股票总市值迅速增长，到 2007 年底达到第一阶段上涨过程的峰值，分别为 269 838 亿元和 55 212.87 亿元。随之由于 2008 年金融危机的爆发，中国股票市场备受打击，股票总市值急剧下滑。从 2009 年开始逐渐回暖，一直持续到 2015 年，总体上呈现稳步上涨态势，2015 年 5 月上证所和深交所的股票总市值达到历史最高 360 625.68 亿元和 266 839.78 亿元，然而 2015 年 6 月开始中国股市又经历了一次较大的波动，持续了近半年的股票市场萎靡。从图形上看，未来中国股票市场股票总市值的整体趋势仍是上涨的。中国股票市场也会不断进行金融创新以不断适应经济的发展。

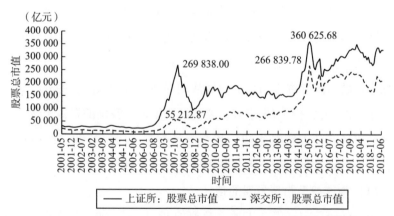

图 3 - 6　2001 年 5 月以来中国两大证券交易所股票总市值变化趋势（月度数据）

资料来源：中国证券监督管理委员会、上海证券交易所、深圳证券交易所、国泰安数据库。

　　图 3 - 7 反映了中国上证所和深交所自 2001 年 5 月以来的股票流通市值的趋势图。总体上看，两大证券交易所股票总市值呈现高度吻合的变化趋势，都存在稳步上涨的趋势，符合经济和金融发展事实。也能反映出我国股票市场整体趋势是上升的，尽管中间有短期动荡。

图 3 - 7　中国两大证券交易所股票流通市值趋势（月度数据）

资料来源：中国证券监督管理委员会、上海证券交易所、深圳证券交易所、国泰安数据库。

　　除了股票市值和股票流通市值可以反映股票市场的规模外，还有一个重要的指标：上市公司数量（见图 3 - 8）。可以看出在上证所和深交所上市的公司总数逐年上升，深交所上升得更为明显，原因是上证所侧重于国有大中型企业（如中石化、中国联通、五大国有商业银行等），而深交所侧重于创投和中小企业（如万科 A、深发展 A 等），且深交所的审核程序相对较快。尽管深交所上市公司数量多于上证所，但是上交所的股票市值远大于深交所（见图 3 - 6 和图 3 - 7）。

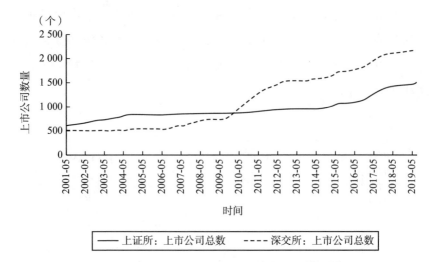

图3-8 中国股票市场上市公司数量（月度数据）

资料来源：中国证券监督管理委员会、上海证券交易所、深圳证券交易所、国泰安数据库。

由图3-9所示，从股票市场的市盈率角度看，两大证券交易所在2009年之前几乎完全重合，2009年之后两者之间有差别。由于2008年金融危机，导致股票市盈率急剧下降，说明此时上市企业的股票市场价值与每股收益的比值急剧下降，侧面反映了上市企业经营状况不好的事实。2009年滞后深交所市盈率呈现的是稳步上升，因为更多的创新企业进入该交易所上市，这些创新企业具备良好的发展前景，可以带动整个深交所的发展。上证所的股票平均市盈率在2009年后发展平稳，甚至出现些许下滑的趋势，这主要是由于上证所的企业大多数是国有上市企业，随着经济体制改革，国有企业也随之改革，在这个过程中必然会出现企业发展前景不看好的局面。

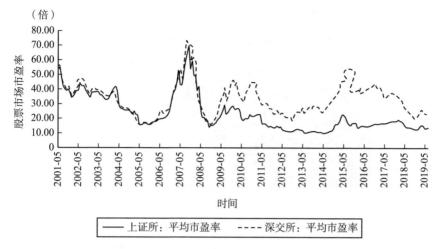

图 3 – 9 2001 年以来中国股票市场平均市盈率的变动趋势

资料来源：中国证券监督管理委员会、上海证券交易所、深圳证券交易所、国泰安数据库。

（2）中国债券市场发展的现状

债券市场的发展和股票市场的发展对中国经济增长同样重要，中国自 1981 年恢复国债发行之后，逐渐开展对债券市场的开拓与发展。2005 年推出短期融资券大大促进了中国债券市场的发展，1981 ~ 2005 年，债券市场依附于计划经济，审批制度比较严苛，发行主体相对狭窄，并存在强制性的担保制度，短期融资券的推出打破了这一传统的模式，资金的投向没有限制，因此 2005 年称之为债券市场真正发展的开元年。

中国债券市场存量是能反映债券市场发展的重要指标。2011 年底，债券市场存量达到 20 亿元，图 3 – 10 反映 2015 年 1 月 ~ 2019 年 5 月中国债券市场存量不断增长，到 2019 年 5 月已经达到 921 000 亿元。并且中国债券市场产品主要包括国债、央票和政策性银行债。

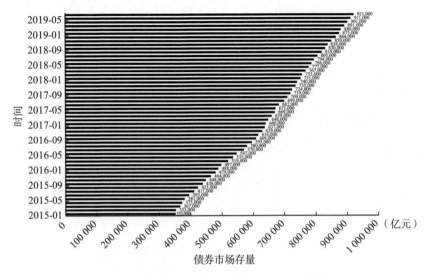

图 3 – 10　中国 2015 年以来债券市场月度余额

资料来源：中国证券监督管理委员会、中国人民银行、上海证券交易所、深圳证券交易所、wind 数据库。

图 3 – 11 反映了中国债券市场和债券发行量的趋势，总体上看债券市值和债券发行量呈现的是迅速上升趋势，说明债券市场的整体规模较快增长。2018 年债券市值为 583 889.69 亿元，与 2002 年相比，增加 19.80 倍；债券发行量相比 2002 年增加 17.58 倍。

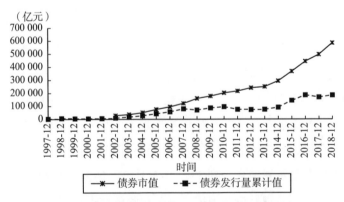

图 3 – 11　中国债券市场价值和债券发行量的趋势

资料来源：中国证券监督管理委员会、中国人民银行、上海证券交易所、深圳证券交易所、wind 数据库。

3.1.3　金融开放结构现状

（1）法定规则下金融开放结构的现状分析

①资本市场证券。具体规定适用于合格境外机构投资者（QFII）的投资。合格境外机构投资者必须具备三个条件：第一是五年以上基金经理、保险公司和其他机构投资者（养老基金、慈善基金、养老基金、信托公司、政府投资管理公司等）的行业经验；第二是30年以上证券公司投资经验；第三是基金管理公司和保险公司最近一个金融年度达到50亿美元，商业银行和证券公司管理资产达到100亿美元。过去3年内，QFII未受到监管机构的重大制裁。QFII若是一家银行，其资产必须在最近一个财政年度在国际上排名前100位，并且必须管理不少于100亿美元的证券资产。QFII若是证券公司，必须经营证券业务30年以上，实收资本10亿美元以上，最近一个会计年度管理证券资产不低于100亿美元。其他投资者必须从事该业务至少五年，最近一个会计年度管理的证券资产不得少于50亿美元。QFII必须授权托管人代为向证券登记结算机构申请开立证券账户。每位投资者只能指定一名托管人。QFII必须授权取得证券登记结算机构参与者资格的机构代为办理资金结算业务，并在5个工作日内向国家外汇管理局报送开户情况资料，开立人民币结算账户。

②集体投资证券管制。境内机构投资者（银行、基金管理公司、证券公司、信托投资公司、保险公司）可以在各自外汇额度和监管限额内，在境外购买集合投资证券。保险公司的境外投资不得超过上季度末公司资产总额的15%。该比例包括股份、债券、基金等各类外商投资工具，具体境外工具的个别比例参照同一类别的境内类型设定，境内外工具的比例统一。对境内外无担保企业（公司）类债券和境内外组合投资基金的投资，分别不得超过公司上季度末总资产的20%和15%。

③金融衍生工具管制。中国银行业监督管理委员会监管的金融机构经批准，可以购买和出售衍生工具，其目的是：第一，对冲固有的资产负债表风险；第二，牟利；第三，向客户（包括金融机构）提供服务。

向客户（包括金融机构）提供衍生品交易服务。金融机构首次在境内发行复杂衍生产品交易前，必须向监管机构报送有关文件，征求监管机构的意见。从事外汇、股票、商品及交易所上市衍生产品交易的机构，必须遵守国家外汇管理局和其他有关规定。具有相应风险管理能力的金融监管机构，可以从事国内黄金期货交易。境内机构投资者（银行、基金管理公司、证券公司、信托投资公司、保险公司）可以在各自外汇额度内投资于境外衍生工具。经中国证监会批准，部分国有企业可以从事境外商品期货套期保值业务。中国保险监督管理委员会允许保险公司使用远期、掉期、期权和期货等金融衍生产品进行风险对冲管理。

④直接投资账户管制。境内公司在境外直接投资不受外汇限制，允许购汇从事境外直接投资。自然人不得在境外直接投资。境内机构可以利用各种合法的资产来源对外直接投资，包括自有外汇资金、按照规定在境内取得的外汇贷款、使用人民币购买的外汇资金、有形或无形资产等，以及保存在国外的利润。外国项目在正式启动前的筹备阶段，经国家外汇管理局批准，境内机构可以从境外汇出一定比例的投资。《对外直接投资外汇资金来源审查议定书》以外汇登记为基础，对外直接投资外汇资金汇出无需审批，于2011年1月6日生效，中国20个省（区、市）包括北京、天津、内蒙古、辽宁、上海、江苏、浙江、福建、山东、湖北、广东、广西、海南、重庆、四川、云南、吉林、黑龙江、西藏、新疆，其居民企业可以用人民币对外直接投资。

⑤参与性股票管制。QFII可以在境内投资A股，须符合下列条件：第一，外国投资者个人通过合格境外机构投资者持有上市公司A股比例不得超过该公司股份的10%，所有外国投资者持有单一上市公司A股比例不得超过20%。第二，合格境外机构投资者的总投资限额为300亿美元。截至2010年12月31日，A股合格境外投资者共有106家，其中97家获得批准的投资配额为197.2亿美元，总限额为300亿美元。第三，合格境外机构投资者发起的养老基金、保险基金、共同基金、慈善基金、养老基金、政府投资管理公司、开放式中国基金的主要锁定期限为3个月；

其他合格境外机构投资者的锁定期限为一年。在锁定期结束时，开放式中国基金可以按照每月净认购或赎回金额，按月完成相关的资金汇入或汇出。其他合格投资者在投资本金锁定期后需要购汇汇出本金的，必须向国家外汇管理局提出申请。B 股则以美元或港币计价，在中国证券交易所上市，外国投资者可以购买。中国股票市场自 1992 年开始开放，但是 B 股一直处于停滞状态，截至 2018 年底，B 股市场发行股票共 99 只，总市值约为 1 376 亿元，是 2018 年的 A 股总市值的 0.32%；相比于 2010 年的 108 只 B 股，股票数量反而下降了，同时总市值为 2 202 亿元，也出现下降的态势。这样的趋势主要是因为 2001 年 B 股开始对境内的居民开放以及 2002 年推出 QFII①，B 股逐渐失去了对境外投资者的吸引力。

外国投资者可以对境内上市公司 A 股进行战略投资，须遵守以下限制条件。外国投资者目前不受投资境内上市公司 B 股的限制——《外国投资者对上市公司战略投资管理办法》第二条②。

⑥居民境外购买货币市场工具。境内机构投资者（银行、基金管理公司、证券公司、信托投资公司、保险公司）可以在各自外汇限额和监管限额内，购买监管许可的货币市场工具。保险公司的境外投资不得超过

---

① QFII（qualified foreign institutional investor）称为合格境外机构投资者，这是 2002 年推出的一项资本市场开放过渡性的政策安排，指一国在货币没有实现完全可自由兑换、资本项目尚未开放的情况下，有限度地引进外资、开放资本市场的一项过渡性的制度。这种制度要求外国投资者若要进入一国证券市场，必须符合一定的条件，得到该国有关部门的审批通过后汇入一定额度的外汇资金，并转换为当地货币，通过严格监管的专门账户投资当地证券市场。

② 具体内容为以下六点。第一，投资者必须符合条件：（a）在境外合法注册和经营。财务状况良好、资信良好、管理经验成熟的法人或其他组织；（b）实际管理的境外资产不低于 1 亿美元或实际管理的境外资产不低于 5 亿美元，母公司实际管理的境外资产不低于 5 亿美元。资产总额不低于 1 亿美元，或实际管理的境外资产总额不低于 5 亿美元；（c）治理结构健全，内部控制制度健全，经营规范；（d）过去三年的监管机构（包括母公司）未受到国内外重大处罚。第二，上市公司的股份必须通过合同收购、上市公司发行新股收购或者国家法律、法规规定的其他方式取得。第三，投资可以分期进行；完成第一期投资取得的股份比例不得低于公司已发行在外股份的 10%，但有特殊要求的行业除外；已到位或已获得相关主管部门的批准。第四，上市公司 A 股在三年内不得转让。第五，对特定行业有限制的，投资者持股不得超过法律、法规规定的限额；法律、法规禁止外商投资的，不得向上市公司投资。第六，涉及上市公司国有股股东的，必须遵守国有资产管理的有关规定。

上季度末公司资产总额的 15%。该比例包括股份、债券、基金等各类外商投资工具，具体境外工具的个别比例参照同一类别的境内类型设定，境内外工具的比例统一。对境内外无担保企业（公司）类债券和境内外组合投资基金的投资，分别不得超过公司上季度末总资产的 20% 和 15%。

⑦金融信贷的控制。经国家外汇管理局批准，跨国公司常驻关联公司可以直接向境外关联企业贷款，也可以通过境内银行向境外关联企业提供贷款。银行类金融机构可以在其经营范围内，在符合银行监管机构有关指令的前提下，对外提供贷款。建立了居民与非居民相互贸易信用的登记管理制度。此监管体系用于预付进口贷款和递延出口应收款。向境内机构提供的期限在一年以上的国际商业贷款，须经国家发展和改革委员会事先批准。经批准对外借款的金融机构和中国股权企业，可以在国家外汇管理局批准的范围内，进行短期借款，期限在一年以下。具体交易不需要进一步审批。所有对外借款必须向外汇管理局登记。前款所列机构不得将其对外承包贷款收入以人民币折算。居民和非居民之间的相互贸易信贷实行登记管理制度。本系统用于两方面：第一，出口货物预收货款；第二，进口货物延期付款。商务部根据《外商投资法》批准的外商投资企业（包括但不限于外商独资企业、中外合资企业、中外合资企业、中外合资企业）长期外债流入和短期外债总额。合作企业等必须在投资总额与注册资本的差额内。"投资总额"是指合营合同、企业章程规定的生产所需的建设资金和营运资金的总和。在此范围内，不需要向非居民借款，但借款人必须完成外管局登记手续。

⑧担保、保证和金融支持设施。境内银行对外提供的金融担保和境内其他机构提供的担保，均需经国家外汇管理局批准。银行对外提供的非金融担保不需要审批，但所有对外担保必须办理对外担保登记。具体如下：第一，对外担保实行的仍是余额管理方式，对外担保余额不得超过净资产的 50%；第二，担保人为企业时，净资产占总资产的比重大于 15%；第三，担保人是非银行金融机构时，被担保人必须是境内合法注册的法人或机构；第四，担保人为非银行金融机构时，被担保人必

须为依法在境内外设立、持股的企业。经商务部依照《外商投资法》批准的外资企业（包括但不限于外商独资企业、中外合资企业、中外合作企业）向境内金融机构借款企业等，可以接受外国机构的担保。

（2）实际情况的资本账户开放结构的现状分析

基于实际情况的资本开放结构，主要从指标上来衡量。一般都是从流量层面测算——资本流量（capflow）指标法。在实际的开放程度的流量层面测算时，具体的指标选择如下：总体上用资本内流和资本外流之和占 GDP 比重，资本流动的数据来源于国际货币基金组织公布的《国际金融统计年鉴（2009）》和《国际金融统计年鉴（2018）》（International Financial Statistics Yearbook，2009 and International Financial Statistics Yearbook，2018）的年报数据，2001～2007 年数据取自 IFS2009 年报，2009～2017 年数据取自 IFS2018 年报。GDP 来源于世界银行数据库（world bank database）。这里资本内流总量等于外商直接投资（direct investment：liabilities）、国外证券投资（portfolio investment：liabilities）和国外其他投资（other investment：liabilities）之和；资本外流总量等于对外直接投资（direct investment：assets）、对外证券投资（protifolio investment：assets）和对外其他投资（other investment：assets）之和。

①中国资本账户开放度测算。关于流量层面的资本开放度测算，这里参考孙俊（2014）采用两个方面考察：一是进出资本开放结构下的开放度；二是分类资本开放结构下的开放度。

图 3－12 三条平滑曲线分别是 2001～2017 年中国国际资本流动总额的变动趋势。可以看出整体上国际资本流动总额呈现上升趋势，21世纪初期，国际资本流动总额、资本内流总额和资本外流总额处于较低的水平，后期逐渐上升，这主要得益于经济全球化与金融全球化的开展，2008 年经济危机资本流动迅速下滑，随后资本外流和资本内流在上升的过程中围绕某一水平值上下波动，即我国在推进资本账户自由化的过程中出现进退反复，中国目前采取的是渐进式开放战略，而非激进式的资本账户自由化战略。

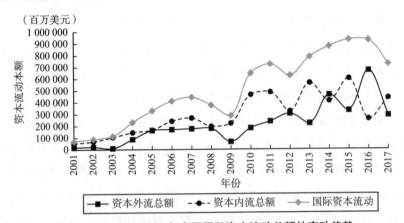

（百万美元）

图3-12　2001~2017年中国国际资本流动总额的变动趋势

资料来源：世界银行、国际货币基金组织公布的《国际金融统计年鉴（2018）》。

图3-13显示的是2001~2017年中国资本账户开放度的变动趋势。21世纪初期资本外流占GDP的比重、资本内流占GDP的比重和资本账户开放总和占GDP的比重都较低，资本外流占GDP的比重甚至低于0.02，因为这时国际资本流动主要来源于资本流入，资本外流相对受到较大的限制。2003年之后资本外流开放度迅速上升，这也就促进了资本账户总额开放度的迅速增加。2008年经济危机之后整体资本账户开放度呈现震荡形势，正好反映了中国渐进式的资本账户自由化开放战略。

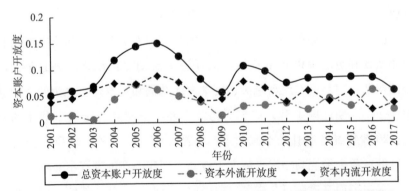

图3-13　2001~2017年中国资本账户开放度的变动（进出资本开放结构）

资料来源：世界银行、国际货币基金组织公布的《国际金融统计年鉴（2018）》。

此外，图 3 - 13 还展示了分类资本开放结构下的资本账户开放度变动趋势，这里的分类资本开放是按照资本内流和资本外流的组成部分进行分类的，主要分为三类：直接投资、证券投资和其他投资，由于这里的其他投资内容不明确，因此忽略对其他投资账户的分析。图 3 - 14 中可以明显看出直接投资占 GDP 比重的曲线始终在证券投资曲线之上，并且两者差距较大，这是目前我国资本账户自由化"加大证券投资管制、放松直接投资管制"政策的体现。2002 年证券投资开放度曲线迅速上升，因为 2002 年推出的 QFII 制度，使得跨境证券投资的开放程度迅速提升，缩小了与直接投资开放度的差异。但是 2006 年之后中国整体证券投资开放度偏低，国家对证券投资的管制仍然较为严格。

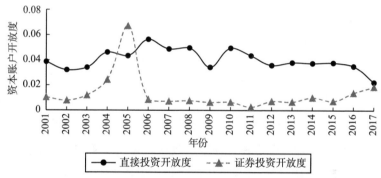

图 3 - 14　中国资本账户开放度的变动趋势（分类资本开放结构）

资料来源：世界银行、国际货币基金组织公布的《国际金融统计年鉴（2018）》。

　　②中国资本账户开放结构。这里对资本开放结构进行定量分析，将进出资本开放结构定义为资本外流总额/资本内流总额，若比值小于 1，说明资本外流相比于资本内流管制较严格；若比值大于 1，说明资本外流相比于资本内流管制较为放松。将分类资本开放结构定义为直接投资总额/证券投资总额，若比值小于 1，说明直接投资相比于证券投资管制较严格；若比值大于 1，说明直接投资相比于证券投资管制较为放松。

　　图 3 - 15 描述的是中国进出资本开放结构和分类资本开放结构图，考察期内进出资本开放结构的指标值除了 2014 年和 2016 年之外，其他值都小

于1，说明我国2014年之前资本外流相比于资本内流管制较严格，反映出此时中国资本账户的"宽进严出"；2014年及以后的值逐渐上升，2014年资本外流比资本内流的比例为1.125，2016年进出资本开放结构比例为2.589，说明中国进出资本开放结构逐渐从"宽进严出"向"严进宽出"转变。

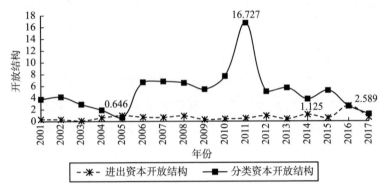

图3－15　2001～2017年中国进出资本开放结构和分类资本开放结构

资料来源：世界银行、国际货币基金组织公布的《国际金融统计年鉴（2018）》。

此外，从分类资本开放结构来看，中国资本账户的分类资本开放结构指标除了2005年低于1，其他值都是在1以上，是我国目前资本账户自由化实行的"加大证券投资管制、放松直接投资管制"政策的体现。2006年之后的直接投资/证券投资的倍数均值达到6倍以上，2011年甚至达到16.727倍。

③中国资本账户开放结构的国际比较。比较中国与发达国家（以美国、德国、法国和日本为例）的资本开放结构之间的差异，同样也是从进出资本开放结构和分类资本开放结构两个角度。图3－16描述的是中国与发达国家的进出资本开放结构的对比图，明显看出，中国的资本外流与资本内流的比值基本小于1，且普遍小于其他发达国家，因为中国对资本外流管制较为严格，对资本内流的管制比较放松。发达国家尤其是日本和德国进出资本开放结构指标都大于1，资本账户自由化实施的是"外流管制放松，内流管制严格"的策略。

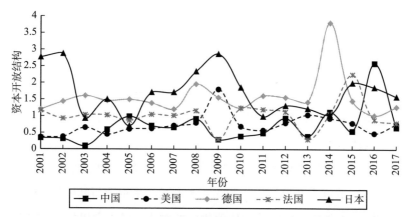

图 3 – 16 2001 ~ 2017 年中国与发达国家的进出资本开放结构的比较

资料来源：世界银行、国际货币基金组织公布的《国际金融统计年鉴（2018）》。

图 3 – 17 描述的是分类资本开放结构的对比，可以看出中国的分类资本开放结构远远超过其他发达国家，2011 年甚至达到了 16.73，说明发达国家证券投资的管制相对比较宽松，主要是因为发达国家的国际金融市场比较发达，所以证券投资环境较好。

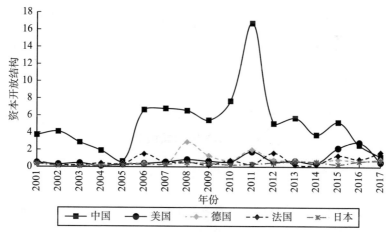

图 3 – 17 2001 ~ 2017 年中国与发达国家的分类资本开放结构的比较

资料来源：世界银行、国际货币基金组织公布的《国际金融统计年鉴（2018）》。

总体看来，中国实施"走出去"战略，支持和鼓励各类企业开展对外直接投资活动，资本账户开放程度逐步提升。从资本管制方面看，遵循先入后出、先直接后间接、先试点后扩展的顺序对项目逐步开放。截至目前，完全不可兑换项目仅剩非居民境内发行股票、货币市场工具和衍生品业务三项。但是相比于发达经济体，我国的资本项目开放程度仍处在较低水平。

　　此外，比较中国与其他发展中国家（以印度、俄罗斯、巴西和南非国家为例）的资本开放结构。图3-18描述的是中国与其他代表性发展中国家的资本外流与资本内流比值指标的对比，可以看出发展中国家的指标值基本都围绕着"1"上下波动，说明中国其他代表性的发展中国家都拥有的共性："资本外流管制严格，资本内流管制宽松"。

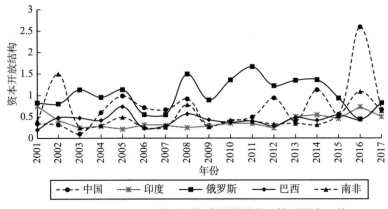

图3-18　2001～2017年中国与发展中国家（转型国家）的
进出资本开放结构的比较

资料来源：世界银行、中国人民银行、国泰安数据库。

　　图3-19描述的是从分类资本开放结构角度来看中国与其他发展中国家（转型国家）的资本开放结构，中国相比于其他发展中国家直接投资占证券投资的比值大部分时间都保持在5以下，特别是2012年以后逐渐下降。巴西在资本账户分类开放中对证券投资的管制较为

严格，尤其是 2008 年全球经济危机时最为明显，数值达到 35 倍左右。南非国家的直接投资占证券投资的比重始终低于 1，这与南非的证券投资管制较宽松有关。

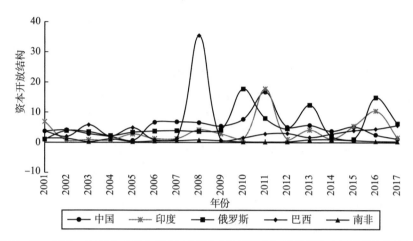

图 3-19 2001~2017 年中国与发展中国家（转型国家）的分类资本开放结构的比较

资料来源：世界银行、国际货币基金组织公布的《国际金融统计年鉴（2018）》。

（3）基于实际情况的金融市场开放结构

金融开放除了包含资本账户开放以外，还有一个重要的方面就是金融市场开放。金融市场的开放包括了银行业的开放和证券市场的开放。对金融市场的开放来说，关键在于国内监管体制是否健全，国内金融机构是否有较强市场竞争力。

改革开放以来，我国金融市场开放经历了两个阶段：一是 2001 年之前，这个时候国家经济正面临着经济体制的转轨，金融市场开放的重心还是放在国内经济建设中；二是 2001 年至今，即中国加入世界贸易组织（WTO）后，金融市场开放开始将"走出去"和"引进来"相结合，逐步推进金融业开放程度，推进利率市场化改革。

金融服务业的本质是一个具有竞争力的行业。通过对外开放，引进外资，加强行业内部竞争，优化金融资源配置，进一步提高我国金融机构的创新能力和风险控制能力。例如，国内无担保信用贷款、农村银行等业务都是由外国银行引进的，外国金融企业的产权和公司治理经验也显著提高了我国金融机构的公司治理水平。首先，金融市场方面，已通过 QFII、RQFII、沪港通、深港通等"通道式"机制开放股票市场，债券市场开放程度更高，已完全允许合格境外投资者在银行间债券市场发行人民币债券或进行投资。其次，资本项目相关方面，我国利率市场化已于 2015 年底在政策层面完成，汇率弹性及灵活性不断提升，形成"以市场供求为基础、参考一篮子货币进行调节、有管理的浮动汇率制度"。目前中国金融市场开放的特征有三点。

①金融机构改革开放并进、服务能力不断增强，但仍对外资限制较严。中国加入 WTO 后，银行、保险公司和证券公司放松了对外资金融机构形式、地点和业务范围的限制。同时，四大银行和三大保险公司率先开展股份制改革，积极引进外资，先后上市，改革和开放相互加强。截至 2022 年 5 月末，外资银行在中国共设立了 41 家外资法人银行、116 家外国银行分行和 134 家代表处，营业性机构总数 919 家，境外保险机构在中国共设立了 67 家外资保险机构和 80 家代表处。在 2018 年进一步开放措施落地前，银行、证券和保险均存在严格持股比例限制，外资金融机构还面临业务范围和牌照发放制约。外资银行对人民币业务的等待期很长，这需要外资银行具有较多总资产才能在中国设立业务机构。境外保险面临严格的许可和数量控制；境外证券机构仅限于合资形式，只能从事承销、外资股票经纪和债券经纪等小型业务。

外资金融机构在多种制约因素之下进入我国市场动力不强，近些年其资产占比均不足 10%（包括银行业、证券机构、保险机构，见图 3-20）。特别是在金融危机以后，外资机构出售海外资产，并专注于当地业务。中国加强了对外资银行业务的控制，对外资银行业务的审批更加严格，导致外资银行和证券机构的比例进一步下降。

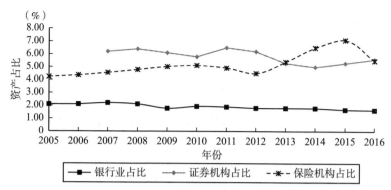

图 3 - 20　2005 ~ 2016 年外资金融机构（银行业、证券机构和保险机构）资产占比

资料来源：世界银行、中国人民银行、国泰安数据库。

②金融市场参与主体不断增加，跨境资本双向流动发展，但开放的广度深度不足。不同的金融子市场开放程度差异较大，且尚未解决制度安排问题严重阻碍了开放深度、广度的提升。债券市场已经是我国金融市场开放程度最高的部分，主要体现在允许境外机构参与银行间债券市场，但仍有以下四个主要问题：一是国内会计和审计政策与国际标准之间存在差异；二是缺乏公信力；三是实行市场主体准入备案，集中交易的模式，区别于国际市场；四是可用于投资债券的外汇和衍生品数量少。股市的开放程度是第二位的，但目前的"管道"模式与全面开放仍有差距。此外，中国的外汇市场不同于国际市场，因为它是基于真实的需求，参与者不够活跃和热情。

③新一轮金融开放以金融服务业为抓手，逐步推进资本项目开放。2018 年 4 月 11 日，易纲行长宣布了进一步扩大金融业对外开放的时间表和具体措施，时间表显示我国加速开放金融服务业，继续有序推进资本账户开放。具体而言，本轮金融开放将大幅开拓外资进入中国银行业、证券业、保险业等行业的持股比例，以及业务范围和经营范围，引进优秀竞争对手，提高中国金融机构在国际上的竞争力。沪港通、深港通、沪龙通等互联机制将继续发展，多渠道加强资本的国际流动，安全有序地实现资本账户下的资本可兑换。

合格境内机构投资者（QDII）、人民币合格境内机构投资者（RQ-DII）、合格境内有限合伙人（QDLP）等的额度，放开合格境外机构投资者（QFII）、人民币合格境外机构投资者（RQFII）资金汇出限制，取消本金锁定期要求。6月28日发布了《外商投资准入特别管理措施（负面清单）（2018年版）》，也取消了银行和金融资产管理公司的外资持股比例限制，内外资一视同仁；将证券公司、基金管理公司、期货公司、人身险公司的外资持股比例的上限放宽到51%，三年以后不再设限，都能反映国家开放政策的有效实施。

3.1.4　金融创新发展的现状分析

根据王华庆（2011）提出的金融创新四大阶段，结合近十年的现状，将20世纪70年代以来金融创新大致总结为五个阶段：70年代转移风险的金融创新；80年代规避监管和防范风险的金融创新；90年代基于多重目标的综合化金融创新；2000～2010年金融衍生品突飞猛进的金融创新；2011年至今互联网金融盛行的金融创新。金融创新按照结构不同划分为金融产品创新、金融市场创新和金融制度创新。

随着金融深化程度的不断加深，但是相比于经济发展规模，仍然表现出发展滞后的局面。主要原因是金融服务业的创新不足，表现为金融产品较少，金融市场缺乏弹性，金融制度与金融发展、经济发展不匹配。缺乏金融创新已经成为中国金融发展的障碍，甚至会阻碍经济运行，想要克服金融创新的缺陷，需要在金融产品、金融市场和金融制度上进行高水平创新。

（1）金融产品创新

金融产品创新是金融创新中最主要的内容，产品的创新也最能体现金融机构的核心竞争力。一般金融产品的创新主要是表现为：金融创新的新技术推动、金融工具的创新以及金融衍生品的创新。

20世纪90年代之前，新技术特征对金融创新的推动作用不明显，20世纪90年代之后，计算机技术及互联网技术的应用，促使技术因素成为金融创新的强大动力。目前政府提及的"金融科技"就是指通过利用各类科技手段创新传统金融行业所提供的产品和服务，提升效率并有效降低运营成本的过程。可以看出技术推动对金融创新是极其重要的。目前较为集中的服务与金融业的技术有大数据、人工智能和区块链技术。

目前市场上较流行的金融工具大体可以分为以下几个方面：一是减少利率或汇率波动的金融工具，包括浮动利率债券、浮动利率贷款、远期利率协议、期货、期权等；二是增加金融资产流动性的金融工具，包括股权贷款等；三是提高投资者进行投资并创新的金融工具，包括可转换债券等。目前金融工具主要有国库券、商业票据、回购协议、大额可转让存单、政府债券、企业债券等。金融工具的创新就是在提升流动性以及规避金融风险方面进行金融工具的创新，为更好地提供金融服务做好铺垫。

20 世纪 90 年代后期，金融衍生品逐步问世，具有代表性的是信用衍生品。信用衍生品是在美国纽约互换市场中推行的，具有保密性、交易性、灵活性及债务不变性这几个特征。信用衍生品主要有信用违约互换（CDS）、总收益互换、信用联系票据等不用形式产品。

（2）金融市场创新

按照交易方式可以划分为金融期货市场、期权市场、互换市场这几类市场创新。改革开放四十多年以来，中国金融市场发生巨大的变化，短期货币市场的规模逐渐扩大，同时正在建立多层次的资本市场，货币市场包括银行与企业间外汇零售市场、中央银行与外汇银行间公开操作市场，资本市场包括一级市场、二级市场、三级市场以及创业板市场。

2018 年货币市场银行间市场信用拆借、回购交易总成交量 862 万亿元，同比增长 24%。其中，同业拆借累计成交 139.3 万亿元，同比增长 76%；质押式回购累计成交 708.7 万亿元，同比增长 20.5%；买断式回购累计成交 14 万亿元，同比减少 50.2%[①]。

资本市场方面，2018 年股票市场上证综指收于 2 494 点，较上年末下

---

① 资料来源：中国人民银行公布的《2018 年金融市场运行情况》。

跌 813 点，跌幅为 24.6%；深证成指收于 7 240 点，较上年末下跌 3 800 点，跌幅为 34.4%。两市全年成交额 90.3 万亿元，同比减少 19.9%。债券市场现券交易量 156.7 万亿元，同比增长 44.6%。其中，银行间债券市场现券交易量 150.7 万亿元，日均成交 6 029 亿元，同比增长 47.2%；交易所债券市场现券交易量 5.9 万亿元，日均成交 244 亿元，同比增长 7.1%[①]。

（3）金融制度创新

金融体系中金融制度也是一项核心内容。制度创新是金融创新的前提条件。金融制度运行的好坏直接会影响金融体系运行的水平。随着我国金融规模、金融效率和金融结构的迅速发展，金融制度为适应金融体系的变化也在不断创新。

金融交易制度方面，目前互联网技术与计算机技术对金融系统的冲击，带来最直接的变化就是金融交易方式的创新，移动支付就是最典型的创新，类似这些交易方式的变化，逐步完善现今的金融交易制度。金融组织制度方面，从组织结构上考察金融制度是常见的方法。目前正逐步形成由中央银行领导、以商业银行为主、以政策性银行及非金融机构为辅的金融主体。组织结构的创新可以更好地促进金融制度的完善。金融监管制度方面，金融市场是资金流动最为活跃的市场，因此在发生金融活动时会存在较大的风险，应该继续完善股票市场、债券市场以及期货市场等建设，规范市场交易等，防范金融风险。

3.2 技术创新的现状与创新模式分析

3.2.1 自主创新能力不足的现状和问题

第一，企业研发投入不足，结构分配失衡。我国企业研发投入不足一直是制约创新的关键因素，尤其是对于自主创新活动。即使研发投入

---

① 资料来源：中国人民银行公布的《2018 年金融市场运行情况》。

加大，分配在科学研究上的支出较少，这种结构分配失衡主要是因为企业在自主创新过程中没有明确的战略方向。

第二，企业技术创新机构不健全，科技活动地位较低。我国目前中小型企业的技术自主创新活动层次较低，超前研发和核心技术的开发几乎很少涉及，这些技术的创新活动都由大型跨国公司垄断。

第三，研发成果转化率较低，高层次科技人员的缺乏。一方面，近些年我国每年大约有 3 万项的重大的科研成果和专利，但是真正将成果转化为产品的转化率只有 20% 左右。另一方面，近些年国有企业科技人才严重流失，据统计，国家级企业技术中心的高层次科技人员非常匮乏。

第四，金融体制相对比较滞后。相比于企业自主创新的资金需求而言，我国投融资体制改革相对滞后，导致很多企业面临融资约束的困境，资本市场的不健全必然会抑制企业自主创新能力的提升。

3.2.2　地区模仿创新和自主创新的统计分析

这里采用数据统计分析的方法对中国近些年地区模仿创新和自主创新进行分析。样本选择为地区规模以上企业，时间区间为 2005～2019 年。选用各地区研发经费内部支出占 GDP 的比重衡量整体的创新水平；以各地区企业技术改造经费占 GDP 的比重和各地区技术消化吸收经费支出占 GDP 的比重两个指标衡量模仿创新能力；选用地区专利申请数和地区新产品销售收入占 GDP 的比重两个指标作为自主创新指标。数据来源于历年《中国统计年鉴》《工业企业科技活动统计年鉴》和历年各地区的统计年鉴。

图 3-21 描述了中国东中西部地区整体创新水平，用各地区研发经费内部支出占 GDP 的比重来衡量，可以看出东部地区的创新水平最高，其次是中部地区，西部地区创新水平最低，全国总体水平位于东部和中部地区之间。同时，在 2005～2009 年整体创新水平呈现动荡形势，这主要是受经济波动的影响，2009 年之后各地区的创新水平稳步上升。

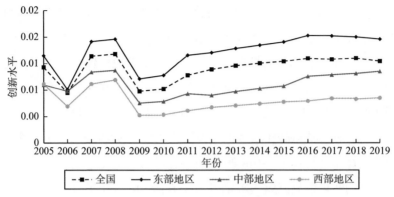

图 3-21　中国东中西部地区整体创新水平

资料来源：国家统计局、历年《中国统计年鉴》、历年《工业企业科技活动统计年鉴》以及各地区统计年鉴。

表 3-1 是中国 30 个省（区、市）的模仿创新水平的测算结果。由于篇幅问题，这里只展示了 2005 年、2008 年、2010 年和 2015 年的数据①。从东中西部数据来看，技术改造经费占 GDP 的比重呈现明显的下降趋势，同样消化吸收科研经费占比整体也呈下降趋势。再从 30 个省（区、市）来看，各地区的模仿创新水平随时间的推移呈下降趋势。模仿创新水平的下降说明中国在不断推进和激励自主创新的提升，从而降低模仿创新。

表 3-1　　　　中国 30 个省（区、市）（不含西藏及港澳台）的

模仿创新水平的测算结果

地区	技术改造科研经费/GDP				消化吸收科研经费/GDP × 100			
	2005 年	2008 年	2010 年	2015 年	2005 年	2008 年	2010 年	2015 年
全国	0.0141	0.0125	0.0083	0.0044	0.0351	0.0319	0.0378	0.0150
东部地区	0.0130	0.0106	0.0078	0.0040	0.0447	0.0383	0.0440	0.0175

---

① 这里关于规模以上工业企业技术改造和消化吸收研发经费的数据主要来源于《工业企业科技活动统计年鉴》，该年鉴只汇总至 2015 年，因此这里选择的时间也是到 2015 年。

续表

地区	技术改造科研经费/GDP				消化吸收科研经费/GDP×100			
	2005 年	2008 年	2010 年	2015 年	2005 年	2008 年	2010 年	2015 年
中部地区	0.0171	0.0167	0.0085	0.0042	0.0253	0.0239	0.0283	0.0071
西部地区	0.0138	0.0131	0.0097	0.0041	0.0148	0.0219	0.0311	0.0136
北京	0.0053	0.0050	0.0073	0.0018	0.0007	0.0201	0.0052	0.0327
天津	0.0109	0.0164	0.0093	0.0019	0.4507	0.0516	0.0761	0.0134
河北	0.0092	0.0147	0.0083	0.0041	0.0158	0.0539	0.0930	0.0056
山西	0.0298	0.0262	0.0129	0.0058	0.0223	0.0258	0.0933	0.0063
内蒙古	0.0120	0.0092	0.0103	0.0023	0.0115	0.0148	0.0190	0.0156
辽宁	0.0362	0.0190	0.0113	0.0046	0.0104	0.0234	0.0249	0.0116
吉林	0.0214	0.0084	0.0028	0.0020	0.0213	0.0110	0.0066	0.0048
黑龙江	0.0123	0.0099	0.0071	0.0020	0.0221	0.0080	0.0372	0.0110
上海	0.0152	0.0094	0.0072	0.0049	0.0522	0.0545	0.1670	0.1033
江苏	0.0153	0.0135	0.0117	0.0072	0.0331	0.0493	0.0316	0.0178
浙江	0.0183	0.0143	0.0082	0.0054	0.0322	0.0343	0.0382	0.0083
安徽	0.0289	0.0230	0.0067	0.0065	0.0942	0.0322	0.0270	0.0118
福建	0.0053	0.0047	0.0050	0.0041	0.0126	0.0192	0.0163	0.0124
江西	0.0103	0.0138	0.0048	0.0038	0.0186	0.0373	0.0075	0.0114
山东	0.0132	0.0101	0.0077	0.0044	0.0321	0.0509	0.0411	0.0136
河南	0.0104	0.0084	0.0059	0.0028	0.0098	0.0282	0.0134	0.0041
湖北	0.0192	0.0325	0.0083	0.0030	0.0250	0.0291	0.0186	0.0059
湖南	0.0140	0.0148	0.0173	0.0093	0.0049	0.0153	0.0413	0.0139
广东	0.0058	0.0047	0.0039	0.0024	0.0510	0.0235	0.0169	0.0072
广西	0.0148	0.0148	0.0104	0.0055	0.0062	0.0042	0.0060	0.0016
海南	0.0038	0.0023	0.0008	0.0005	0.0245	0.0026	0.0085	0.0007
重庆	0.0164	0.0117	0.0070	0.0040	0.0111	0.0113	0.0265	0.0189

续表

地区	技术改造科研经费/GDP				消化吸收科研经费/GDP×100			
	2005 年	2008 年	2010 年	2015 年	2005 年	2008 年	2010 年	2015 年
四川	0.0174	0.0163	0.0143	0.0032	0.0359	0.0380	0.0234	0.0051
贵州	0.0205	0.0200	0.0118	0.0078	0.0025	0.0037	0.0060	0.0037
云南	0.0055	0.0073	0.0063	0.0026	0.0079	0.0106	0.0128	0.0184
陕西	0.0125	0.0135	0.0082	0.0032	0.0136	0.0113	0.0107	0.0109
甘肃	0.0159	0.0172	0.0090	0.0084	0.0111	0.1203	0.2956	0.1018
青海	0.0040	0.0039	0.0030	0.0037	0.0002	0.0052	0.0625	0.0001
宁夏	0.0235	0.0332	0.0160	0.0088	0.0054	0.0520	0.0496	0.0072
新疆	0.0092	0.0070	0.0029	0.0043	0.0068	0.0052	0.0053	0.0017

资料来源：历年《工业企业科技活动统计年鉴》、国家统计局和作者整理计算。

表 3 - 2 是中国三大地区自主创新水平的测算结果。由表 3 - 2 可知，当用专利申请数作为指标时，中国各地区的自主创新水平的平均值呈现出不断增加的趋势，由 2005 年的 1 842.367 件上升到 2015 年的 21 283.2 件。同时各地区专利申请量的标准差逐年增加，说明在地区专利申请量不断增加的同时，各地区之间的自主创新水平的差距也不断增加。由表 3 - 2 可知是以新产品销售收入占比为统计指标，同样也能看出各地区的新产品收入占比均值随着时间的推移不断增长，其标准差也在不断增长。总而言之，我国各地区整体自主创新水平不断上升，同时地区之间的差距在增加。

综合上述结果，说明中国近些年各地区的模仿创新在不断下降，而自主创新水平在不断上升，即各地区规模以上企业逐步从模仿创新向自主创新转变，逐渐提高各地区的创新能力。

表 3 - 2　中国三大地区自主创新水平的测算结果（专利申请数和新产品收入）

统计指标	年份	全国		东部地区		中部地区		西部地区	
		均值	标准差	均值	标准差	均值	标准差	均值	标准差
专利申请数	2005	1 842.367	2 961.361	3 915.18	4 029.90	690.38	385.72	607.36	884.33
	2006	2 300.300	3 946.070	4 841.36	5 593.19	928.50	531.57	756.91	877.86
	2007	3 196.833	5 829.391	6 807.55	8 392.78	1 441.13	918.22	863.00	948.64
	2008	4 069.200	6 644.017	8 674.45	9 188.99	1 818.00	1 155.32	1 101.18	1 130.68
	2009	5 558.267	8 703.245	11 549.00	11 989.33	3 097.13	2 015.06	1 357.45	1 394.03
	2010	6 629.633	9 716.127	13 583.91	13 088.00	3 961.50	2 601.83	1 615.82	1 601.99
	2011	12 868.500	19 048.198	26 830.64	25 292.63	7 769.50	5 891.33	2 614.73	2 365.99
	2012	16 330.900	23 001.299	33 283.00	30 178.97	10 078.63	8 043.21	3 925.91	3 922.17
	2013	18 696.967	25 465.471	37 177.64	33 436.51	12 229.00	9 607.35	4 920.27	4 660.83
	2014	21 018.100	29 742.539	41 824.64	39 638.79	13 711.50	11 647.46	5 525.45	5 562.20
	2015	21 283.200	29 651.560	41 107.18	39 629.35	14 451.25	13 306.93	6 427.91	7 139.77
	2016	23 845.10	35 539.40	46 769.00	49 985.44	16 029.13	15 313.95	6 605.55	6 803.32
	2017	27 233.90	42 399.18	53 248.55	61 078.93	18 663.38	16 391.90	7 452.36	7 806.41
	2018	31 908.63	52 289.63	63 112.64	76 525.82	22 045.50	18 106.50	7 877.82	7 706.61
	2019	35 325.23	57 780.92	69 725.64	84 960.31	24 585.63	17 856.70	8 735.45	8 298.49

续表

统计指标	年份	全国		东部地区		中部地区		西部地区	
		均值	标准差	均值	标准差	均值	标准差	均值	标准差
新产品销售收入占比	2005	0.1009	0.0894	0.1636	0.1130	0.0746	0.0217	0.0573	0.0484
	2006	0.1177	0.0906	0.1855	0.1095	0.0872	0.0410	0.0720	0.0424
	2007	0.1258	0.0895	0.1931	0.1050	0.0956	0.0295	0.0805	0.0542
	2008	0.1277	0.0890	0.1934	0.0982	0.1030	0.0381	0.0800	0.0621
	2009	0.1317	0.0974	0.1826	0.0967	0.1325	0.0998	0.0803	0.0634
	2010	0.1340	0.0932	0.1971	0.0974	0.1154	0.0483	0.0845	0.0763
	2011	0.1520	0.1056	0.2299	0.1057	0.1351	0.0650	0.0865	0.0746
	2012	0.1473	0.1027	0.2288	0.1054	0.1354	0.0632	0.0744	0.0521
	2013	0.1532	0.1101	0.2414	0.1132	0.1361	0.0706	0.0774	0.0534
	2014	0.1563	0.1139	0.2434	0.1173	0.1459	0.0715	0.0768	0.0625
	2015	0.1551	0.1136	0.2305	0.1208	0.1528	0.0776	0.0815	0.0713
	2016	0.1728	0.1311	0.2580	0.1472	0.1820	0.0888	0.0809	0.0727
	2017	0.1723	0.1152	0.2413	0.1226	0.1929	0.0881	0.0883	0.0685
	2018	0.2081	0.2846	0.2318	0.1193	0.3517	0.5110	0.0800	0.0523
	2019	0.1614	0.1054	0.2279	0.1182	0.1816	0.0744	0.0802	0.0437

资料来源：2005～2015年数据来源于《工业企业科技活动统计年鉴》，2015年之后的科技数据均根据国家统计局数据整理而得。

3.3　技术创新的金融支持事实分析

金融发展与技术创新两者之间存在紧密的联系，金融机构提供的服务逐渐适应技术创新的需要，技术创新不断发现新技术，提升金融体系提供服务的质量。近二十年，技术的发展与金融部门服务之间的联系日趋紧密。

改革开放以来，虽然金融发展程度不断加强，金融制度不断完善，但是金融融资功能对于技术创新的发挥相对较晚，直到 20 世纪 90 年代以后金融部门对技术创新的资金支持功能才逐渐发展和完善。金融的本质是服务，移动网络、大数据、人工智能等科技手段推动了金融业创新发展，提高了服务的质量，提升了服务的有效性，并扩大了服务覆盖面，但这并不会改变服务的本质。

3.3.1　金融体系缓解企业创新面临的融资约束问题

金融体系的发展能够通过动员储蓄、掌握更多市场信息、分散风险及监督约束等方式改善技术投资行为的信息不对称问题，缓解企业研发投入的融资约束问题，加强企业研发投入，从而推动企业技术创新，提升生产率。第一，企业进行技术创新时，对于技术升级型项目而言，投资行为具有创新性，需要大量的研发投入资本。地区金融发展水平较高时，能够动员储蓄者的储蓄资金，并以借贷形式发放给投资者，解决投资者研发投入所需长期资本不足的问题。第二，市场信息不对称出现道德风险和逆向选择等问题，技术投资项目面临融资约束。金融市场健康发展能够生产大量外部信息，投资者可以获得更多投资项目的技术水平、市场前景等信息，降低获取信息的成本，很好地做出投资决策。第三，良好的金融体系（股票市场和银行信贷市场）可以对不同风险程度的项目进行组合，分散投资项目风险，缓解投资长期项目的流动性风险。当技术升级型投资项目的风险得以有效控制，就会减轻融资约束，加大投入项目的投入以促进技术进步。

3.3.2　银行体系对技术创新可能存在的负向影响

中国推进以银行体系为主体的金融发展可能存在负向作用，对技术创新并没有表现出有效的促进作用。资本市场和信贷市场在降低融资成本中起着不同的作用。资本市场更有可能对外部融资相关行业的创新起到较大的积极作用。第一，资本市场投资者风险管理能力更强，资本市场可以通过风险规避工具为投资者提供科学准确的投资项目评估。第二，资本市场有产生市场信息的功能。这对创新方面起到很大作用，在理性预期下，投资者能够从市场均衡价格中获取相关的信息，股票市场提供了一种机制，可以动员储蓄，让投资者更好地进行创新项目的投资。第三，资本市场促进了市场证券价格的反馈效应。创新项目通常比较难评估，因为创新项目的前景信息比较稀少和难处理。股票市场提供了瞬时的均衡价格，这更有利于投资者获取投资公司的有价值信息，从而影响到投资者的真实决策。相比之下，信贷市场对创新相对较小，一是银行融资中难以突破固有的模式，很少为风险高、收益不确定的行业或企业提供融资信贷支持，当然对于风险高的创新型企业也很少进行资金支持；二是银行融资过程中缺乏对理性均衡价格的反馈效应，即缺乏市场价格信号，银行可能会继续为回报率为负的企业进行融资，因此，信息不对称会造成逆向选择或道德风险的问题，以银行部门主导的信贷市场可能会阻碍其资金投向最具创新性的项目；三是创新型企业通常用不稳定且有限的内部现金流来偿还债务，此外研发投入创造的知识资产通常是无形的，部分嵌入在人力资本，因此无形资产的有限抵押价值在很大程度上限制了债务的使用，这也是银行更倾向于使用有形资产而不是研发投资创造的知识资产作为抵押品来获取贷款的原因。

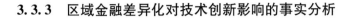

3.3.3 区域金融差异化对技术创新影响的事实分析

改革开放四十多年来，中国金融部门发展体系逐渐完善，金融创新能力不断增强。但地区金融资源分布不均衡，东中西部地区金融发展存在明显的区域差异。差异化主要表现为：东部地区金融资源较多，经济高速发展带动地区金融资源优化配置，外商投资规模扩大，给东部地区金融发展带来增长动力；同时，中西部地区经济发展相对落后，金融资源不足且资源配置效率较低，没有足够的能力吸引外商投资，资本流动速度较慢，金融发展水平与东部地区存在差距，但西部地区存在自然资源优势和战略优势，相比于中部地区金融水平稍高。金融资源供给与金融资源需求存在空间布局上的差异性，再加上地方政府对区域金融的运行趋于强化，金融监管也存在区域差异性，中国地区金融发展水平呈现明显的"二元"特征。综合而言，地区金融发展差异一部分源于地区金融资源的差异，另一部分源于金融结构差异、金融创新程度差异以及金融生态环境不同。鉴于此，中国地区金融发展政策倾向开始调整，逐步缩短地区差距，促进地区金融发展良性互动，推动地区金融的协调发展。

区域金融发展差异是导致各地区技术创新能力不同的重要原因之一，中国东部地区技术创新水平明显高于中部和西部地区，因为东部地区的资本市场发展速度较快，金融支持力度较大，能够提供较好的资金支持，进而鼓励企业技术创新。而西部地区金融服务业发展相对落后，缺乏充足的资金支持，资本市场发展滞后，直接导致技术创新缺乏有力的金融支持。根据上述对区域金融发展差异化收敛性分析结果来看，随着未来金融水平的区域差异的缩小，各地区的技术创新能力差距也会不断缩短。

3.3.4 金融创新与技术创新耦合关系的现状分析

耦合的概念目前已经广泛用于经济学分析中，例如，城市交通、国际经济环境和生态环境分析等，这种概念对动态过程的分析具有鲜明的益处。约翰·黑格尔（John Hagel，2007）通过研究跨国公司，分析了跨国公司与国际经济环境的耦合机理；谭伟（2011）通过构建评价指标体系，分析了中国社会保障与经济发展之间的耦合性状况。同时，也有部分学者还对技术创新的耦合做了详细的分析，如杜金沛（2003）以高新技术行业为样本，分析了该行业的技术、制度和资本之间的耦合关系；张首魁和炎兴华（2009）通过分析提出企业技术能力与技术管理能力之间的耦合机制，制定出技术创新治理的目标。

从定量的方法来看这两者之间的耦合关系，将金融创新—企业技术创新耦合度定义为反映金融创新与企业技术创新在一定时间段内的耦合协调关系。耦合度能够衡量两个系统之间以及系统内部要素的协调程度。关于耦合度数值和协调程度的对应关系的划分，具体情况如表3-3所示。

表3-3 目前国内学者对协调程度（耦合度）的划分标准

学者	协调程度划分标准（耦合度）
廖重斌（1999）	将协调程度范围定为 [0，1]，每间隔0.10划分一个等级，共包括十个协调等级，分别为：极度不协调、严重不协调、中度不协调、轻度不协调、濒临不协调、勉强协调、初级协调、中度协调、良好协调和优质协调。
刘耀彬（2005）	划分为四个等级，0~0.4：低度协调耦合；0.4~0.5：中度协调耦合；0.5~0.8：高度协调耦合；0.8~1：极度协调耦合。分析的问题：中国城市化与生态环境的耦合度。
赵旭（2007）	也是定义范围为 [0，1]，划分为四个等级，0~0.4：低水平耦合；0.4~0.5：拮抗时期，即基本协调；0.5~0.8：磨合阶段；0.8~1：高度协调。

资料来源：根据以往文献总结。

这里借鉴之前学者的方法，并将协调程度划分为五个等级，即0~

0.2：低水平协调、0.2~0.4：拮抗时期；0.4~0.6：磨合时期，中度协调；0.6~0.8：中高水平协调；0.8~1：高水平协调。

这里选用的企业技术创新指标有两个，分别为研发支出占 GDP 比重（Rd）、专利申请数（$Patent$）；金融创新指标按照前文的描述，包括三个一级层面：金融创新规模指标（$Fininno\_size$）、金融创新效率指标（$Fininno\_eff$）和金融创新结构指标（$Fininno\_stru$），同时还测算了各金融创新二级指标与技术创新的耦合度。

（1）构建耦合度模型

这里构建常用的灰色关联度模型的方法测算金融创新与技术创新之间的耦合度。灰色关联度分析（grey relation analysis，GRA），是一种多因素统计分析的方法。简单来讲，就是在一个灰色系统中，我们想要了解其中我们所关注的某个项目受其他因素影响的相对强弱，也就是说，我们假设已经知道某一个指标可能是与其他的某几个因素相关的，那么我们想知道这个指标与其他哪个因素相对来说更有关系，而哪个因素相对关系弱一点，依次类推，把这些因素排个序，得到一个分析结果，就可以知道我们关注的这个指标与因素中的哪些更相关，具体步骤如下。

①确定参考数列和比较数列。设定系统的参考序列（母序列），这里选用的是金融创新作为母序列，即 $Fininnov_i^X = (Fininnov_i^X(1),\ Fininnov_i^X(2),\ \cdots,\ Fininnov_i^X(m))$，这里的 $Fininnov_i^X$ 表示金融创新指标的一个数列矩阵，$Fininnov_i^X(m)$ 表示金融创新第 m 个指标的数列，$i = 1$，2，$\cdots$，m，X 表示某一数列中的个数，即第 m 个指标的第 X 个值。比较数列（子序列），这里选用的是技术创新指标作为子序列，表示为 $Tecinnov_i^X = (Tecinnov_i^X(1),\ Tecinnov_i^X(2),\ \cdots,\ Tecinnov_i^X(m))$，$Tecinnov_i^X(m)$ 表示企业技术创新第 m 个指标的数列，$i = 1$，2，$\cdots$，m，下面用 $x_i(m)$ 统一表示。

②对参考数列矩阵和比较数列矩阵中的样本数据进行归一化处理。在统计学中，标准化处理也成为无量纲化处理，因为我们的这些要素是

不同质的指标，因此，可能会使有的数字很大，而有的数字很小，但是这并不是由于它们内禀的性质决定的，而只是由于量纲不同导致的，因此我们需要对它们进行无量纲化。这个操作一般在数据处理领域叫作归一化，也就是减少数据的绝对数值的差异，将它们统一到近似的范围内，然后重点关注其变化和趋势。通常包括初值化方法 $(x\_i(k)' = x\_i(k)/x\_i$，其中 $i = 1, 2 \cdots, m)$、均值化方法 $(x\_i(k)' = x\_i(k)/mean(x\_i))$、极差标准化法方法 $x\_i(k)' = \dfrac{(x\_i(k) - \min x\_i(k))}{(\max x\_i(k) - \min x\_i(k))}$。我们这里选用的是初值化方法进行归一化操作。

③计算参考数列和比较数列在 t 时刻的灰色关联度。灰色关联度的测算方法主要有邓氏关联度、绝对关联度、T 型关联度和改进关联度，这里选用的是邓氏关联度的方法计算，具体如式（3-1）所示：

$$\delta_{i,t}(k) = \frac{\min\limits_{i}\min\limits_{k}|x_{0,t}(k) - x_{i,t}(k)| + \rho \max\limits_{i}\max\limits_{k}|x_{0,t}(k) - x_{i,t}(k)|}{|x_{0,t}(k) - x_{i,t}(k)| + \rho \max\limits_{i}\max\limits_{k}|x_{0,t}(k) - x_{i,t}(k)|} \quad (3-1)$$

ρ 是一个可调节的系数，取值为（0，1），这一项的目的是调节输出结果的差距大小，我们假设把 ρ 取成0.5。

我们看上面这个式子，可以发现，分子上这个数值，对于所有子序列来说都是一样的，分子上这个数实际上就是所有因素的所有维度中，与母序列（参考序列，即我们要比较的序列）距离最近的维度上的距离。

④计算系统之间的耦合关联度

这里的耦合关联度就是将 t 时期的灰色关联度求均值后的值，实际上，我们得到 $\delta_{i,t}(k)$ 关联系数的值以后，应该对每个因素在不同维度上的值求取均值，结果如式（3-2）所示：

$$\xi_{ij} = \frac{1}{m}\sum_{j=1}^{k}\delta_{i,t}(j) \quad (3-2)$$

其中，$k = 1, 2, \cdots, n$。

（2）金融创新—技术创新耦合度分析

这里选用的样本是包括 1995～2016 年 73 个国家。这里构建金融创新指标体系的指标数据来源于世界银行数据库、世界发展指标。根据上述的方法步骤，基于 Matlab 软件，编写了计算金融创新与企业技术创新耦合测度的计算代码。表 3 – 4 将金融创新个指标与技术创新之间的耦合度的测算结果列出来。

　　从结果上看，金融创新系统各要素与企业技术创新系统的各要素存在复杂的关系。金融创新系统的各个指标与研发支出占比的耦合度大多数在 0.5 以下，位于 0.45 ~ 0.6，处在磨合时期，属于中度协调；而与专利申请数的耦合度都在 0.6 ~ 0.8，属于中高水平协调。

表 3 – 4　　金融创新各指标与技术创新各指标之间的耦合度测算结果

一级指标	二级指标	技术创新指标		平均值
		研发支出占 GDP 比重（Rd）	专利申请数（$Patent$）	
金融创新规模指标	STV	0.5871	0.6775	0.6323
	SV	0.4832	0.7613	0.6223
	$FA/M2$	0.4956	0.7021	0.5989
	$Fininno\_size$	0.5202	0.8101	0.6652
金融创新效率指标	DC	0.4661	0.7626	0.6144
	BDC	0.4685	0.7533	0.6109
	$FA/M2$	0.4752	0.7145	0.5949
	FIR	0.4709	0.7619	0.6164
	$Fininno\_eff$	0.4713	0.7818	0.6266
金融创新结构指标	$CAGAP$	0.4702	0.6909	0.5806
	$CAFA$	0.4538	0.6209	0.5374
	$Fininno\_stru$	0.4601	0.6466	0.5534
金融创新总指标	$Fininno$	0.4835	0.7291	0.6063
	平均值	0.4852	0.7236	0.6044

资料来源：基于 Matlab 软件的计算结果。

　　金融创新与技术创新之间具备中高水平的协调性，这为后续第 7 章的实证打下理论基础，以此更好地说明金融创新是如何通过技术创新，进而影响经济增长。

3.4 本章小结

本章主要是对我国金融发展的现状以及企业创新的现状进行分析，采用定量和定性的方法分析了金融发展、技术创新以及金融发展对技术创新影响的事实。结果发现，我国金融体系仍然是以银行部门间接融资为主导，资本市场等直接融资为辅的局面。从开放角度看，整体上国际资本流动总额呈现上升趋势，资本账户开放度指标反映了中国渐进式的资本账户自由化开放战略。无论是基于法定规则还是基于事实情况，我国资本账户开放程度均呈现不断提升的状态。但相比于发达经济体，甚至是很多新兴经济体，我国的开放程度仍处在较低水平。企业技术创新方面，通过定量统计分析发现，中国企业创新呈现自主创新能力不足，模仿创新为主的局面。鉴于上述事实分析，接下来要讨论金融发展是如何影响技术创新的。第一，金融发展可以通过缓解企业面临的融资约束问题，进而影响企业的生产率，阻碍经济增长。第二，银行业可能对企业创新存在的负向影响，主要是因为银行业为主的间接融资存在厌恶风险的特征，而企业创新活动通常是风险较高的项目，因此会存在一定的消极作用。第三，区域金融差异化是企业创新异质性的重要原因，金融发展越好，市场化程度越高，处理和防范风险的能力较强。第四，构建耦合模型考察金融创新与技术创新的关系，发现金融创新与技术创新之间存在较高的协调性。

第4章

金融发展对技术创新的影响机制

金融发展影响技术创新是目前研究的一个重点。理论研究提出新的模型分析金融体系可能影响技术创新的机制，强调金融市场使得小储户能够汇集资金，并能将投资资金分配给最高回报的项目；金融中介机构能够克服信贷市场中出现的逆向选择问题。实证研究方面，许多经济学家用一系列工具证明了金融市场指标与技术创新以及经济增长之间呈现显著正相关。同时他们也强调政府对金融机构的政策对技术创新的影响也尤其重要。第2章已经对金融发展理论做了简单的概述，本章主要建立在熊彼特创新理论的基础上，借鉴罗默（Romer，1990）、格罗斯曼和赫尔普曼（Grossman and Helpman，1991）以及阿吉翁和霍伊特（Aghion and Howitt，1992），构建一个内生增长模型分析金融发展如何通过作用于技术创新进而影响经济增长的内在机制。首先，模型建立在众所周知的熊彼特创新理论上，即企业通过寻求垄断利润来促进创新；其次，在熊彼特理论基础上引入金融机构的重要性，因为金融机构可以对企业家进行评估和融资，激励企业通过开展创新活动并将新产品推向市场。理论的核心思想是生产力增长的内生决定，这是理性投资决策的结果，认为金融系统可以通过两种机制影响创新活动投资的决策：

评估企业家和动员储蓄并进行合理融资。模型强调金融体系是增长动力的润滑剂，更好的金融服务范围扩大，可以提高创新活动的效率，加速经济增长；相反，金融抑制会减少金融体系对储户、企业家和生产者提供更好的服务，阻碍创新活动并减缓经济增长。建模之前，值得注意的是，这里的技术创新活动可以看作两个组成部分：评估和创造有价值创新活动的高代价行为和促使创新项目在市场上规模化运作的高代价行为，并且后者比前者代价更大。金融中介部门被认为是在确定了是创新活动之后才进入生产力提升过程，在创新过程中发挥作用较小；反而是中间商的生产效率会影响创新活动，成功创新的回报取决于将创新的新产品或改进的产品推向市场。

4.1 技术创新项目投资失败原因分析

从投资理论的角度来看，研发投入具有许多不同于普通投资的特征。第一，实际上，研发支出的一半或以上是受过高等教育的科学家和工程师的工资。他们的努力创造了一种无形资产，即公司的知识基础，可以从中产生未来的利润。这种知识是隐性的，不是经过加工整理的，它被嵌入公司的人力资本中，因此，一旦这些科学家和工程师离开或被解雇，知识基础就会流失。由于投资项目通常从构思到商业化之间花费很长时间，因此公司往往会随着时间的推移而平滑研发支出，以避免工作人员的裁减，这说明公司的研发支出具有较高的调整成本（Hall et al. , 1986）。第二，研发产出的不确定性。在创新项目开始时，这种不确定通常较大，意味着最佳的研发策略具有类似期权的特征，不应在静态框架中进行分析。这里的不确定性可能是极端的，不具备明确均值和方差。

莫迪里安尼和米勒（Modigliani and Miller, 1958）认为选择最佳投资水平的公司应对其资本结构没有反应，并且在保证金上创新投资和普通投资应该相同。意味着资本结构的不同对最优创新投资水平没有影响。从目前实践结果来看，他的理论不成立。关于创新投资失败，经济学理论提出了很多原因，包括资本的内部和外部成本之间可能存在差异，原因有三点：第一，企业家与投资者之间的信息不对称；第二，所有权分离对企业家造成的道德风险；第三，考虑税收因素，通过留存收益在外部融资和内部融资之间拉近差距。

4.1.1　企业家与投资者之间的信息不对称

在创新环境下，信息不对称是指发明人经常获得创新项目有关成功可能性和预期更好的信息，因此金融市场就会出现所谓的"柠檬"市场。投资者难以区分好项目和坏项目。在柠檬模型最极端情况下，此时信息不对称问题很大，真正创新项目的市场可能会完全消失。风险投资系统被视为解决这种"创新市场缺失"的问题方案，这个方案提倡通过更全面地披露创意来减少该领域中的信息不对称。但是更多的企业是不愿意透露自己的创新思想，因为披露信息可能会花费大量的成本。信息不对称造成的成本提升意味着企业面临比外部企业更高的外部成本。

4.1.2　道德风险问题

创新投资中的道德风险出现的方式是：公司通常拥有所有权和管理权分离。当实现以下目标时，这会导致委托代理问题两者之间的冲突，可能导致投资策略无法最大化股票价值。两种可能的情况可能并存：一是经理通常花钱在有益于他们活动的项目（将公司发展到超出有效规模，更好的办公室等）；二是不愿冒险的公司厌恶管理者投资于不确定的研发项目。第一类代理费用可以通过以下方式避免：利用公司减少经理人可用的现金流量，但这反过来迫使他们使用成本较高的外部资金来资助研发（Jensen and Meckling，1976）。

根据委托—代理人冲突的第二种类型，管理者比股东更愿意投资不确定的研发项目，这会增加公司风险。如果破产时机会成本低于其当前两个经理人的收入，债券持有人可能更倾向股东不太愿意承担的且不稳定的项目。该理论的论点是，在这种情况下，长期投资会受到影响。解决这类代理费用最优的方法是增加经理人的长期激励，而不是减少现金流。

4.1.3　资本结构与研发创新

　　20 世纪 80 年代美国的杠杆收购浪潮，高实际利率意味着强大的压力，消除公司内部的自由现金流。对于从事研发的行业中企业的投资形式，应该通过内部资金流来缓解这种压力。许多国外学者发现具有较高研发强度的企业不太可能通过经济杠杆收购。布拉斯和吉田（Blass and Yosha，2001）认为以色列研发密集型企业在美国上市的公司使用基于股权的高度融资来源，而那些仅在以色列上市公司更多依赖银行融资和政府融资。从资本结构看，银行等部门通常倾向于使用有形资产来担保贷款。研发创新项目的产品很多是无形资产，银行等间接融资部门对研发创新的支持不足，此时需要直接融资渠道，实际上，新股本对所从事研发的预期回报率很敏感。也就是说，投资者提供公平的融资要求以获得更高的回报。

4.2　金融部门对技术创新影响的机制分析

　　基于第一节中对技术创新项目投资失败原因的分析，本节分别基于信息不对称、道德风险、资本结构以及金融创新四个层面进行分析。

4.2.1　基于信息不对称、道德风险的分析

　　阿罗（Arrow，1973）将信息定义为"不确定性的负量度"，根据

此定义获得信息可以减少项目面临的不确定性，拥有信息对于任何主体都是有利的，另外信息获得是需要信息成本的，因此信息可以看作是一种特殊的商品。信息商品的特殊性体现在：一是具备使用的不可分割性，信息成本只和信息对象有关，与它如何使用没有关系，信息使用的不可分割性就是指用来使用的信息不会因为使用方式、使用领域的不同而不同，相同的信息使用不可分割；二是具备公共性，信息是一种公共商品，不能为某一个单一主体独立拥有，当其他人拥有该信息时，不会影响共享此信息，信息是可以无限复制的。

当然，正是由于信息具备这两种特性，加上客观主体的不同，会导致信息不对称的问题。信息不对称问题的出现，必然会导致信息商品在投资项目上要么不足，要么过度，会带来类似"逆向选择"和"道德风险"的问题。技术创新活动的特点在于创新收益的不确定性，以及在创新活动中遇到的高风险。这些特点都会使得金融体系在向技术创新项目投资的过程中发生信息不对称的现象，主要可以表现为事前不对称和事后不对称，事前不对称意味着事前金融机构不知道企业创新项目的市场前景，因此会产生"逆向选择"，事后不对称则是金融体系在提供资金时不能观测技术创新过程中的努力和资金的使用状况，进而导致"道德风险"。

在对技术创新项目投资过程中，当信息不对称存在的情况下，金融体系会根据能掌握信息的渠道、时间、地点不同对项目收益存在不同的预期。金融体系的发展越完善，其对获得信息的处理能力就越强，发现有用信息的功能越完善，进一步降低信息不对称的程度，这会对提高金融体系优化资源配置的效率。

4.2.2　金融发展整体对技术创新的作用机理

金融系统承担着经济活动中最重要的功能，即资金融通。技术创新过程中必不可少的就是对资金的需求，因此可以说金融部门对技术创新过程发挥着重要的作用，主要表现在三方面。

第一，在技术创新过程中金融部门发挥资源有效配置的功能。金融部门的资源配置功能主要表现为将资金有效运用到合理的项目上，技术创新投资过程中投资效率及资源配置效率对于企业成功创新至关重要。企业在面临技术创新时，需要对资源进行有效配置，但是企业作为主要生产部门，在资源配置方面较薄弱，会带来更进一步的创新风险。在这个问题上，金融体系可以发挥较强的作用，在金融制度安排上给予一定的解决方案。

第二，金融功能的发挥能够提高企业技术创新能力。金融体系在面临资金融通过程时会发挥信息处理、风险控制、公司治理等职能。信息处理功能在前文已经详细介绍，金融体系发展得越好，其筛选高质量投资项目的能力越强，主要源于金融的信息传递和处理功能；风险控制功能方面，技术创新过程中包括研发创新、商业化生产以及创新成果产业化的过程，会面临很多市场风险和技术风险，金融部门会通过风险管理功能，对存在的风险进行分散，即风险分散机制，进而促进技术创新；公司治理功能方面，在金融体系对技术创新进行融资的过程中，不同特征的企业会存在不同的公司治理模式，进而形成不同的公司激励机制，进一步促进企业技术创新项目的成功。

第三，金融部门的特征与技术创新的特征相适应。技术创新项目具有高风险和高收益的特征，金融部门具有利益性的特征，这在一定程度上就决定了金融与技术创新的结合。金融部门追求高收益的项目，因此更喜欢技术创新型项目。

4.2.3　资本结构对技术创新的影响机制分析

资本结构的不同也是金融安排不同的一种表现，根据融资方式的不同，金融部门在对技术创新项目进行资金支持时主要存在两种方式：直接融资和间接融资。间接融资主要是以银行部门为主导，直接融资则是以资本市场为主导，目前间接融资适合成熟企业的技术创新，直接融资更适合创新企业等中小规模的技术创新。

直接融资和间接融资在降低融资成本过程中起着不同的作用。第一，间接融资渠道（如股票市场）股票市场投资者风险管理能力更强。股权融资没有抵押要求，当需要额外的收益时，通过股权融资不会增加企业的风险。资本市场可以通过风险规避工具为投资者提供科学准确的投资项目评估。第二，资本市场有产生市场信息的功能。这对技术创新方面特别有用，在理性预期下，投资者能够从市场均衡价格中获取相关的有效信息，资本市场提供了一种机制，可以动员储蓄，促进投资者往更好的技术创新项目上进行投资。第三，资本市场促进了市场证券价格的反馈效应。创新项目通常比较难评估，因为创新项目的前景信息比较稀少并且较难处理。股票市场提供了瞬时的均衡价格，这更有利于投资者获取投资公司的有价值信息，从而影响投资者的真实决策。由于外部融资依赖的行业通常拥有更多的创新投资机会以及稀缺信息，以致发达的股票市场可以通过信息优势拥有更多的自主创新项目，从而更有效地实现金融资源的合理配置。

相比之下，间接融资对外部融资依赖的行业的技术创新作用相对较小，第一，银行间接融资过程中难以突破固有的模式，很少为风险高、收益不确定的行业或企业提供融资信贷支持，当然对于风险高的创新型企业也很少进行资金支持；第二，银行间接融资过程中缺乏对理性均衡价格的反馈效应，即缺乏市场价格信号，银行可能会继续为回报率为负的企业进行融资，因此，信息不对称会造成逆向选择或道德风险的问题，以银行部门主导的资本市场可能会阻碍其资金投向最具创新性的项目上；第三，创新型企业通常用不稳定且有限的内部现金流来偿还债务，此外研发投入创造的知识资产通常是无形的，部分嵌入在人力资本，因此无形资产的有限抵押价值在很大程度上限制了债务的使用，这也是为什么银行主导的间接融资更倾向于使用有形资产而不是研发投资创造的知识资产作为抵押品来获取贷款的原因。

4.2.4 金融创新对技术创新的影响机制分析

金融创新与技术创新之间存在耦合关系，耦合的概念目前已经广泛用于经济学分析中，例如，城市交通、国际经济环境和生态环境分析等，这种概念对动态过程的分析具有鲜明的益处。约翰·黑格尔（John Hagel，2007）通过研究跨国公司，分析了跨国公司与国际经济环境的耦合机理；谭伟（2011）通过构建评价指标体系，分析了中国社会保障与经济发展之间的耦合性状况。同时，也有部分学者还对技术创新的耦合作了详细的分析，如杜金沛（2003）以高新技术行业为样本，分析了该行业的技术、制度和资本之间的耦合关系；张首魁等（2009）通过分析提出企业技术能力与技术管理能力之间的耦合机制，制定出技术创新治理的目标。应该从经济发展视角看，这两个系统如何发挥共生性、协同性以作用于经济增长进程。这里就对金融创新与技术创新之间的耦合机制进行分析。

（1）金融创新与技术创新耦合关系的形成

金融创新与技术创新的耦合关系可能存在的关系是：两者之间相互独立、两者之间相互包含、两者之间交叉重叠以及两者存在一个动态变化关系。第一，两者之间相互独立的关系是指在整个社会与经济系统中，金融创新与技术创新是两个相对独立的部分，技术创新的首要因素是资金支持，离不开金融部门的支持，因此这种关系系统不合理。第二，两者之间相互包含的关系意味着金融创新属于技术创新的一部分，且技术创新是金融创新的一部分，那么两者属于对等的关系，显然这种关系也不成立，金融创新涉及的是金融制度、金融产品和金融服务等方面的内容，和技术创新不属于一个体系。第三，两者之间交叉重叠的关系说明金融创新和技术创新之间不是相互独立的个体，且两者也是互相包含。这里认为金融创新和技术创新之间存在相互重合的部分，技术创新过程中的技术升级、研发等都离不开资金的支持；同时金融创新的实现不可能完全不涉及技术创新的研发过程。但是金融和技术在创新过程中，各自包含的资源都具有空间特征，是一个动态变化的过程，因此从二维视角的交叉重叠关系并不能很好地描述这种关系。总而言之，金融创新与技术创新之间存在一个动态变化的关系。

金融创新与技术创新是经济社会发展过程中两大重要的子系统，两者之间存在以下关系。一是技术创新从研发投入开始到形成最终产品，以及后续的产业化进程，都需要资金的持续支持，因此金融部门提供的支持是企业技术创新进程的必要条件。金融中介的发展以及金融开放程度的提升都会给企业技术创新带来更高的生产率水平。二是技术创新最直接的是提高信息技术，这也是促进金融部门发展的动力，现阶段经济社会离不开信息技术，技术与经济一体化的模式更有利于经济增长。因此在现代信息技术发展下，更能刺激客户需求的提升，进而使得金融服务的提升成为可能，金融发展深化程度更深。这两者之间的协同共生的动态关系就是所谓的耦合关系，具体如图 4-1 所示。

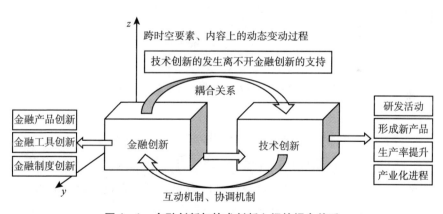

图 4-1　金融创新与技术创新之间的耦合关系

（2）金融创新系统与技术体系之间要素的互动机制

所谓互动机制就是金融创新系统和技术创新系统之间的物质资本、人力资本、信息等要素的相互交换和互动的过程。如图 4-2 所示，互动机制主要从外部环境和相关机构两个视角出发：第一，外部环境主要包括经济环境、制度环境、文化环境以及政策环境，这些外部环境可以影响金融创新与企业技术创新的广度，同样这些外部环境又能起到一定的制约作用。第二，相关机构部门包括金融中介机构、科研机构和高校、政府部门、企业等。每个机构部门都充当着不同的角色，金融中介机构在资金分配上充当重要的作用；科研机构和高校则是创造不同科研成果的部门；政府部门主要是发挥政府主导的政策激励等宏观调控作用；企业则是将科研成果以及金融机构提供的资金转化为产品，并最终产业化的部门。

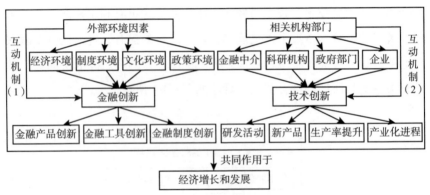

图 4 - 2　金融创新与技术创新之间要素的互动机制

（3）金融创新与企业技术创新在供求关系上的协调机制

从机构部门的组成看，金融创新的部门主要是金融中介机构以及政府部门，技术创新的部门主要是科研机构和高校、企业以及政府部门。可以看出金融创新部门主要是供给主体，技术创新的主体主要是需求主体（见图 4 - 3）。

一方面，从需求层面看，技术创新的需求主要表现为融资需求、服务需求、风险控制，其中最为主要的是融资需求方面，融资目的不同，需求也就不同。当融资是为了满足研发创新，需求则是研发融资需求；

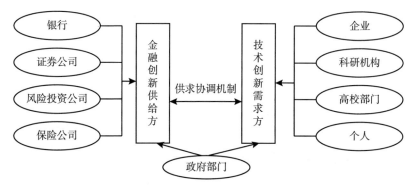

图 4 - 3　金融创新与企业技术创新在供求关系上的协调机制

当目的是控制风险，则是风险控制需求，一般通过保险公司来满足；当融资是为了获取服务，即金融政策咨询、投资分析等目的，就是服务需求。无论是哪种需求，企业技术创新的过程中，都面临着高风险的技术活动，需要资金的高效支持，更好地为促进技术进步、提高生产率打下基础。

另一方面，从供给层面看，金融创新的供给机构包括银行、证券公司、风投机构、保险公司等，不同的金融机构提供不同的供给。银行部门是提供间接融资的主要渠道，占目前融资方式的主体；证券公司、风投机构都能提供收益高、风险高的金融工具，属于直接融资的主要方式。除此之外，政府是金融创新中特殊的供给机构，一是因为政府能够弥补金融创新和技术创新中出现的市场失灵问题，并能在金融创新和技术创新之间起到引导的作用；二是因为政府能够制定相应的政策来分配供求双方的资源。

（4）金融系统与企业技术体系协同发展的机制

协同性问题一直是目前学术界讨论较多的话题，协同性本身反映各子系统在一定的空间和时间中，能由无序状态转变为有序状态的过程。在金融创新与技术创新的协同发展的过程中，一方面，政府、企业和金融机构的构成要素相互交换、相互作用，通过动力机制的作用将原本各子系统中要素混杂的状态转变为有序的状态；另一方面，金融创新系统和技术创新系统在自身的系统规则下，不断改革逐步形成自身有特色、有秩序的规则，具体如图4-4所示。

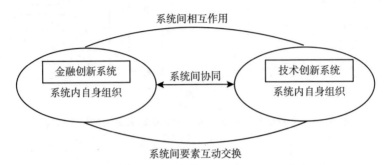

图4-4　金融系统与企业技术体系协同发展的机制

资料来源：笔者绘制。

4.3　金融部门对技术创新影响的理论模型

4.3.1　金融中介的熊彼特模式

我们的理论框架假定金融中介部门充当两种角色：企业家选择和提供外部融资渠道。假定经济体包含许多经济人，每个经济人拥有 N 个单位的劳动投入，并拥有相等的初始财富，这是对公司利润索赔过程中投资组合多样化的要求。尽管一些经纪人拥有管理创新活动的特殊能力，但是这不能导致他们获得不同的财富水平。

（1）企业家选择

假定经济体中存在一些经济人拥有称为潜在企业家的技能，每个潜在企业家都有一个投资项目的禀赋，且存在概率 α 管理这个项目的能力（否则，就没有能力管理一个项目）。金融机构参与企业家选择的过程，并且和企业家一样事先不知道是否存在潜在能力。企业家管理一个项目

的实际能力可以用 f 单位的劳动投入来确定，支付这部分劳动成本，金融机构作为评估机构可以了解企业家是够拥有这项能力。如果被"评级"企业家（有潜在能力的企业家）的市场价值是 q，工资率水平为 w，那么竞争市场均衡条件如式（4-1）所示：

$$\alpha q = wf \qquad (4-1)$$

式（4-1）就是企业家选择均衡方程，要求评级潜在企业家的预期收入（αq）必须等于评级活动的成本。假设评级活动仅仅需要一个时间单位，并且劳动投入的生产力不发生改变，这假定有助于建立一个稳定的增长模型。

（2）企业技术创新活动的融资过程

假定每个被评估的企业家的企业以概率 π 成功进行一项创新投资活动，共需要 x 单位的劳动投入（包括企业家自身的劳动），无论创新项目是否成功，都必须投入劳动。成功创新的价值在于企业家能够获得该项创新活动的垄断利润，在下面开发的模型中，这个利润等于当前生产力领导者（以最低成本生产特定的中间产品）所获得的利润的现值，称之为现任公司的股票市值（Grossman and Helpman，1991）。根据上述技术创新路径，必须在创新过程开始投入 x 单位劳动投入（成本为 ωx）。创新活动能够获得预期收益 $\pi\rho_{t+\Delta t,t}v_{t+\Delta t}$，$\rho_{t+\Delta t,t}$ 表示从 t 时期到 $t+\Delta t$ 时期的现金流的折现率；$v_{t+\Delta t}$ 是现任公司的股票市场价值，这里简单写成 $\pi\rho v$。这时对评级创新企业的预期创新租金为 $\pi\rho v - wx$。如果我们对成功创新的企业家所产生的总收入（金融中介的收入源于其早期提供的外部融资）加上一个税率 τ，那么评级创新企业的创新租金特定形式如式（4-2）所示：

$$q = (1-\tau)\pi\rho v' - \omega x \qquad (4-2)$$

假定存在一个长期不变的折旧率（ρ），结合企业家选择条件（4-1）和创新租金条件（4-2），意味着 q，ω 和 ν 必须具有一致的长期增长率。创新活动的外部融资资金是该模型的核心，原因有两个：一是假设创新活动的劳动力需求远远比企业家的时间大得多（即 x 大于1），这使得企业家的财富可能不足以支付其公司其他成员的工资；二是在下面模型均衡，假定创新成功的风险是多样化且可分散的，则对依赖任何数量的内部融资方式都是低效的。因此，创新活动的融资采取大型金融中介机构，保证对所用创新企业提供外部融资渠道，为创新项目的所有成员（包括企业家）提供一定的收入。

（3）金融中介市场的均衡条件

结合前两小节企业家选择条件（4－1）和创新租金条件（4－2），可以得出金融中介部门的均衡条件如式（4－3）所示：

$$\pi \rho v' = a(\tau) w \qquad (4-3)$$

其中，$a(\tau) = (f/\alpha + x)/(1 - \tau)$，这个系数和两方面因素相关。一方面，和创新项目的全部劳动力需求相关，即 $a(0) = f/\alpha + x$，包括评估每个创新项目的劳动力 f/α 和创新活动中直接的劳动需求 x；另一方面，τ 包含明确的金融部门的显性税收和金融部门扭曲引起的隐性税收。

（4）理性的股票市场价值

我们注意到在 t 时期的创新允许创新者能够获取等同于在位垄断者的股票市场估值的租金流。相应地，这种创新会对当前占主导地位且在位企业的股东造成资本损失，这些预期的资本损失应当被纳入股票价值的合理估值中。

假定 v_t 表示在位企业除息前的市场价值。在下面构建的一般均衡中，行业中领导者企业的股价水平没有差异，因此这里考虑一个具有代表性的行业。此外，在全模型中每个行业财富额相对于财富总额来说份额较小，因此竞争企业创新成功产生的资本损失风险呈现多样化，并且是风险中性。这样，持有一单位的股票份额从 t 时期到 $t + \Delta t$ 时期的均衡条件如式（4－4）所示：

$$\left(1 - \prod\right) \rho_{t+\Delta t, t} v_{t+\Delta t} = v_t - \delta_t \qquad (4-4)$$

其中，等式左边表示未来股票价值的预期贴现值，同时还考虑了资本损失的可能性，$\prod$ 就是行业内企业创新投资成功的概率，对于投资者而言，这部分也是其资本损失的概率。另外，这里假设每个行业创新成功的概率与该行业中的企业数量成正比，这里有 $\prod = \pi e$。

（5）股票市场和金融中介的关系

在此模型中，股票市场充当两个方面的角色。第一，股票市场揭示了理性投资者所确定的企业价值；第二，股票市场可以汇集成立企业持有债权的各种风险：即在所有股票的投资组合中，投资者总能获得一定的投资组合回报。如果将模型的经济体假定为发达国家，就很自然地将金融中介机构看成是风险投资公司，其为新的创新项目提供资金，以换取大部分的公司股票。

4.3.2　企业技术创新、技术进步的熊彼特式模型

这里是基于格罗斯曼和赫尔普曼（Grossman and Helpman，1991）构建技术进步的熊彼特式模型。假定中间产品部门是一个拥有连续产品的经济体，用表示这连续的中间产品，且有 $0 \leqslant \omega \leqslant 1$，受技术进步的影响。每个创新者可以促使产品技术上升 j 个等级，实现技术水平 $\Lambda^j (\Lambda > 1)$。正如阿吉翁和霍伊特（Aghion and Howitt，1992）指出的创新可以降低成本，这一结论同样适用于中间产品部门（Romer，1990）；同时，个体创新的时机是随机的，并且总体经济变化是确定的。

（1）中间部门产品技术

在 ω 行业中，领先企业的生产技术在第 j 个等级时的中间产品生产函数为式（4-5）：

$$y_t(\omega) = A_t(\omega) n_t(\omega) = \Lambda^j n_t(\omega) \tag{4-5}$$

其中，$y_t(\omega)$ 为中间产品 ω 的产出，$A_t(\omega)$ 为 ω 行业在 t 时期的生产率水平，$n_t(\omega)$ 为劳动力投入水平。因此，在工资率水平为 ω_t 时，单位产出成本为式（4-6）：

$$w_t n_t(w)/y_t(w) = w_t/A_t(w) = w_t/\Lambda^j \tag{4-6}$$

即单位产出成本随着工资率水平上升而上升，且随着技术水平的提升而降低。

（2）最终产品函数

这里承担技术创新的产品被认为是生产单一最终产品 C 的中间投入。这里假设对中间产品 ω 的需求量为 $z(\omega)$，可得式（4-7）：

$$C = \exp\left(\int_0^1 \log(z(\omega))\,\mathrm{d}\omega\right) \qquad (4-7)$$

这是标准的规模报酬不变的柯布—道格拉斯（Cobb-Douglas）生产函数。这里注意，所有的技术进步都体现在中间产品中。给定中间产品 ω 的价格为 $p_t(\omega)$，这样需求量为式（4-8）：

$$z_t(\omega) = C_t/p_t(\omega) \qquad (4-8)$$

假定消费为自然常数（$C=1$），这样就有式（4-9）：

$$\int_0^1 p(\omega)z(\omega)\,\mathrm{d}\omega = 1 \qquad (4-9)$$

（3）中间产品的定价模式

正如格罗斯曼和赫尔普曼（Grossman and Helpman，1991）所述，我们假设行业中有一家独特的领先企业，其产品按其竞争对手的单位成本定价，导致技术水平相对于领先企业提升一个等级 Λ，这里有 $p_t = \Lambda w_t/A_t(\omega)$。这样中间产品生产者可以获得利润为 $\delta_t(\omega) = p_t(\omega)y_t(\omega) - w_t n_t(\omega)$。给定此定价规则，利润可以简化为 $\delta_t(\omega) = m w_t n_t(\omega)$，这里 $m = \Lambda - 1$，称为净技术上升等级。在产品市场均衡中，分配给不同部门的劳动力是不变的，即 $n_t(\omega) = n_t$，这样所有部门利润都是相同的，$\delta_t(\omega) = m w_t n_t$。在下面的一般均衡分析中，这个假设很重要，这些利润的现值是成功创新的回报。

（4）总体生产力增长率

在我们分析的框架中，总体生产力增长率为式（4-10）：

$$A_t = \exp\left(\int_0^1 \log(A_t(\omega))\,\mathrm{d}\omega\right) \qquad (4-10)$$

总体经济允许简化最终消费产品生产函数的形式为式（4-11）：

$$C_t = A_t n_t \qquad (4-11)$$

以至于长期消费和生产力增长率相等。从行业层面上看，生产率水平可以表示为式（4-12）：

$$A_{t+\Delta t} = \begin{cases} A_t\ (\omega)\ \Lambda,\ p = \ (\ \prod\ )\ \Delta t \\ A_t\ (\omega),\ p = \ (1 - \prod\ )\ \Delta t \end{cases} \qquad (4-12)$$

这里 p 代表概率。对于较小的时间间隔内，总体生产力增长满足 $\mathrm{d}A_t/\mathrm{d}t = A_t \prod \lambda$，这里 $\lambda = \log(\Lambda)$ 表示生产力生长率的连续复合率。更一般地讲，我们衡量的经济增长率 γ 是消费和生产力的共同增长率。由于创新概率 $\prod$ 与企业家的数量直接相关（或创新活动的劳动投入），即 $\prod = \pi e$，由此经济增长率也和企业家数量直接相关。

4.3.3　金融部门、技术创新与经济增长的均衡

我们对一般均衡的分析将问题分为两个部分。首先，讨论从生产角度讨论市场均衡中利率与经济增长率之间的关系，并讨论金融市场扭曲如何影响这种均衡；其次，从消费者偏好角度分析经济增长和回报共同决定的最佳消费选择；最后，把这些放在一起进行一般均衡分析。

（1）回报率与增长之间的关系——生产者角度

三个市场均衡条件决定了经济增长和利率之间的关系：金融中介均衡条件、股票市场均衡条件和劳动市场均衡条件。其中，金融中介均衡条件。我们使用前面两个均衡条件的短期形式如式（4-13）、式（4-14）所示：

$$\pi v_t = a(\tau) w_t \qquad (4-13)$$

$$\mathrm{d}v_t/\mathrm{d}t = \prod v_t - \delta_t + r_t v_t \qquad (4-14)$$

其中，r_t 表示的是 t 到 $t+\Delta t$ 之间的即时真实利率，就是 $\rho_{t+\Delta t,t} = \exp(r_t \Delta t)$，这里 $\mathrm{d}v_t/\mathrm{d}t$ 表示股票价值对时间的导数。综上所述，这些条件描述的是

一个具有代表性的行业。为了简化结果并和已有文献形成对比，假设是一个连续的时间区间，这样方程（4 – 13）中 $\rho_{t+\Delta t,t} = \exp(r_t \Delta t)$ 就等于 1，即在连续且较短时间内的折现率为零。这样，这里就变成方程（4 – 13）。方程（4 – 14）主要是基于方程（4 – 4），两边分别对时间 t 求导数而得，其中，$dv_t/dt = (v_t + \Delta t - v_t)\Delta t$。

股票市场均衡条件。在一般均衡模型中，如果利率是常数，那么股票市场价值增长率将与股票市场价值水平值成正比，即 $dv_t/dt = \gamma v_t$，结合方程（4 – 14）得到股票市场均衡条件为式（4 – 15）：

$$v = \delta / \left(r - \gamma + \prod \right) \qquad (4 - 15)$$

劳动力市场均衡条件。劳动力市场均衡的条件是劳动供给量等于劳动需求量，可得式（4 – 16）：

$$n + a(0)e = N \qquad (4 - 16)$$

其中，$n = \int_0^1 n(\omega)d\omega$ 表示分配给中间产品生产的总的劳动力数量；$a(0)e$ 表示分配给金融中介机构评估创新项目的劳动力和进行创新活动的劳动力数量。N 代表可以提供的所有的劳动力数量，即劳动供给量。

假定 r、δ 和 $\prod$ 都是固定不变的，式（4 – 16）表示经济增长率的增加会提高股票市场价值，因为它会增加未来的股息流。在一般均衡中，这个结果受两个其他因素影响。第一，当更多的劳动分配给创新活动，经济增长会更快，这样成功创新的概率会越高（$\prod$ 越高），因此现有的股权持有者遭受资本损失的可能性越高，换言之，前面提出 $dA_t/dt = A_t \prod \lambda$ 的，那么经济增长率 γ 是由 $\prod \lambda$ 决定的，因此有较高的创新概率会带来较快的经济增长（在给定创新等级 λ）；第二，当更多的劳动分配给创新活动，经济增长会更快，这样生产中间产品的劳动力减小，生产规模会降低，中间产品生产者获得的利润会大大降低。这两个因素说明从总体经济层面看，经济增长率对股票市场价值的影响是不确定的。

生产者角度下的均衡。结合金融中介均衡、股票市场均衡和劳动力市场均衡条件，加上行业均衡创新成功概率为 $\prod = \pi e$ 和简化后的中间产品利润 $\delta_t(w) = m w_t n_t(w)$，模型可以从生产者角度得到经济增长率和真实利率的稳定状态。因为金融中介均衡条件 $\pi v_t = a(\tau) w_t$，得到式（4 – 17）：

$$a(\tau) = \pi \frac{\delta/w}{r - [(\lambda - 1)/\lambda]\gamma} = \pi \frac{mn}{r - [(\lambda - 1)/\lambda]\gamma} \qquad (4 – 17)$$

这里 $\lambda = \log(\Lambda)$，再将（4 – 15）式 $n + a(0)e = N$ 和 $\gamma = \prod \lambda$ 代入，这样（4 – 17）式就可以写成式（4 – 18）：

$$r = \left[1 - \frac{1}{\lambda} - \frac{m}{\lambda}(1 - \tau) \right]\gamma + \left[\frac{m}{\lambda}(1 - \tau) \right]\bar{\gamma} \qquad (4 – 18)$$

其中，$\bar{\gamma}$ 指经济增长率可以达到的最大值，并定义 $\bar{\gamma} = N\lambda\pi/a(0)$，这种情况需要将所有的劳动力都分配给创新活动。式（4 – 18）表示在任何给定的经济增长率（γ 固定）水平下金融部门的税率（τ）提升会降低实际回报率（r）。首先，当经济增长率等于其最大可达到的值（即 $\gamma = \bar{\gamma}$ 时），利率为 $r(\bar{\gamma}) = (1 - 1/\lambda)$，与税率无关，但式（4 – 18）中的 τ 可以使利率值趋于这个均衡值；其次，当经济增长率为零，即此时 $\gamma = 0$，则 $r(0) = (m/\lambda)(1 - \tau)$，随着金融中介部门税率的增长，利率值会不断减小。因此，在任何给定的 γ 下，实际回报率和税率之间存在很确定的负向关系。

（2）收益率与增长之间的关系——偏好角度

这里用模型用断点效用函数描述家庭在不同时间的储蓄行为 $U_t = \int_0^{\infty} u(c_{t+s}) e^{-vs} \mathrm{d}s$ 和瞬时效用函数 $\mu(c_t) = (c_t^{1-\sigma} - 1)/(1 - \sigma)$。根据效用最大化原则，得到式（4 – 19）：

$$\gamma = \frac{(r - v)}{\sigma} \qquad (4 – 19)$$

在效用函数中存在两个描述跨期偏好的参数：一是消费的替代弹性

$(1/\sigma)$ 和净时间偏好率 (v)。正如费雷（Fisher，1930）强调的，收益率与增长率之间存在正相关关系，并且这种正相关关系的强弱取决于跨期的替代弹性。

（3）均衡的经济增长率

整个市场均衡需要将生产者视角的条件式（4－18）和偏好视角式（4－19）的条件结合起来，得到式（4－20）：

$$\gamma = \frac{\left[\dfrac{m}{\lambda}\bar{\gamma}(1-\tau)-v\right]}{\left[\sigma-1+\dfrac{1}{\lambda}+\dfrac{m}{\lambda}\bar{\gamma}(1-\tau)\right]} \qquad (4-20)$$

在完全竞争内生增长模型中，经济均衡增长率取决于生产者技术和偏好两个方面。如果连续经济体在中间产品生产中更具有生产力（这个时候可以达到的生产率最大值 $\bar{\gamma}$ 会不断上涨）；如果个人对未来时间的偏好减弱（v 减小）或者个人的消费替代弹性增强（σ 减小），那么经济增长率会提升。如果考虑不完全竞争市场时，经济增长率还取决于技术升级的等级程度，技术进步越大，增长率会随之上升；同时还取决于创新活动对现有垄断企业股票投资者造成的资本损失程度 $(1/\lambda)$，当 $1/\lambda$ 增加时，会降低其增长率。

4.3.4　金融部门和经济增长联系的进一步分析

上述模型将金融部门引入中间部门和经济增长的模型中，强调金融部门、企业技术部门与经济增长的均衡关系。这里考虑两个影响这种均衡的问题：金融市场扭曲对经济的影响以及其他政策干预下金融部门对经济增长的影响。

（1）金融部门扭曲对经济的影响

有关金融市场的政策实际上就是涉及对金融中介部门获得的收入征收税收，因此，在给定模型中的其他因素不变的情况下，参数 τ 发生变化。实践中，金融中介税会以不同的形式存在。查姆利和霍诺汉

（Chamley and Honohan，1990）讨论了一些显性金融中介税（包括银行部门总收入税、增值税、贷款余额税、金融交易税和中间品利润税），并定义金融中介部门的隐性或准税收（包括无息准备金、向政府和国有企业的强制性贷款以及各种贷款和存款的利息上限）。他们通过研究表明 20 世纪 80 年代一些非洲国家的金融中介税占 GDP 的 7%。同样，焦万尼尼和德梅洛（Giovannini and De Melo，1993）发现在许多国家金融中介税特别是隐性税占 GDP 的比重超过 2%。

下面用图形来表示金融中介税带来的变动。图 4 - 5 描述的是金融中介税（包括显性和隐性税收）即 τ 变动对实际收益率和经济增长率之间关系的影响。图 4 - 5 中纵坐标表示利率（即收益率 r），横坐标表示经济增长率 r，生产者角度下均衡时利率和经济增长率呈负向关系（生产者视角曲线向右下方倾斜），偏好角度的均衡时收益率和经济增长率呈正向关系（偏好视角曲线向上倾斜）。当金融中介税上升会增加企业创新的全部劳动成本（$a(\tau)$）时，生产者视角的曲线会向左下方移动，也就是说，评估企业家和对有能力的企业进行融资的成本较高意味着在任何给定的增长率下，收益率会降低。在偏好不变的情况下，最终的均衡增长率将会下降。

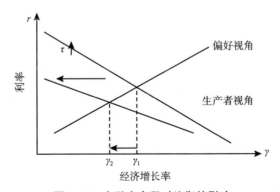

图 4 - 5　金融中介税对均衡的影响

资料来源：笔者绘制。

（2）其他政策干预下金融部门对经济增长的影响

我们的模型还可以阐述当其他政府部门政策干预时（如公司利润税的变化或者产权结构的变化）可能会影响均衡经济增长率。这些干预政策被视为"技术升级"程度的变化，当较高的公司利润税和产权结构较差都会导致较低的技术升级程度（m 增加），反映在图形上仍然是生产者视角下的曲线会向左下方移动，最终导致经济增长率下降。

同时，这些政府干预政策还会使得金融部门的规模减小：创新活动收益率下降导致企业家选择的金融服务需求下降以及创新项目外部融资需求减少。综合而言创新活动和生产部门的发展影响了金融发展。其他政策变化对经济增长率的影响取决于金融市场的运作情况。

4.4 本章小结

本章首先分析了融资背景下技术创新项目投资失败的原因，包括信息不对称和道德风险问题以及资本结构对创新项目的影响。其次建立在熊彼特创新理论的基础上，借鉴罗默（Romer，1990）、格罗斯曼和赫尔普曼（Grossman and Helpman，1991）以及阿吉翁和霍伊特（Aghion and Howitt，1992），构建一个内生增长模型分析金融发展如何通过作用于技术创新进而影响经济增长的内在机制。理论的核心思想是生产力增长的内生决定，这是理性投资决策的结果，认为金融系统可以通过两种机制影响创新活动投资的决策：评估企业家和动员储蓄并进行合理融资。模型强调金融体系是增长动力的润滑剂，更好地扩大金融服务，可以提高创新活动的效率，加速经济增长；相反，金融抑制会减少金融体系对储户、企业家和生产者提供更好的服务，阻碍创新活动并减缓经济增长。金融中介部门被认为在确定了是创新活动之后才进入生产力提升过程，在创新过程中发挥作用较小；反而是中间商的生产效率会影响创新活动，成功创新的回报取决于将创新的新产品或改进的产品推向市场。

第 5 章

金融综合发展水平对技术创新的影响

我国经济发展现状表明，经济增长方式仍是依靠大量生产要素投入带动增长的粗放型模式，技术进步对经济增长的贡献较低。随着日趋严重的资源短缺、资本边际收益递减以及劳动力成本不断攀升等问题的出现，企业创新成为中国经济增长动力的关键支撑点。供给侧结构性改革的重点是技术创新以提高全要素生产率，因此研究如何促进企业创新、提高全要素生产率具有一定的现实意义。技术创新需要大量研发投入资金，金融发展在促进技术创新和提高生产率过程中扮演着重要的角色。良好的金融支持是经济增长过程中一种特殊的资源，它可以动员储蓄，降低交易成本，改善经济运行过程中资金的供给和需求，从而可以推进企业创新，促进经济增长。

5.1 金融综合发展水平、融资约束和技术创新

我国目前已经建立了相对较完备的金融体系，涵盖银行业、证券市场、保险市场等金融市场，市场化程度也逐渐提升。然而，根据 wind

数据库和国泰安数据库统计，1999 年我国非银行金融机构筹资额仅是银行机构筹资额的 2.16%，2015 年非银行金融机构筹资额虽然相比1999 年总量增加 32 906.79 亿元，但是占银行机构筹资额仅为 2.53%。银行部门控制着大部分的金融资源，债券融资长期压抑，银行业垄断的局面仍在持续，金融市场资源配置的不平衡是造成生产率低下的原因之一。布朗等（Brown et al.，2009）提出研发融资是联结金融发展和全要素生产率之间关键的纽带，国内学者也提出我国企业技术创新不足的原因是企业面临严重的融资约束（张杰，2012；孙晓华，2015）。中国是处于经济转型的国家，长期形成的金融发展滞后和金融体制压抑，导致地区企业存在严重的外部融资约束，是抑制地区生产率提升的一个重要因素。基于我国目前的金融背景，本章旨在考察我国的金融发展是否能够改善资源的配置功能，缓解企业面临的融资约束，进而促进我国上市企业的生产率的增长。

企业创新带动全要素生产率的提升，创新过程离不开资金的支持。融资约束问题已经成为制约中国经济转型升级的瓶颈之一，关于企业研发投入的融资约束的文献起源于梅耶斯（Myers，1984）的优序融资理论模型。当经济体中的企业面临严重的融资约束时，技术升级投资项目将严重不足，阻碍企业创新，最终会导致全要素生产率的下降。克莱森斯和拉文（Claessens and Laeven，2003）研究发现，金融发展程度越高的国家，大多数企业更依赖于外源融资，融资约束程度越小，即金融发展能够缓解企业的融资约束。国内很多学者也提出企业研发投入（即技术创新过程）存在一定程度的融资约束，魏锋和孔煜（2005）基于我国 1998 ~ 2002 年制造业上市企业的数据，采用面板模型检验研究发现这些上市企业存在不同程度的融资约束。孙晓华等（2015）将金融发展纳入研发投资决策模型中，得出企业投资强度与内部现金流呈现正相关的结论，说明企业存在研发的融资约束。沈红波（2010）以中国上市企业为样本，也有学者用企业的投资—现金流敏感性测度企业是否存在融资约束，在此背景下分析得出金融发展能够缓解企业存在的融资约束问题。

综上所述，我国研究存在以下不足：第一，国内很多文献讨论金融发展对企业创新的影响都是基于宏观层面的理论分析，缺乏一定的微观理论基础；第二，关于金融发展促进企业创新的理论机制研究较为少见，尤其分析地区金融发展通过缓解企业研发投入的融资约束来促进企业创新的机制，几乎没有提及。本章在一个离散时间框架下引入熊彼特增长理论，构建理论模型，揭示金融支持全要素生产率提升的理论机制，并选取中国沪深两市上市企业样本数据，运用企业投资决策的欧拉方程和系统 GMM 方法对理论模型所得的结论进行实证检验。

5.1.1　金融发展影响技术创新的理论模型

企业在进行技术升级型项目研发投入时遇到的融资约束问题，会导致投资水平明显低于最优投资水平，阻碍全要素生产率的上升。金融体系的完善，很大程度上缓解融资约束造成的全要素生产率的损失。

在阿吉翁等（Aghion et al, 2003）和阿西莫格鲁等（Acemoglu et al, 2006）模型的基础上，本节在简单的离散时间框架下引入熊彼特增长理论，分析基于缓解融资约束视角下金融支持全要素生产率提升的机制。模型假设地区金融发展可以缓解信息不对称问题，在一定程度上降低资本的使用成本。设定地区人口 L 固定并标准化为 1，每个人都生活两个阶段，第一阶段投入劳动，第二阶段只进行消费。

（1）最终产品和中间产品的生产函数与均衡利润

假设某一经济体存在多个中间产品创新部门。地区的每个经济体（企业）使用是连续统一的中间产品，中间产品的指标区间是 [0, 1]；最终产品只有一种，可用于消费、研发的投入以及生产中间产品时的投入等。假定地区的每个企业的技术创新和融资方式以及投资行为上是同质的。

首先，地区每个企业最终产品的生产函数为式（5-1）：

$$Y_{i,t} = L^{1-\alpha} \int_0^1 A_{i,t}^{1-\alpha} x_{i,t}^{\alpha} \mathrm{d}i (0 < \alpha < 1) \tag{5-1}$$

其中，$x_{i,t}$ 表示中间产品 i 的数量，生产率参数 $A_{i,t}$ 反映了中间部门的生产率（技术进步）。$Y_{i,t}$ 表示最终产品的产出。由于每个中间生产部门创新能力不同，在任一时刻，不同中间产品之间的生产率参数是不一样的。每一种中间产品 i 生产的最终产品遵循的生产函数与单部门模型中的生产函数相同，可得式（5-2）：

$$Y_{i,t} = (A_{i,t}L)^{1-\alpha} x_{i,t}^{\alpha} \tag{5-2}$$

对式（5-2）求偏导，得出式（5-3）：

$$p_{i,t} = \partial Y_{i,t} / \partial x_{i,t} = \alpha (A_{i,t}L)^{1-\alpha} x_{i,t}^{\alpha-1} \tag{5-3}$$

假定企业周围存在其他一些竞争性企业共同生产相同的中间产品，这些生产出来的中间产品完全替代垄断者的产品，只不过生产这些中间产品需要投入 χ 单位的最终产品，均衡时在位的垄断者不可能将价格定在高于 χ 的价格，此时的价格约束是 $p_t \leq \chi$，在没有根本性创新时，均衡时有 $p_t = \chi$，可得式（5-4）：

$$x_{i,t} = (\alpha/\chi)^{1/(1-\alpha)} A_{i,t} \tag{5-4}$$

均衡利润为式（5-5）：

$$\pi_{i,t} = p_t x_t - x_t = \pi A_{i,t} \tag{5-5}$$

其中，$\pi = (\chi - 1)(\alpha/\chi)^{\frac{1}{1-\alpha}}$

这里根据阿吉翁和霍伊特（Aghion and Hwitt，2004），中间产品部门的技术进步来自模仿前沿的技术和企业自身的创新两个方面。由大数定律可知，在每一期中创新成功的部门比率为 $\mu_{i,t}$，此时生产率可以表示为（p 为概率）为式（5-6）：

$$A_{i,t} = \begin{cases} \hat{A}_{i,t} , & p = \mu_{i,t} \\ A_{i,t-1}, & p = 1 - \mu_{i,t} \end{cases} \tag{5-6}$$

其中，$\hat{A}_{i,t} = b\bar{A}_t + (1-b)A_{i,t-1}$，$b\bar{A}_t$ 表示企业通过模仿前沿技术获得的生产率提升的部分，$(1-b)A_{i,t-1}$ 表示企业通过研发产品进行技术创新获得的生产率的提升，若 $b=1$，则此时企业只进行前沿技术的模仿；若 $b=0$，此时企业只进行创新；若 $0<b<1$，此时企业同时进行模仿和创新。依据大数定律可知，每个中间产品部门技术创新成功的可能性相同，那么在时刻 t 创新不成功的部门生产率等于上一期 $t-1$ 的生产率，则经济范围内的生产率表示为式（5–7）：

$$A_t = \mu_t \left[b\bar{A}_t + (1-b)A_{t-1} \right] + (1-\mu_t)A_{t-1} = \mu_t b\bar{A}_t + (1-b\mu_t)A_{t-1}$$

$$(5-7)$$

对于每一个中间产品部门 i 进行技术创新性项目投资所获得的期望收益为式（5–8）：

$$\pi_{i,t} = \begin{cases} \mu_{i,t}\pi\hat{A}_{i,t} = \mu_{i,t}\pi\left[b\bar{A}_t + (1-b)A_{i,t-1} \right], & \text{企业创新性投资成功} \\ 0, & \text{企业创新性投资失败} \end{cases}$$

$$(5-8)$$

对于整个企业而言，成功进行技术升级性项目投资的期望收益为式（5–9）：

$$\pi_t = \mu_t \pi \hat{A}_t \qquad (5-9)$$

这里首先假定地区范围内的企业都是同质的，根据文献定义地区的平均生产率为式（5–10）：

$$a_t = A_t / \bar{A}_t = \mu_t b + \frac{(1-b\mu_t)}{1+g}a_{t-1} \qquad (5-10)$$

其中，$g = (A_t - A_{t-1})/A_{t-1}$ 表示企业的生产率增长速度，可以看出：t 时期地区平均生产率不仅受到上一时期的生产率影响和世界前沿技术的影响，还受到技术升级型创新投资的成功率 μ、企业对前沿技术的模仿程度 b 的影响。

（2）没有信贷约束时的技术创新与生产率

首先，上述分析地区企业在进行前沿技术模仿和新技术自主创新时，必须支付一定的科研成本。根据阿吉翁（Aghion，2003）提出的科研成本方程如式（5–11），式（5–12）所示：

$$N_{t-1} = \tilde{n}\,(\mu_t)\,\hat{A}_t = (\theta\mu_t + \delta\mu_t^2/2)\hat{A}_t \quad (\theta > 0,\ \delta > 0) \quad (5-11)$$

$$\tilde{\mu}\,(n) = \tilde{n}^{-1}(n) = (\sqrt{\theta^2 + 2\delta n} - \theta)/\delta\,(0 < \beta\pi < \theta + \delta) \quad (5-12)$$

意味着企业家进行研发投入的事前成本与地区平均生产率及技术升级创新成功的概率成正比。因此,地区技术升级型投资项目的最终将获得的预期净收益为式(5-13):

$$\pi_t' = \beta\mu_t\pi\hat{A}_t - N_{t-1} = \beta\mu_t\pi\hat{A}_t - (\theta\mu_t + \delta\mu_t^2/2)\hat{A}_t \quad (5-13)$$

在完全信贷这种条件下,企业不受融资约束的影响,可以从金融部门或市场非金融机构获取全部需求资金,此时企业家根据利润最大化条件 $\partial\pi_t'/\partial\mu_t = 0$,将选择最优概率为式(5-14)和式(5-15):

$$\mu^* = (\beta\pi - \theta)/\delta \quad (5-14)$$

$$N_{t-1}^* = \tilde{n}\,(\mu^*)\,\hat{A}_t = n^*\hat{A}_t \quad (5-15)$$

此时将企业家选择的最优概率代入平均生产率如式(5-16)所示:

$$a_t = \mu^* b + \frac{(1 - b\mu^*)}{1 + g}a_{t-1} \equiv H_1(a_{t-1}) \quad (5-16)$$

在长期经济运行中,地区标准生产率的演变是一个趋于收敛的过程,平均生产率达到稳定状态,即 $a_t = a_{t-1}$,可得式(5-17):

$$a_t = a_{t-1} = a^* = \frac{\mu^* b(1 + g)}{b\mu^* + g} \quad (5-17)$$

在没有信贷约束的市场条件下,地区标准生产率的增长速度与前沿生产率的增长速度保持一致,均为 g。

(3)存在信贷约束时市场的创新技术与生产率

在经济模型中假定,每个企业家拥有的初始财富为工资收入 ω_t,在存在信贷约束时,此时企业家拥有的初始财富不足以支付投资创新型项目的科研成本,开展创新型投资项目的企业家面临着严重的融资约束,这时 $N_t > \omega_t$。企业家想要开展技术升级型投资项目需要向外部融资 $N_t - \omega_t$,当项目投资成功时,融资部门才能顺利收回所有融资额及其利息;但是当项目失败时,融资部门不能收回任何贷款。

假设地区企业可以在项目成功时,支付一笔费用 N_t 可以隐藏企业的真实收益以欺骗债权人。并且 $\partial c / \partial F > 0$，这里 F 表示金融发展水平，金融体系发展越好，金融部门识别企业"隐藏"事实的能力就越强，企业必须支付更多的成本才能隐藏真实收益。只有当 $cN_t \geq r(N_t - \omega_t)$，即企业隐藏真实收益的成本大于需要支付的借款的利息时，企业才会选择不隐藏真实收益，可用式（5 – 18）来描述：

$$N_t \leqslant \frac{r}{r-c}\omega_t \tag{5 – 18}$$

只有满足式（5 – 18），企业才会从金融部门获得满足需求的贷款，从而才能进行技术升级型项目投资，反之 $N_t > \dfrac{r}{r-c}\omega_t$，企业就无法获得金融机构的融资。根据劳动工资等于最终产品的生产边际效益，则可得式（5 – 19）：

$$\omega_{i,t} = (1-\alpha)(\alpha/\chi)^{\alpha/(1-\alpha)} A_{i,t} = (1-\alpha)\varsigma A_{i,t} \tag{5 – 19}$$

工资水平是由地区企业的生产率决定的，随着地区企业生产率与前沿生产率水平的差距越大，信贷约束会更加容易产生。因此在存在融资约束时的企业投资限额 $N_t = \dfrac{r}{r-c}\omega_t$，在上面指出不存在融资约束时的企业最优投资 $N_t^* = n^* \hat{A}_{t+1}$，此时可得式（5 – 20）：

$$a_t = A_t/\bar{A}_t < \frac{b(1+g)n^*}{\left(\dfrac{r}{r-c}\right)(1-\alpha)(\alpha/\chi)^{\frac{\alpha}{1-\alpha}} - n^*(1-b)} = \omega n^* = \bar{a}(r,\ c)$$

$$\tag{5 – 20}$$

此时，$n^* > a_t \omega^{-1}$，$\tilde{\mu}(a_t \omega^{-1}) < \mu^*$，进一步可得式（5 – 21）：

$$a_t = \tilde{\mu}(a_t \omega^{-1})b + \frac{1 - b\tilde{\mu}(a_t \omega^{-1})}{1+g}a_{t-1} \equiv H_2(a_{t-1}) \tag{5 – 21}$$

说明，当式（5 – 21）成立时，企业面临融资约束，无法顺利融资，即标准生产率水平低于世界前沿生产率水平；反之，企业可以从金融部门获得所需的融资额。因为 $\partial c / \partial F > 0$，$\partial r / \partial F < 0$ 可推导出 $\partial \omega / \partial F > 0$，$\partial \bar{a}(r,c)/\partial F < 0$，意味着金融发展程度越高的地区，面临的融资约

束临界值越低，金融发展程度的提升能在一定程度上缓解地区企业面临的融资约束问题，这样平均生产率更贴近前沿生产率。

假设一：上市企业普遍存在的融资约束问题，会阻碍企业的创新行为，从而抑制地区企业创新。

假设二：金融支持可以缓解上市企业研发投入的融资约束，推进技术创新，使得全要素生产率水平趋向前沿水平。

5.1.2 数据说明、变量选择与模型设计[①]

（1）数据说明

本节研究的重点是金融发展是否可以通过缓解融资约束进而作用于技术创新，融资约束的数据用企业数据更为合适，更能说明此中介机制。因此，选取 2009～2019 年中国沪深两市上市公司数据作为初始数据，数据来自 wind 数据库。根据需要对初始数据进行一些处理：（1）剔除了 ST 和 *ST 公司；（2）剔除了金融机构数据；（3）剔除财务数据不全的企业。最终得到 12 969 个有效观测样本。

（2）变量选择和指标测算

①技术创新的测度与分解。本章技术创新指标用结果变量全要素生产率（TFP）表示，这里参考鲁晓东和连玉君（2012）的 LP、OP 半参数方法。考虑到基于一致半参数方法有几点优势：第一，能够克服联立性偏误、样本选择偏误；第二，这种方法假定企业可以根据当前的生产率状况，并作出正确的投资决策，用企业的投资作为生产率的代理变量，有效解决了同时性偏差问题。这里利用 LP 法估算我国沪深两市上市企业 2009～2018 年的全要素生产率增长率，并用 OP 方法计算出的结

---

① 特别说明：本书样本选择是根据所要解释的问题进行调整的，包含了企业样本、行业样本以及国际样本，以达到更好地说明问题的目的；同时根据样本的不同选择的金融指标和创新指标也有所不同。

果做稳健性检验。

根据莱维松和彼得里尼（Levinsohn and Petrin，2003）方法思路，将中间投入代替投资作为可观测企业全要素生产率的代理变量，再利用式（5 – 22）来计算：

$$\text{Ln}tfp_{it} = \text{Ln}ys_{it} - \hat{\beta}_k\text{Ln}k_{it} - \hat{\beta}_l\text{Ln}l_{it} - \hat{\beta}_m\text{Ln}m_{it} \qquad (5-22)$$

其中，ys 表示上市企业的营业总收入；k 和 l 分别表示企业的固定资产净额和企业员工人数；m 为企业的中间品投入，用企业购入商品和接受劳务实际支付的金额表示。

②融资约束的测量。关于融资约束的研究最开始是由法扎里（Fazzari et al，1998），随后很多学者分别运用不同的分类指标来衡量受融资约束和不受融资约束的分界。这些分类标准主要涉及与信息成本相关的变量：企业规模、企业年龄、企业的股利支付情况等，但是这些分类方法并没有考虑企业的融资情况。鉴于此，很多学者借鉴卡普尔和津加莱斯（Kaplan and Zingales，1997）的方法测度不同企业的融资约束，构造出 KZ 指数，在此基础上，为了避免内生性问题，后期学者扩展了 KZ 指数，将企业划分为五种融资约束水平，使用有序 Probit 模型估计出最常用的 SA 指数。

本章主要想说明金融发展能够缓解上市企业的融资约束，本章首先采用现金流 CF_{it-1}（（企业当年营业利润 + 固定资产折旧)/企业总资产）来衡量上市企业是否存在融资约束，按照投资决策欧拉方程构建的基本思想，若现金流和企业研发投资额（Rd_{it}）呈正向关系，这就意味着现金流的大量引入，会带来企业为技术进步投入增加，说明企业研发投入更依赖于地区企业内源现金流，企业面临一定的融资约束。总之，若构建的欧拉方程中，上一期的现金流的系数显著为正，则说明企业存在融资约束。

其次，为了研究金融发展是否可以通过缓解上市企业的融资约束进而促进全要素生产率的提升，这里借鉴卡普尔和津加莱斯（Kaplan and Zingales，1997），参考魏志华（2014），根据公司经营性净现金流（CF_{it}/A_{it-1}）、每股股利（$PDIV_{it}/A_{it-1}$）、现金持有水平（CA_{it}/A_{it-1}）、资产负债率（lev_{it}）和 Tobin's Q（Q_{it}）五个指标构建 KZ 指数（回归结果见表 5 – 1），并将最后计算出的每个企业 KZ 指数超过中位数的设定为 1，未超过中位数的设定为 0，生成融资约束的虚拟变量 dum_kz。

表 5 – 1　　　　　　　　　　构建融资约束 KZ 指数回归结果

指标	CF_{it}/A_{it-1}	$PDIV_{it}/A_{it-1}$	CA_{it}/A_{it-1}	lev_{it}	Q_{it}
KZ	– 0.096 *** （– 41.68）	– 3.330 *** （– 25.23）	– 6.633 *** （– 40.22）	2.055 *** （23.96）	0.185 *** （20.69）
R^2	0.1985				
χ^2	8 029.77				
N	12 969				

注：括号里的数值为稳健性标准误，*** 代表 1% 的显著性水平。

③金融发展综合指标。金融发展是一种动态演化过程，因为衡量金融发展的指标比较多，可以分为金融规模指标和金融效率指标。本章选择构建简单的金融发展综合评价指标体系，将金融规模和金融效率作为一级指标，并进一步细分至二级指标，构建金融发展水平的综合指标体系，见表 5 – 2。

表 5 – 2　　　　　　　　　　金融发展水平综合指标体系

一级指标	二级指标	单位	指标属性
金融规模指标	地区年末金融机构各项 存款总额占 GDP 比重	存款总额/GDP	正向
	地区年末金融机构各项 贷款总额占 GDP 比重	贷款总额/GDP	正向
	金融相关率	存贷款总额/GDP	正向

续表

一级指标	二级指标	单位	指标属性
金融效率指标	贷款存款转化率	总贷款/总存款	正向
	储蓄投资转化率	资本形成总额/储蓄	正向
	边际资本效率	GDP 增量/资本形成总额	正向

　　本章借鉴目前已经研究的指标体系基础上，尽可能消除异方差等相关缺陷，首先对本章所涉及的一级指标、二级指标进行对数化处理；其次采取变异指数法测度金融发展综合水平。

　　④其他指标。本章加入了表明企业特征的控制变量：企业规模（ys）、资本负债率（lev）、企业年龄（age）、净资产利润率（roe）和是否为国有企业（Soe）。

　　企业规模（ys）：用沪深两市上市企业的营业总收入来表示，用总资产进行标准化；

　　资本负债率（lev）：资产负债率是负债总额除以资产总额的百分比，反映在总资产中有多大比例是通过借债来筹资的，也可以衡量企业在清算时保护债权人利益的程度，本章用负债总额和资产总额之比来表示。

　　企业年龄（age）：这里用企业上市年限衡量企业年龄。

　　净资产利润率（roe）：本指标是剔除非经常损益后的净利润与平均净资产的百分比。具体计算公式是：扣除非经常损益后的净利润（不含少数股东损益）/［（期初归属母公司的净资产＋期末归属母公司的净资产）/2］。

　　是否为国有企业（Soe）：这是个虚拟变量，当该企业为国有企业时赋值 1；当企业为非国有企业时赋值 0。

　　（3）模型设定

　　本章主要研究金融发展通过缓解融资约束对企业生产率产生的影响。实证模型的具体方法设定如下：第一，参考莱乌（Love，2003）的欧拉方程构建企业的投资决策模型，分析中国沪深两市上市企业是否存在融资约束问题；第二，对金融支持通过缓解融资约束影响技术创新进行具体分析。

①我国上市公司是否存在融资约束问题。设定模型（5 - 23）：

$$\frac{I_{i,t+1}}{K_{i,t+1}} = \beta_0 + \beta_1 \frac{I_{i,t}}{K_{i,t}} + \beta_2 \left(\frac{I_{i,t}}{K_{i,t}}\right)^2 + \beta_3 \frac{Y_{i,t}}{K_{i,t}} + \beta_4 \frac{CF_{i,t}}{K_{i,t}} + \varepsilon_{it} \quad (5 - 23)$$

其中，i 和 t 分别代表企业和时间，I 是企业的投资，反映企业投资行为；$CF_{i,t}$ 为企业现金流；K 是企业总资产；Y 为企业营业总收入。主要通过模型中的 β_4 反映企业是否面临融资约束，β_4 又被称为企业的投资—现金流敏感系数。当企业面临融资约束时，企业的投资通常更依赖于内部现金流，企业也会倾向于留存现金用于更好的投资机会。所以一般情况下，企业面临的融资约束程度越高，投资—现金流敏感系数越高，即 $\beta_4 > 0$。

根据上述模型，可以将上市企业的投资行为划分为投资过度与投资不足，主要思路是将企业的实际投资减去估算得到的企业投资水平，得到的差值，即模型（5 - 23）的残差，如果 $\varepsilon_{it} > 0$ 即设定为 1，$\varepsilon_{it} < 0$ 设定为 0，这样就生成投资行为的虚拟变量，为 dum_inc。

②金融发展可以缓解融资约束程度。在模型（5 - 23）基础上加入金融发展与现金流的交互项，构建了一个金融支持缓解融资约束的模型（5 - 24）：

$$\frac{I_{i,t+1}}{K_{i,t+1}} = \beta_0 + \beta_1 \frac{I_{i,t}}{K_{i,t}} + \beta_2 \left(\frac{I_{i,t}}{K_{i,t}}\right)^2 + \beta_3 \frac{Y_{i,t}}{K_{i,t}} + \beta_4 \frac{CF_{i,t}}{K_{i,t}} + \beta_5 FIN_{it}$$
$$+ \beta_6 FIN_{it} \times \left(\frac{CF_{i,t}}{K_{i,t}}\right) + \mu_i + \varepsilon_{it} \quad (5 - 24)$$

其中，FIN_{it} 是前文所述的通过构建地区金融发展指标体系的综合指标，μ_i 反映个体效应，ε_{it} 为随机扰动项。金融市场的快速发展可以获取大量的市场信息，并且有效地聚集专业人才进行信息甄别，最终可以通过解决市场信息不对称问题有效地降低企业面临的融资约束程度。因此，模型（5-24）中的 $\beta_6 < 0$，意味着金融市场发展可以缓解企业面临的融资约束。

③金融发展通过缓解企业融资约束进而促进技术创新。为了厘清其中的影响机制，借鉴既有研究的基础，构建模型（5-25）和模型（5-26）：

$$\mathrm{Ln}tfp_{it} = \alpha_0 + \alpha_1 \mathrm{Ln}tfp_{it-1} + \alpha_2 dum\_inc_{it} + \alpha_3 \mathrm{Ln}ys_{it} + \alpha_4 \mathrm{Ln}lev_{it}$$
$$+ \alpha_5 \mathrm{Ln}age_{it} + \alpha_6 \mathrm{Ln}roe_{it} + \alpha_7 Soe_{it} + \varepsilon_{it} \tag{5-25}$$

$$\mathrm{Ln}tfp_{it} = \lambda_0 + \lambda_1 \mathrm{Ln}tfp_{it-1} + \lambda_2 FIN_{it} \times dum\_inc_{it} \times dum\_kz + \lambda_3 \mathrm{Ln}ys_{it}$$
$$+ \lambda_4 \mathrm{Ln}lev_{it} + \lambda_5 \mathrm{Ln}age_{it} + \lambda_6 \mathrm{Ln}roe_{it} + \lambda_7 Soe_{it} + \varepsilon_{it} \tag{5-26}$$

当存在金融支持对融资约束存在缓解作用时，即金融支持与上市企业投资行为以及融资约束的交互项对全要素生产率的作用系数为 λ_2；当不考虑对融资约束的缓解作用时，上市企业纯粹的投资行为对全要素生产率的影响系数为 α_2。若 $\lambda_2 > \alpha_2$，就意味着假设成立，即在不考虑金融发展缓解企业研发投入的融资约束时，上市企业投资对企业生产率的提升会比考虑金融发展的缓解作用之后的效果弱。

（4）各变量的描述性统计

表5-3报告了变量的描述性统计分析结果。

表 5-3　　　　　　　　　各变量的描述性统计

变量	名称	变量数	平均值	标准差	最小值	最大值
$\mathrm{Ln}tfp\_lp$	LP 方法计算的全要素生产率对数	12 969	1.44	0.28	-3.47	2.21
$\mathrm{Ln}tfp\_op$	OP 方法计算的全要素生产率对数	12 969	0.53	0.58	-4.61	1.93
FIN	金融发展水平	12 969	0.59	0.14	0.35	1.3
I/K	企业投资行为	12 969	0.32	0.23	0.0003	5.69
CF/K	现金流	12 969	4.38	9.39	-4.27	1.13
kz	融资约束测算指数	12 969	1.04	0.41	0.03	2.25
dum_kz	融资约束程度	12 969	0.50	0.50	0	1

变量	名称	变量数	平均值	标准差	最小值	最大值
dum_inc	模型（5-24）残差得到的衡量投资行为指标	12 969	0.51	0.50	0	1
Lnys	企业规模	12 969	-0.64	0.76	-6.84	3.13
Lnlev	资产负债率	12 969	-0.82	0.58	-4.95	2.62
Lnage	企业年龄	12 969	3.14	0.19	2.39	3.71
Lnroe	净利润收益率	12 969	1.84	1.07	-4.46	10.02

资料来源：笔者通过 stata 结果整理。

5.1.3 实证分析结果

由于设定计量模型中存在内生性问题，本章模型加入了被解释变量的滞后一期值。为更好地避免可能存在的内生性，本章主要采用系统 GMM 方法对设定模型进行检验分析。为了保证模型估计是有效的，工具变量没有过度识别，采用 Sargan 检验来识别工具变量是否有效；除此之外还有是否存在二阶序列相关的检验 AR（1）和 AR（2）。本章使用 Stata15.0 进行回归操作。

（1）基于全样本的回归结果

①表 5-4 是上市公司是否存在融资约束以及金融发展影响融资约束的检验结果。可知，模型（5-23）和模型（5-24）在控制了地区和个体效应之后，二阶序列自相关 AR（2）检验 P 值为 0.1720 > 0.05、0.2402 > 0.05，即在 5% 的水平上无法拒绝原假设，说明扰动项不存在二阶序列自相关；此时 Sargan 检验也说明模型中的工具变量是有效的。

根据回归的结果我们从列（1）中发现，第一，当前企业投资（$(I/K)_{i,t}$）与上一期投资（$(I/K)_{i,t-1}$）存在显著正相关，与上一期投资的平方（$(I/K)_{i,t-1}^2$）呈显著负相关，说明上市公司的投资行为表现出一定的延续性,当期投资受前期投资影响,并且这种影响是呈现倒"U"型的,即后期投资会随着前期投资的增加而增加,但是前期投资超过某临界值之后,后期投资会随之下降。上市企业现金流量((CF/K)$_{i,t-1}$)与企业投资行为((I/K)$_{i,t}$)之间存在显著的正向相关性,与预期结论相符,意味着企业的投资行为对企业内部现金流存在依赖性,更深层次地表明我国上市企业面临较为严重的融资约束问题。因为我国金融市场的发展主要还是以银行业为主导,资本市场发展较为滞后,企业在这样的市场环境下无法获取较多的信息资源,融资渠道比较单一,外部融资信息无法及时获取,存在严重的信息不对称问题,进而演变为融资约束问题。

列(2)反映的是加入金融发展指标以及金融发展和现金流的交互项之后的结果,可以看出金融发展指标($FIN_{i,t-1}$)前面的系数显著为正,说明金融发展水平的提高可以促进企业投资水平的提升;金融指标和现金流的交互项($FIN_{i,t-1} \times$(CF/K)$_{i,t-1}$)系数显著为负,表明引入金融发展之后,会降低企业投资—现金流敏感性,缓解企业投资对企业内部现金流的依赖程度,即金融发展可以缓解企业融资约束。

表 5 - 4　　检验企业是否存在融资约束（被解释变量为投资（I/K）$_{i,t}$）

变量	(1)	(2)
(I/K)$_{i,t-1}$	3.332 *** (0.180)	3.479 *** (0.182)
(CF/K)$_{i,t-1}$	0.001 * (0.001)	0.004 *** (0.001)
(I/K)$^2_{i,t-1}$	- 3.742 *** (0.209)	- 4.041 *** (0.208)
$FIN_{i,t-1}$		0.119 *** (0.041)

续表

变量	（1）	（2）
$FIN_{i,t-1} \times (CF/K)_{i,t-1}$		-0.0493^{***} （0.008）
$ys_{i,t-1}$	-0.0165 （0.0142）	-0.0136 （0.0122）
Constant	0.096^{***} （0.006）	0.073^{***} （0.005）
N	12 969	12 969
个体效应	是	是
地区效应	是	是
AR（1）	0.0000	0.0000
AR（2）	0.1720	0.2402
Sargan 检验（p-value）	0.5732	0.6828

注：（1）括号里的数值为稳健性标准误；（2）***、**、* 分别代表 1%、5% 和 10% 的显著性水平。

②在证明金融发展能够缓解融资约束之后，这里重点讨论金融发展能否通过缓解融资约束进而促进技术创新。根据 AR（2）检验结果和 Sargan 检验结果，回归方程均通过随机扰动项没有自相关的检验，系统 GMM 估计量是一致的，以及所有工具变量都是有效的。结果中企业全要素生产率滞后一期（$Lntfp\_lp_{it-1}$）的系数在 1% 的水平上显著为正，说明企业研发投入具有明显的延续性，即前一期企业的生产率提升会促进下一期的企业生产率。

这里重点关注金融发展与投资融资约束的交互项（$FIN_{it} \times dum\_inc_{it} \times dum\_kz_{it}$）的系数符号和显著性。从表 5-5 中的第（1）列可以看出，交互项系数为 0.157，在 1% 的水平上显著为正，这意味着，当省际金融发展水平增加一个单位，企业的全要素生产率上升 15.7 个百分点。

结合前面金融发展能够缓解融资约束这一基础，可以认为金融发展可以通过缓解企业的投资融资约束进而促进技术创新这一机制是成立的。

作为对比，在不考虑金融发展的作用时，列（2）估计出上市企业投资对企业全要素生产率的影响。可以看出，反映上市企业投资行为变量（dum_inc_{it}）的系数为 0.0306，在 10% 的水平上显著，技术创新活动对生产率具有正向积极作用，具体表现为企业研发投资增加一个单位，促使全要素生产率上升 3.06 个百分点（3.06 < 15.7），但很明显：在不考虑金融发展对投资融资约束的缓解效应的情况下，企业的投资行为对促进创新行为并没有表现出之前的强烈效应。

对于控制变量，企业规模（$Lnys_{it}$）前面的系数显著为正，说明企业规模越大，营业收入越大，在市场上能够获得更多的融资渠道，获得更多市场信息，促进企业创新，带来企业生产率的提升；是否为国有企业（Soe_{it}）的系数显著为负，即国有企业体制对生产率的提升并没有非国有企业强，因为国有企业在一些方面并没有非国有企业更具创新性。另外，这里为了检验结果的稳健性，利用参考的 OP 方法计算出来的全要素生产率替换 LP 方法计算出来的结果（列（3）和列（4）），发现结果中除了个别不显著的控制变量的正负性和显著性有所区别，主要变量的正负性和显著性和之前相同，说明结果是稳健的。

表 5 – 5　　　　　　　　　　　全样本回归结果

被解释变量	（1） Lntfp_lp_{it}	（2） Lntfp_lp_{it}	（3） Lntfp_op_{it}	（4） Lntfp_op_{it}
Ln$tfp\_lp_{i,t-1}$	0.798 *** （0.136）	0.859 *** （0.122）		
Ln$tfp\_op_{i,t-1}$			0.468 *** （0.077）	0.457 *** （0.084）
dum_inc_{it}		0.031 * （0.017）		0.0614 * （0.032）

被解释变量	(1) Lntfp_lp_{it}	(2) Lntfp_lp_{it}	(3) Lntfp_op_{it}	(4) Lntfp_op_{it}
$FIN_{it} \times dum\_inc_{it} \times dum\_kz_{it}$	0.157 *** (0.053)		0.302 *** (0.0812)	
Lnnys_{it}	0.110 *** (0.018)	0.078 *** (0.016)	0.291 *** (0.049)	0.220 *** (0.045)
Lnroe_{it}	0.053 ** (0.022)	0.002 (0.006)	0.083 (0.057)	0.001 (0.049)
Lnlev_{it}	0.0135 (0.012)	−0.015 (0.01)	0.005 (0.025)	−0.045 ** (0.022)
Lnage_{it}	−0.112 (0.165)	0.0357 (0.205)	0.291 (0.547)	−0.018 (0.950)
Soe_{it}	−0.126 *** (0.045)	−0.0947 * (0.048)	−0.359 *** (0.122)	−0.262 * (0.138)
Constant	0.824 (0.519)	0.196 (0.662)	−0.118 (1.711)	0.687 (2.996)
N	12 969	12 969	12 969	12 969
个体效应	是	是	是	是
地区效应	是	是	是	是
AR（1）	0.0000	0.0000	0.0019	0.0010
AR（2）	0.1976	0.7593	0.3667	0.7856
Sargan 检验（p-value）	0.5892	0.6178	0.5883	0.6032

注：（1）括号里的数值为稳健性标准误；（2）***、**、*分别代表1%、5%和10%的显著性水平。

（2）基于产权结构差异的视角分析金融发展对技术创新的作用

企业产权结构差异可能会造成企业所受融资约束程度存在较大的差异，鉴于此，进一步将企业所有权按国有企业和非国有企业进行划分，进行子样本分析。

为了说明本章机制对不同产权结构的企业的效应不同，这里首先看一下国有企业和非国有企业面临的融资约束问题上的差异，从表 5－6 两列总体看来，国有企业和非国有企业都存在显著的融资约束问题，验证了本章的第一个结论，并且金融发展对融资约束起到明显的缓解作用（$FIN_{i,t-1} \times (CF/K)_{i,t-1}$）前面的系数显著小于 0；对比发现，国有企业面临的融资约束问题较小，投资—现金流敏感系数较低，与刘洪铎（2014）结论相似。原因是一方面国有企业受到较多的支持；另一方面由于国有企业信誉度较高，在外部融资渠道可以获得更多的支持。另外，金融发展缓解融资约束的效应在非国有企业更强一点，是因为在金融水平逐步提高的过程中，非国有企业受到的融资约束环境可以得到较大的改善，以至于这种反应更强烈些。

表 5－6　　　　　　国有企业、非国有企业存在融资约束差异

被解释变量	国有企业 $(I/K)_{i,t}$	非国有企业 $(I/K)_{i,t}$
$(I/K)_{i,t-1}$	4.488 *** (0.523)	3.317 *** (0.435)
$(CF/K)_{i,t-1}$	0.004 *** (0.001)	0.041 *** (0.011)
$(I/K)^2_{i,t-}$	－4.838 *** (0.590)	－4.093 *** (0.601)
$FIN_{i,t-1}$	0.008 (0.053)	0.199 * (0.109)
$FIN_{i,t-1} \times (CF/K)_{i,t-1}$	－0.031 ** (0.016)	－0.082 *** (0.021)
$ys_{i,t-1}$	0.001 (0.004)	－0.02 (0.018)
Constant	－0.347 *** (0.083)	－0.323 *** (0.089)

续表

被解释变量	国有企业 $(I/K)_{i,t}$	非国有企业 $(I/K)_{i,t}$
N	6 431	6 538
个体效应	是	是
地区效应	是	是
AR（1）	0.0000	0.0000
AR（2）	0.1073	0.2601
Sargan 检验（p-value）	0.5632	0.6689

注：（1）括号里的数值为稳健性标准误；（2）***、**、*分别代表1%、5%和10%的显著性水平。

从表5-7中子样本结果发现，国有企业和非国有企业的金融发展与企业投资融资约束这一交互项（$FIN_{it} \times dum\_inc_{it} \times dum\_kz_{it}$）的估计系数的符号均为正，国有企业通过了1%的显著性水平，非国有企业通过了5%的显著性水平，再次证明了地区金融发展可以缓解国有企业以及非国有企业面临的融资约束，进而刺激技术创新行为，促进企业的全要素生产率。但是这种机制在国有企业效应反而更强，反而非国有企业效应稍微小一点，具体表现为，当金融发展增加一个单位，国有企业全要素生产率增加14.9个百分点，非国有企业生产率增加10.1个百分点。也就是说，金融发展缓解企业投资融资约束以刺激技术创新、促进生产率提升的机制在国有企业效果更加明显，因为目前我国金融市场风险相对较大，金融机构在发展金融业务时仍然重点考虑风险，私营企业长期受到金融机构的信贷歧视，金融机构的融资渠道仍然更偏向于国有企业，致使国有企业在提高效率上更胜一筹。这就需要未来我国在发展金融制度上，加强对非国有企业融资问题的解决，平衡好国有企业和非国有企业在获取融资的公平性，对国有企业和非国有企业采取不同的金融发展战略，重点加强对中小企业的金融支持。总结而言，从产权结构来看，金融支持在缓解国有企业和非国有企业融资约束进而提升生产率的过程中作用都显著，但相比于非国有上市企业，金融支持在对国有上市企业作用的过程中显著性稍高。

表 5 – 7　　　　　　　　按产权结构分类的子样本回归结果

被解释变量	国有企业		非国有企业	
	Lntfp_lp_{it}	Lntfp_lp_{it}	Lntfp_lp_{it}	Lntfp_lp_{it}
Ln$tfp\_lp_{i,t-1}$	0.583 *** (0.046)	0.629 *** (0.044)	0.801 *** (0.028)	0.829 *** (0.0262)
dum_inc_{it}	0.036 *** (0.009)		0.024 ** (0.011)	
$FIN_{it} \times dum\_inc_{it} \times dum\_kz_{it}$		0.149 *** (0.022)		0.101 ** (0.039)
Lnnys_{it}	0.103 *** (0.010)	0.133 *** (0.010)	0.092 *** (0.010)	0.091 *** (0.010)
Lnlev_{it}	– 0.004 (0.009)	0.018 * (0.011)	– 0.029 *** (0.009)	– 0.008 (0.009)
Lnroe_{it}	0.014 *** (0.005)	0.002 (0.006)	0.028 *** (0.004)	0.026 *** (0.004)
Lnage_{it}	0.276 (0.226)	– 0.0316 (0.168)	0.239 (0.163)	0.226 * (0.120)
Constant	– 0.145 (0.695)	0.783 (0.509)	– 0.474 (0.521)	– 0.450 (0.382)
N	6 431	6 431	6 538	6 538
AR（1）	0.0000	0.0000	0.0000	0.0000
AR（2）	0.6951	0.1039	0.2617	0.2018
Sargan 检验（p-value）	0.6012	0.5921	0.4939	0.5382

注：（1）括号里的数值为稳健性标准误；（2）***、**、*分别代表1%、5%和10%的显著性水平。

（3）基于地区差异的视角分析金融发展对技术创新的作用

我国的国情决定地区金融发展水平不平衡，这里将划分为东部、中部和西部三个子样本进行估计。从表 5 – 8 的回归结果看出，这种效应在东部、中部地区都非常显著，并且东部地区金融发展通过缓解融资约束对生产率的影响幅度大于中部地区（0.235＞0.157）；而西部地区这一效应通过了10%的显著性水平。我国各地区金融发展不平衡决定了这种作用机制在东中西部地区出现不同的结果，东部地区经济发展迅速，也拥有较为完善的金融资源，北京、上海和广州等地区吸引了大量的资金流入，企业获得资金的渠道也较为完善，因此这种通过缓解融资约束促进技术创新、提升企业生产率的机制在东部更加明显；而中部和西部地区由于缺乏资源，在资金融通过程中落后于东部地区，得益于西部大开发战略的推行以及西部地区拥有的自然资源优势，在作用结果上西部地区并没有和东部地区相差太多，即地区金融发展水平提升一个单位，会给中部和西部各提升0.157和0.132个单位，两地区差距仅为0.025。结果与我国东部、中部和西部地区的金融综合发展水平呈现的自东向西递减现象相符，进而更进一步验证了金融综合发展水平越高越有利于缓解企业融资约束，更好地推动企业技术创新，提升企业生产率。

表5-8 东中西部地区的子样本回归结果

被解释变量	东部地区 Lntfp_lp_{it}	中部地区 Lntfp_lp_{it}	西部地区 Lntfp_lp_{it}
Lntfp_lp_{it-1}	0.356 *** （0.055）	0.462 *** （0.061）	0.609 *** （0.093）
$FIN_{it} \times dum\_inc_{it} \times dum\_kz_{it}$	0.235 *** （0.044）	0.157 *** （0.0558）	0.132 * （0.070）
Lnnys_{it}	0.106 *** （0.022）	0.180 *** （0.0308）	0.181 *** （0.032）
Lnlev_{it}	0.014 （0.014）	-0.0510 * （0.028）	0.060 * （0.033）
Lnage_{it}	0.328 （0.264）	0.088 （0.365）	-0.983 * （0.509）
Lnroe_{it}	0.003 （0.005）	-0.006 （0.007）	-0.002 （0.007）

续表

被解释变量	东部地区 Lntfp_lp_{it}	中部地区 Lntfp_lp_{it}	西部地区 Lntfp_lp_{it}
Constant	−0.003 (0.822)	0.575 (1.166)	3.778 ** (1.578)
N	7 505	3 101	2 363
AR（1）	0.0000	0.0003	0.0186
AR（2）	0.0792	0.2387	0.0790
Sargan 检验（p-value）	0.4589	0.5657	0.6129

注：（1）括号里的数值为稳健性标准误；（2）***、**、* 分别代表 1%、5% 和 10% 的显著性水平。

5.2　基于行业异质性视角下金融发展对技术创新的影响

创新是一个国家长期经济增长和竞争优势的重要因素，激励和培育创新非常重要。但创新过程是比较漫长的，并且结果不可预测，存在很高的失败概率。良好的金融市场可以有效促进创新需求，因为金融市场可以降低融资成本、合理分配资源、评估创新项目、管理项目风险以及监督项目管理人员。尽管熊彼特（Schumpeter，1912）提出金融市场的发展对于一个国家的创新至关重要，而将金融市场发展与创新联系起来的实证研究不多，然而有部分文献的研究都是建立在行业同质性的前提下，笼统地考察金融发展的技术创新效应，忽略行业异质性对这种效应的影响。因此这里从行业异质性视角分析金融发展对技术创新的影响，为金融发展对经济的影响研究提供了经验证据，这里还将金融市场分为股票市场和信贷市场，分析不同类型的金融市场对技术创新的影响差异。

技术创新的主体是企业，决定着企业的技术进步程度和未来的竞争地位。技术创新活动带动技术进步，促使其与前沿技术水平的差距不断减小，提高竞争力。技术创新的衡量方式目前用得比较多的是专利水平、新产品产值以及研发支出等，鉴于此，本节从技术创新投入、技术创新产出能力和技术创新效率三个层面讨论技术创新。如何提高技术创新水平？方式之一是通过提高金融发展水平；一般意义上的金融发展是一个包含了金融要素的有机系统，承担着资金融通、风险控制以及监管的职能，其中金融要素包括金融资产、金融中介机构和金融市场等。金融发展是否会影响技术创新？良好的金融市场是否有助于企业技术创新？这些问题的提出为本章提供了现实依据。

本节主要考察了基于行业异质性视角下金融市场和金融功能对技术创新的两种机制。行业异质性是本章研究的一大创新，这里放松行业同质性假设，从异质行业特征入手重新考察金融市场对技术创新的影响机制和实施效果，反映金融发展效应的行业差异，以避免金融政策指向错误。第一，考察金融市场最重要的功能，克服面临的道德风险以及逆向选择问题，以此减少企业的外部融资成本（张杰，2017），即考察在金融市场发展是否更有利于更依赖外部融资的行业的技术创新；第二，考察金融市场评估创新项目以及管理项目风险的功能，因为在最终生产之前需要进行长期的评估过程，高科技密集型行业通常承担更多的创新和风险项目（米展，2016），所以金融市场发展通过评估项目和分散风险极大地影响创新融资。在研究这两种经济机制时，将金融市场分为股票市场和信贷市场，这是因为股票市场和信贷市场在机制和收益结构方面存在差异。

5.2.1　机理分析和提出假设

在本节中，主要通过机理分析讨论金融市场发展影响技术创新的两种经济机制。首先是考察金融市场的发展是否对更依赖于外部融资的行业的技术创新有利；其次是研究金融市场发展是否对高技术密集型行业的技术创新更有利。在讨论机制时，强调股票市场和信贷市场的不同作用。

（1）金融发展、外部融资依赖性和技术创新

金融部门最重要的功能是克服逆向选择以及面临的道德风险问题，以致减少企业外部融资成本。拉加恩和辛格尔（Rajan and Zingales，1998）表明金融发展通过为外部融资依赖性显著的行业提供更低的融资成本，进而影响技术创新，最终促进行业的经济增长。

股票市场和信贷市场在降低融资成本过程中起着不同的作用（钟腾等，2017）。股票市场更有可能对外部融资依赖行业的技术创新起到较大的积极作用。第一，股票市场投资者风险管理能力更强。股权融资没有抵押要求，当需要额外的收益时，通过股权融资不会增加企业的风险。股票市场可以通过风险规避工具为投资者提供科学准确的投资项目评估。第二，股票市场有产生市场信息的功能。这对技术创新方面特别有用，在理性预期下，投资者能够从市场均衡价格中获取相关的有效信息，股票市场提供了一种机制，可以动员储蓄，促进投资者往更好的技术创新项目上进行投资。第三，股票市场促进了市场证券价格的反馈效应。创新项目通常比较难评估，因为创新项目的前景信息比较稀少并且较难处理。股票市场提供了瞬时的均衡价格，这更有利于投资者获取投资公司的有价值信息，从而影响投资者的真实决策。由于外部融资依赖的行业通常拥有更多的创新投资机会以及稀缺信息，以致发达的股票市场可以通过信息优势拥有更多的自主创新项目，从而更有效地实现金融资源的合理配置。相比之下，信贷市场对外部融资依赖的行业的技术创新作用相对较小，一是银行融资中难以突破固有的模式，很少为风险高、收益不确定的行业或企业提供融资信贷支持，当然对于风险高的创新型企业也很少进行资金支持；二是银行融资过程中缺乏对理性均衡价格的反馈效应，即缺乏市场价格信号，银行可能会继续为回报率为负的企业进行融资，因此，信息不对称会造成逆向选择或道德风险的问题，以银行部门主导的信贷市场可能会阻碍其资金投向最具创新性的项目上；三是创新型企业通常用不稳定且有限的内部现金流来偿还债务，此外研发投入创造的知识资产通常是无形的，部分嵌入在人力资本，因此无形资产的有限抵押价值在很大程度上限制了债务的使用，这也是银行更倾向于使用有形资产而不是研发投资创造的知识资产作为抵押品来获取贷款的原因。

假设1：股票市场的发展对外部融资依赖性行业的技术创新有较大的积极作用。

假设2：信贷市场的发展对外部融资依赖性行业的技术创新相对较小。

（2）金融发展、高技术密集性和技术创新

金融市场的另一个重要功能是帮助市场参与者分散风险（King and Levine，1993b），这对培育创新尤其重要。高技术密集型行业中企业通过系统的应用科学和技术知识从事新产品或创造过程的设计、开发和引进，以具有先进和新颖技术内容的创新，比常规生产产品更具有风险（Holmstrom，1985），因此，高技术密集型行业通常风险比较高。股票市场可能会对高技术行业的技术创新有帮助。第一，股票市场提供了丰富的风险控制工具，鼓励投资者将投资组合转向风险高且预期收益率也较高的项目，即技术创新项目。第二，股票市场可以为创新型企业提供更高的股票价格并鼓励技术创新。卡帕迪亚（Kapadia，2006）发现股票投资者更偏好正的股票收益率，而股票收益率主要由成功的高技术行业提供。

与股票市场相比，信贷市场不能更好地促进高技术密集型行业的技术创新。第一，以银行部门为主导的信贷市场过度关注风险从而规避风险较高的投资活动，这种对风险的控制会导致企业投资不确定性较高的技术创新项目，增加技术创新过程中企业面临的风险。许多文献也支持这一点，认为有高风险的公司通常不得不抵押资产以获得债务融资，这对于无形资产价值较高的不确定性创新行业是非常难的，因为这些企业大部分抵押的是知识资产。总而言之，信贷市场偏向保守型项目投资，阻碍企业投资于创新项目。第二，信贷市场可能无法克服高技术密集型行业的信息不对称和代理问题。布朗（Brown et al.，2009）指出高技术密集型企业可以更容易地替代高风险，其研发投资的内在风险以及道德问题导致的逆向选择，促使债务成为高技术密集型行业股权融资的一种替代品，风险也相对较高。技术投资是一种难以衡量的资产，无论是给定企业还是给定特定行业，都无法重新部署无形资产。因此这些不确定性是导致银行等信贷市场向高技术密集型行业转变的阻碍。此外，银行本身具有明显的信息优势，银行通过掌握的较全面的企业信息可能会对技术创新产生不利影响。强大的银行体系通常通过信息生产榨取租金来扼杀技术创新。

假设 3：股票市场的发展将更有利于促进高技术密集型行业的技术创新。

假设 4：信贷市场的发展不能更好地促进高技术密集型行业的技术创新。

5.2.2 行业异质性特征——外部融资依赖性和高技术密集性

本节是从行业角度分析金融发展对各个行业技术创新的影响，因此要分析技术创新的行业特征。这里选取《国民经济行业分类》中 36 个行业，在进行模型估计之前对基于行业的技术创新所表现的行业特征进行描述。这里首先对 36 个行业的技术创新指标进行简单的情况分析，分别从技术创新投入和技术创新能力（专利产出）两大方面统计，包括研发人员全时当量、研发投入量、研发项目数、专利申请数和有效发明专利数这些指标。

表 5 - 9 描述了中国 36 个行业 2005 ~ 2016 年[①]的技术创新活动相关

---

① 这里涉及的主要是规模以上工业企业（规模以上工业企业的统计范围为年主营业务收入 2000 万元及以上的工业企业）的相关产业数据，根据《工业企业科技活动统计年鉴》只汇总到 2016 年，笔者也尝试将数据进行年份拓展，但下文分析涉及的部分数据官方未统计，为保持上下文一致，这里将样本时间定为 2005 ~ 2016 年，不影响研究结果。

行业特征指标的平均值。从技术创新投入（R&D）的角度看，首先，计算机、通信和其他电子设备制造业（代码39），交通运输设备制造业（代码36）和电气机械和器材制造业（代码38）是研发人员全时当量最高的三个行业，分别是 290 387.15 人、209 465.05 人和 169 843.99人。同时研发人员全时当量最低的三个行业为黑色金属矿采选业（代码8）、水的生产和供应业（代码46）和燃气生产和供应业（代码45）分别是 1 927.53 人、1 258.76 人和 728.71 人。其次，研发投入量排名前三的行业和 R&D 人员全时当量一致，分别为计算机、通信和其他电子设备制造业（代码39），交通运输设备制造业（代码36）和电气机械和器材制造业（代码38），分别是 9 016 114.34 万元、7 438 891.10 万元和 5 591 804.76 万元；同样排名最低的三个行业也和研发人员全时当量一致，都为黑色金属矿采选业（代码8）、水的生产和供应业（代码46）和燃气生产和供应业（代码45），分别是 46 431.63 万元、27 095.11万元和 23 596.20 万元。最后，研发项目数最高的三个行业分别为电气机械和器材制造业（代码38）、计算机、通信和其他电子设备制造业（代码39）和交通运输设备制造业（代码36），虽然排名稍微有些许变化，但前三行业不变；排名最低的和研发人员全时当量以及 R&D 投入量相同，分别为黑色金属矿采选业（代码8）、水的生产和供应业（代码46）和燃气生产和供应业（代码45），分别为 224 件、184.67 件和92.42 件。

从技术创新能力（专利产出）角度看，首先，专利申请数最高的三大行业为计算机、通信和其他电子设备制造业（代码39）电气机械和器材制造业（代码38）和交通运输设备制造业（代码36），分别为62 016.33 件、50 798.33 件和 36 393.67 件；专利申请数最低的三大行业为有色金属矿采选业（代码9）、水的生产和供应业（代码46）和燃气生产和供应业（代码45）。其次，有效发明专利数排名前三和排名最后三名的行业和专利申请数排名相同。

表5-9　2005~2016年中国36个行业的技术创新相关行业特征指标（年度平均值）

行业代码	行业名称	技术创新投入		技术创新产出能力		
		研发人员全时当量（人）	研发投入（万元）	研发项目数（件）	专利申请数（件）	有效发明专利数（件）
6	煤炭开采和洗选业	44 369.41	1 053 827.38	3 333.08	1 592.33	766.92
7	石油和天然气开采业	25 295.50	598 968.77	2 934.50	1 864.92	1 050.00
8	黑色金属矿采选业	1 927.53	46 431.63	224.00	318.75	327.67
9	有色金属矿采选业	2 825.04	126 726.28	358.42	184.75	124.17
10	非金属矿采选业	2 414.97	54 686.63	284.50	201.42	137.33
13	农副食品加工业	23 600.44	1 014 535.48	3 524.25	4 179.58	2 297.58
14	食品制造业	17 551.86	644 145.11	2 805.83	3 528.33	2 397.33
15	酒、饮料和精制茶制造业	16 294.23	583 233.82	2 181.00	2 397.25	1 233.92
16	烟草制品业	3 762.25	150 460.27	991.25	1 400.33	909.50
17	纺织业	40 796.49	1 126 810.88	5 046.58	8 756.92	2 269.33
18	纺织服装、服饰业	17 647.79	412 733.51	1 788.50	4 290.25	1 026.92
19	皮革、毛皮、羽毛及其制品和制鞋业	8 867.83	217 470.44	868.17	2 176.75	577.58
20	木材加工和木、竹、藤、棕、草制品业	5 538.74	181 107.86	759.25	1 511.00	679.00
21	家具制造业	5 774.18	142 121.82	803.67	3 515.17	1 000.17
22	造纸及纸制品业	13 971.12	570 566.92	1 467.25	2 104.92	1 125.08

续表

行业代码	行业名称	技术创新投入			技术创新产出能力	
		研发人员全时当量（人）	研发投入量（万元）	研发项目数（件）	专利申请数（件）	有效发明专利数（件）
23	印刷和记录媒介复制业	7 376.07	187 063.88	1 108.83	1 504.33	916.33
24	文教、工美、体育和娱乐用品制造业	12 440.59	299 747.08	1 868.08	6 479.08	2 268.92
25	石油加工、炼焦及核燃料加工业	12 128.59	593 655.38	1 528.17	996.42	1 432.25
26	化学原料及化学制品制造业	112 663.63	4 175 598.67	15 554.08	14 656.83	15 366.67
27	医药制造业	78 809.01	2 185 173.58	13 817.17	9 918.00	13 081.42
28	化学纤维制造业	12 285.82	490 538.99	1 156.58	1 620.25	847.67
29	橡胶和塑料制品业	42 193.08	1 311 320.78	6 090.00	8 637.83	4 684.08
30	非金属矿物制品业	46 570.37	1 357 324.59	5 826.50	8 872.67	7 260.17
31	黑色金属冶炼和压延加工业	74 947.42	4 193 535.85	7 067.50	8 088.83	5 371.92
32	有色金属冶炼和压延加工业	41 109.32	1 942 695.33	4 535.08	5 748.92	4 782.58
33	金属制品业	46 304.13	1 340 612.04	6 260.17	11 096.33	6 705.00
34	通用设备制造业	130 530.48	3 567 443.55	19 443.25	27 975.42	17 292.17
35	专用设备制造业	113 962.28	3 172 322.00	16 014.25	27 929.25	20 000.33
36	交通运输设备制造业	209 465.05	7 438 891.10	22 368.67	36 393.67	16 983.17
38	电气机械和器材制造业	169 843.99	5 591 804.76	23 556.83	50 798.33	28 243.92

续表

行业代码	行业名称	技术创新投入			技术创新产出能力	
		研发人员全时当量（人）	研发投入量（万元）	研发项目数（件）	专利申请数（件）	有效发明专利数（件）
39	计算机、通信和其他电子设备制造业	290 387.15	9 016 114.34	23 389.08	62 016.33	72 726.42
40	仪器仪表制造业	44 056.53	948 095.36	6 122.42	10 682.67	6 965.00
41	其他制造业	9 752.08	191 246.21	1 116.17	2 035.42	1 138.83
44	电力、热力生产和供应业	17 931.51	422 216.71	2 489.92	8 966.67	3367.67
45	燃气生产和供应业	728.71	23 596.20	92.42	84.00	65.50
46	水的生产和供应业	1 258.76	27 095.11	184.67	171.42	126.42

资料来源：《工业企业科技活动统计年鉴》及笔者整理。

综上所述，可以看出技术创新能力和技术创新投入较高的行业为计算机、通信和其他电子设备制造业（代码 39），交通运输设备制造业（代码 36）和电气机械和器材制造业（代码 38），可以看出这些行业都属于高技术密集型行业，依赖于外部融资的行业。本节重点考察金融发展对外部融资依赖型和高技术密集型两大类行业的技术创新活动的影响，这里对外部融资依赖型和高技术密集型行业进行定量指标界定。

借鉴拉加恩和辛格尔（Rajan and Zingales，1998）将外部融资依赖定义为资本支出与研发投入费用之和减去经营中的现金流，再除以资本支出与研发投入费用之和。由于运用的行业数据，这里资本支出用固定资产投资额来表示；研发投入费用即 R&D 投入费用；经营中的现金流用行业的营业利润额与固定资产折旧增加之和来表示，如式（5 - 27）所示：

企业外部融资依赖指标

$$= \frac{\text{固定资产投资额} + \text{研发投入} - (\text{营业利润} + \text{固定资产折旧})}{\text{固定资产投资额} + \text{研发投入}}$$

$$(5 - 27)$$

高技术密集型行业都有这样的特点，行业研发投入高于全国水平，舒和田（Hsu and Tian et al，2014）将高技术密集型行业指标定义为研发投入费用的年度增长率，魏守华（2010）用产业集聚效应来衡量高技术产业的研发投入相对于本土企业的影响程度。这里根据将此指标定义为研发投入费用与行业主营业务收入的比重，如式（5 - 28）所示：

$$\text{高技术密集型指标} = \frac{\text{研发投入}}{\text{行业主营业务收入}} \qquad (5 - 28)$$

表 5 - 10 可以看出，外部融资依赖型指标和高技术密集型指标在各个行业的均值排名不相同，但大多数都集中在制造业行业，从制造业视角看高技术密集型行业都相对依赖于外部融资。所以本节考虑行业的外部融资依赖和高技术密集特征，考察金融发展对这些具有这些显著特征行业的技术创新影响。

表5－10 中国36个行业行业特征指标（外部融资依赖型和高技术密集型指标）

行业代码	行业	外部融资依赖型指标					高技术密集型指标				
		2005年	2010年	2016年	年度均值	均值排名	2005年	2010年	2016年	年度均值	均值排名
6	煤炭开采和洗选业	0.460	0.076	0.655	0.400	30	0.480	0.461	0.592	0.498	16
7	石油和天然气开采业	-1.043	-0.004	1.23	-0.119	35	0.359	0.830	0.988	0.626	11
8	黑色金属矿采选业	0.435	0.127	0.553	0.299	34	0.040	0.051	0.170	0.074	35
9	有色金属矿采选业	-0.139	0.411	0.679	0.367	32	0.102	0.173	0.439	0.258	24
10	非金属矿采选业	0.529	0.665	0.809	0.680	10	0.244	0.091	0.205	0.162	33
13	农副食品加工业	0.463	0.304	0.697	0.483	24	0.085	0.138	0.363	0.205	28
14	食品制造业	0.604	0.469	0.659	0.566	18	0.224	0.349	0.638	0.419	18
15	酒、饮料和精制茶制造业	0.371	0.273	0.551	0.422	28	0.495	0.502	0.543	0.537	14
16	烟草制品业	-2.676	-2.326	-3.538	-2.954	36	0.301	0.246	0.247	0.244	26
17	纺织业	0.583	0.251	0.675	0.506	22	0.239	0.301	0.538	0.365	20
18	纺织服装、服饰业	0.453	0.402	0.711	0.538	19	0.166	0.138	0.451	0.248	25
19	皮革、毛皮、羽毛及其制品和制鞋业	0.252	0.032	0.572	0.321	33	0.075	0.134	0.389	0.193	29
20	木材加工和木、竹、藤、棕、草制品业	0.711	0.576	0.795	0.683	9	0.222	0.079	0.357	0.191	30
21	家具制造业	0.635	0.658	0.818	0.725	6	0.138	0.094	0.488	0.240	27

续表

行业代码	行业	外部融资依赖型指标					高技术密集型指标				
		2005年	2010年	2016年	年度均值	均值排名	2005年	2010年	2016年	年度均值	均值排名
22	造纸及纸制品业	0.636	0.465	0.750	0.632	12	0.297	0.359	0.839	0.505	15
23	印刷和记录媒介复制业	0.598	0.560	0.703	0.624	13	0.163	0.297	0.580	0.370	19
24	文教、工美、体育和娱乐用品制造业	0.391	0.341	0.626	0.506	21	0.172	0.240	0.541	0.330	21
25	石油加工、炼焦及核燃料加工业	1.198	0.343	0.332	0.842	2	0.087	0.150	0.346	0.185	31
26	化学原料及化学制品制造业	0.557	0.466	0.676	0.596	16	0.524	0.522	0.963	0.701	10
27	医药制造业	0.548	0.346	0.555	0.473	26	0.994	1.074	1.732	1.363	2
28	化学纤维制造业	0.698	0.163	0.688	0.615	14	0.472	0.816	1.077	0.851	8
29	橡胶和塑料制品业	0.521	0.492	0.718	0.605	16	0.310	0.481	0.859	0.571	12
30	非金属矿物制品业	0.723	0.617	0.758	0.696	7	0.250	0.260	0.521	0.330	22
31	黑色金属冶炼和压延加工业	0.554	0.293	0.618	0.517	20	0.588	0.738	0.867	0.754	9
32	有色金属冶炼和压延加工业	0.458	0.371	0.621	0.469	27	0.456	0.407	0.762	0.541	13
33	金属制品业	0.566	0.602	0.773	0.672	11	0.241	0.315	0.818	0.482	17
34	通用设备制造业	0.428	0.506	0.775	0.611	15	0.675	0.690	1.381	1.000	7
35	专用设备制造业	0.620	0.567	0.829	0.686	8	0.930	1.102	1.543	1.286	4

续表

行业代码	行业	外部融资依赖型指标					高技术密集型指标				
		2005 年	2010 年	2016 年	年度均值	均值排名	2005 年	2010 年	2016 年	年度均值	均值排名
36	交通运输设备制造业	0.669	0.301	0.539	0.354	32	1.116	1.057	1.498	1.255	5
38	电气机械和器材制造业	0.287	0.408	0.638	0.478	25	0.883	1.008	1.497	1.159	6
39	计算机、通信和其他电子设备制造业	0.389	0.356	0.634	0.494	23	1.031	1.244	1.818	1.376	1
40	仪器仪表制造业	0.106	0.306	0.603	0.402	29	0.605	0.908	1.947	1.333	3
41	其他制造业	0.674	0.628	0.905	0.780	5	0.139	0.169	0.570	0.287	23
44	电力、热力生产和供应业	0.853	0.839	0.834	0.828	3	0.062	0.079	0.148	0.095	34
45	燃气生产和供应业	0.984	0.749	0.782	0.815	4	0.015	0.041	0.126	0.053	36
46	水的生产和供应业	1.021	0.991	0.976	0.986	1	0.075	0.110	0.346	0.181	32

资料来源：《中国工业统计年鉴》及笔者整理。

5.2.3 数据说明、变量选择和统计性描述

（1）数据来源说明

本节主要数据来源于《中国统计年鉴》《中国工业年鉴》《中国固定资产投资统计年鉴》和《工业企业科技活动统计年鉴》，时间范围是 2005～2016 年①。重点考察行业的样本，所以选取的是《国民经济行业分类（GB/T 4754 – 2017）》的行业大类。选择其中 36 个行业：煤炭开采和洗选业；石油和天然气开采业；黑色金属矿采选业；有色金属矿采选业；非金属矿采选业；农副食品加工业；食品制造业；酒、饮料和精制茶制造业；烟草制品业；纺织业；纺织服装服饰业；皮革、毛皮、羽毛及其制品和制鞋业；木材加工和木、竹、藤、棕、草制品业；家具制造业；造纸及纸制品业；印刷和记录媒介复制业；文教、工美、体育和娱乐用品制造业；石油加工、炼焦及核燃料加工业；化学原料及化学制品制造业；医药制造业；化学纤维制造业；橡胶和塑料制品业；非金属矿物制品业；黑色金属冶炼和压延加工业；有色金属冶炼和压延加工业；金属制品业；通用设备制造业；专用设备制造业；交通运输设备制造业；电气机械和器材制造业；计算机、通信和其他电子设备制造业；仪器仪表制造业；其他制造业；电力、热力生产和供应业；燃气生产和供应业；水的生产和供应业。

（2）变量选择

这里关于变量的选择主要包括被解释变量、核心解释变量和控制变量。

①被解释变量。这里被解释变量为技术创新指标，包括前文提及的技术创新投入指标：研发人员全时当量（$RD_{it,L}$）、研发投入量（$RD_{it,K}$）、R&D 项目数（$RD_{it,n}$），以及技术创新能力指标：专利申请

---

① 样本时间的设定在 5.2.2 处已经说明。

数（$Patent_{it,all}$）和有效发明专利数（$Patent_{it,eff}$），还包括一项综合指标：专利产出效率（$Output_{it,patent}$）。这里专利产出效率采用的是 SFA 模型方法进行测算，专利产出效率被定义为投入一定的专利和在一定的技术水平前提下，所能达到的帕累托最优产出的效率。

专利产出效率测算的 SFA 模型。参照韩兆洲（2018）的方法，假定生产函数为式（5-29）：

$$Y_{it} = F(X_{it}, \beta) \exp(v_{it} - \mu_{it}) \tag{5-29}$$

其中，要素投入 X_{it} 为资本投入和劳动投入，专利产出是要素投入的结果，即产出变量 Y_{it}。其中 i 和 t 分别表示产业和时间变量；$v_{it} \sim N(0, \sigma_1^2)$ 服从正态分布，表示随机扰动项；$\mu_{it} \geq 0$ 表示"无效率"项，反映出产业 i 距离效率前沿面的距离由于混合扰动项 $v_{it} - \mu_{it}$ 是不对称的，这样基准 OLS 回归无法估计无效率程度 μ_{it}，所以随机前沿模型估计的方法采用的是更有效率的最大似然估计（MLE）法。

这里资本投入 K 表示研发投入（$RD_{it,K}$），劳动投入 L 表示研发人员全时当量（$RD_{it,L}$），产出变量 Y 表示专利申请量（$Patent_{it,all}$）。另外还有两个影响专利产出的因素也被考虑进模型，分别是研发项目数（$RD_{it,n}$）和行业主营业务收入（φ_{it}），这里为了消除价格因素的影响，采取工业品出厂价格指数对研发投入进行处理，同时对模型中的投入产出变量作对数化处理，构建模型如式（5-30）：

$$\ln Patent_{it,all} = \alpha_0 + \alpha_1 \ln RD_{it,K} + \alpha_2 \ln RD_{it,L} + \beta_0 + \beta_1 RD_{it,n} + \beta_2 \varphi_{it} + v_i - \mu_i$$
$$\tag{5-30}$$

再利用 Frontier Version4.1 软件进行 SFA 随即前沿模型估计专利产出效率。

②核心解释变量。这里核心解释变量为金融市场发展指标。根据前面的理论分析可以将金融市场简单分为股票市场和信贷市场，因此这里的核心解释变量为股票市场发展指标、信贷市场发展指标以及全金融市场的发展指标。本章将股票市场发展（$Stock_t$）定义为 t 时期股票市值

占国内生产总值 GDP 比重；信贷市场发展指标（$Credit_t$）定义为 t 时期银行提供的国内存贷款总额与国内生产总值 GDP 的比重；整个金融市场指标（FIN_t）就表示为 t 时期股票市值加上银行提供的国内信贷总额之和与 GDP 的比值。

③控制变量。在后面讨论的计量模型框架中，除了核心解释变量，只需要控制因行业—年份而变化的并影响创新的解释变量。构建两个控制变量：工业增加值占工业总产值的比重（Add_{it}）和出口交货值占工业总产值的比重（$Export_{it}$）。这里由于国家统计局只公布了 2003～2007年的分行业工业增加值和 2007 年以后的工业增加值累计增长率，并且累计增长率是剔除了价格因素的，这里选用工业品出厂价格指数进行平减，最后得到 2007 年以后的包含价格因素的工业增加值。

④行业特征变量。这里的行业特征变量就是上面提及的外部融资依赖型指标（$Dependence_i$）和高技术密集型指标（$Hightect_i$）。

（3）专利产出效率分析和描述性统计

①专利产出效率。利用 Frontier Version4.1 软件对 SFA 模型进行估计，结果如表 5 – 11。

表 5 – 11　　随机前沿模型的估计结果（MLE：最大似然估计）

参数	系数	标准差	T 统计量
α_0	4.641 ***	0.824	5.631
α_1	5.680 ***	0.108	5.242
α_2	2.049 ***	0.121	1.687
β_0	1.512 ***	0.163	9.301
β_1	– 0.00020 ***	0.533e – 04	– 3.702
β_2	0.597e – 06	0.585e – 05	0.102
σ^2	0.835 ***	0.088	9.471

续表

参数	系数	标准差	T 统计量
γ	0.796 ***	0.049	16.316
Log likelihood function		−436	
LR test of the one-sided error		86.3	

注：计算工具为 Frontier Version4.1 软件。这里构建模型时，由于存在影响无效率项的其他因素，因此选择 TE EFFECTS MODEL，其中投入变量数为 2；总观察数目为 432；影响专利产出效率的因素变量为 2。

从随机前沿分析模型结果看，首先，LR 统计量为 86.3，并通过显著性水平，这里说明 SFA 模型分析专利产出效率的是合理的。其次，$\gamma = \sigma_\mu^2 / (\sigma_\mu^2 + \sigma_v^2) = 0.796$，并且通过 1% 的显著性水平，说明模型的误差项中的 79.6% 属于"无效率"部分，即技术无效率。最后，每单位的研发投入量的增加会带来 5.68 个单位专利产出效率的提升；同时研发全时人员量每多投入一单位，专利产出效率上升 2.049 个单位，并且结果在 1% 水平上是显著的；相比之下，资本投入研发投入量的专利产出弹性大于劳动投入 R&D 全时人员量的专利产出弹性，说明目前国民行业的规模以上工业企业的专利产出属于资本密集型，还需要加大对研发人员量的投入，以实现产出的进一步提升。

从表 5 – 12 可以看出，各行业之间的专利产出效率的年度平均值相差较大。专利产出效率排名前五位的分别为：计算机、通信和其他电子设备制造业（代码 39），电气机械和器材制造业（代码 38），文教、工美、体育和娱乐用品制造业（代码 24），交通运输设备制造业（代码 36）和通用设备制造业（代码 34），均在 0.7 左右。排名较低的五位分别为：水的生产和供应业（代码 46），燃气生产和供应业（代码 45），煤炭开采和洗选业（代码 6），非金属矿采选业（代码 10）和有色金属矿采选业（代码 9），均在 0.2 以下。这和前面的技术创新投入指标和技术创新能力指标排名高度吻合，都体现为行业融资依赖和高技术密集程度。

表5 –12　　　主要年份中国国民各产业专利产出率及平均值

行业代码	产业	2005 年	2010 年	2013 年	2014 年	2015 年	2016 年	年度平均值
6	煤炭开采和洗选业	0.066	0.116	0.231	0.211	0.234	0.208	0.140
7	石油和天然气开采业	0.208	0.211	0.320	0.289	0.223	0.220	0.240
8	黑色金属矿采选业	0.111	0.118	0.358	0.371	0.235	0.248	0.185
9	有色金属矿采选业	0.042	0.106	0.109	0.109	0.242	0.229	0.117
10	非金属矿采选业	0.028	0.119	0.256	0.228	0.200	0.205	0.128
13	农副食品加工业	0.115	0.257	0.530	0.559	0.828	0.849	0.377
14	食品制造业	0.327	0.393	0.531	0.554	0.588	0.653	0.457
15	酒、饮料和精制茶制造业	0.381	0.294	0.440	0.447	0.444	0.478	0.350
16	烟草制品业	0.163	0.294	0.660	0.630	0.789	0.729	0.403
17	纺织业	0.266	0.567	0.683	0.694	0.749	0.706	0.569
18	纺织服装、服饰业	0.284	0.472	0.611	0.691	0.635	0.519	0.441
19	皮革、毛皮、羽毛及其制品和制鞋业	0.167	0.428	0.586	0.589	0.428	0.452	0.387
20	木材加工和木、竹、藤、棕、草制品	0.131	0.653	0.560	0.491	0.411	0.448	0.414
21	家具制造业	0.239	0.653	0.761	0.739	0.686	0.693	0.609
22	造纸及纸制品业	0.078	0.160	0.372	0.446	0.450	0.560	0.250
23	印刷和记录媒介复制业	0.198	0.309	0.553	0.559	0.344	0.355	0.317
24	文教、工美、体育和娱乐用品制造业	0.786	0.743	0.812	0.826	0.676	0.702	0.757
25	石油加工、炼焦及核燃料加工业	0.191	0.107	0.222	0.249	0.512	0.617	0.221
26	化学原料及化学制品制造业	0.279	0.391	0.813	0.830	0.908	0.929	0.510
27	医药制造业	0.467	0.473	0.811	0.806	0.641	0.730	0.563
28	化学纤维制造业	0.090	0.177	0.416	0.383	0.301	0.383	0.229
29	橡胶和塑料制品业	0.224	0.451	0.745	0.744	0.709	0.769	0.481

行业代码	产业	2005 年	2010 年	2013 年	2014 年	2015 年	2016 年	年度平均值
30	非金属矿物制品业	0. 358	0. 574	0. 724	0. 731	0. 797	0. 845	0. 565
31	黑色金属冶炼和压延加工业	0. 125	0. 264	0. 488	0. 518	0. 838	0. 833	0. 367
32	有色金属冶炼和压延加工业	0. 221	0. 327	0. 482	0. 503	0. 805	0. 831	0. 417
33	金属制品业	0. 553	0. 567	0. 768	0. 776	0. 758	0. 817	0. 618
34	通用设备制造业	0. 422	0. 639	0. 894	0. 902	0. 888	0. 908	0. 667
35	专用设备制造业	0. 365	0. 590	0. 898	0. 906	0. 877	0. 896	0. 644
36	交通运输设备制造业	0. 464	0. 687	0. 882	0. 895	0. 934	0. 948	0. 714
38	电气机械和器材制造业	0. 675	0. 798	0. 922	0. 929	0. 940	0. 950	0. 793
39	计算机、通信和其他电子设备制造业	0. 586	0. 829	0. 912	0. 915	0. 936	0. 950	0. 807
40	仪器仪表制造业	0. 253	0. 625	0. 816	0. 828	0. 548	0. 595	0. 554
41	其他制造业	0. 330	0. 591	0. 539	0. 576	0. 249	0. 319	0. 470
44	电力、热力生产和供应业	0. 141	0. 548	0. 853	0. 870	0. 914	0. 903	0. 532
45	燃气生产和供应业	0. 206	0. 083	0. 129	0. 229	0. 179	0. 137	0. 157
46	水的生产和供应业	0. 184	0. 129	0. 299	0. 308	0. 176	0. 214	0. 184
	行业平均值	0. 270	0. 410	0. 583	0. 593	0. 585	0. 606	0. 583

资料来源：笔者根据 Frontier Version4. 1 软件计算结果整理。

②变量的描述性统计。表 5 - 13 表示面板数据中各变量的描述性统计，包括平均值、标准差、最小值和最大值。专利申请量相对值（ln-$Patent_{it,all}$）的平均值为 7. 721，标准差为 1. 967，最小值和最大值相差很大，中位数为 0. 079。有效发明专利与专利申请量相吻合。研发方面的指标：研发投入（$lnRD_{it,K}$）平均值为 3. 762，标准差为 1. 845，最小值为 - 2. 303，最大值为 7. 502，中位数为 0. 039，25% 位数为 0. 026 且 75% 位数为 0. 051；研发人员全时当量（$lnRD_{it,L}$）平均值为 9. 708，标

准差为 1.622，最小值 4.729，最大值为 12.973。创新效率指标：专利产出效率（$Output_{it,patent}$）平均值为 0.256，标准差为 0.256，最小值 0.028，最大值 0.950。除了这些创新指标外，还有核心解释变量金融发展指标：股票市场发展（$Stock_t$）平均值为 0.568，标准差为 0.255，最小值为 0.173 且最大值为 1.211；信贷市场发展（$Credit_t$）平均值为 2.851，标准差为 0.323，最小值为 2.411，最大值为 3.475；金融综合发展指标（FIN_t）平均值为 3.419，标准差为 0.437，比股票市场和信贷市场大，说明整个金融发展指标稳定性弱一点。行业异质性特征指标：外部融资依赖（$Dependence_i$）和高技术密集程度（$Hightect_i$）除了最小值上正负的差别，其他描述性统计指标均非常接近，平均值分别为 0.461 和 0.535，标准差分别为 0.648 和 0.442，中位数分别为 0.006 和 0.004。

表 5 – 13　　　　　　　　　各变量的描述性统计

变量名	变量符号	总数	平均值	标准差	最小值	最大值	25%	中位数	75%
专利申请量	$\ln Patent_{it,all}$	432	7.721	1.967	1.792	11.685	0.065	0.079	0.092
有效发明专利	$\ln Patent_{it,eff}$	432	7.082	1.977	1.792	12.334	0.058	0.071	0.084
研发投入	$\ln RD_{it,K}$	432	3.762	1.845	-2.303	7.502	0.026	0.039	0.051
R&D 人员全时当量	$\ln RD_{it,L}$	432	9.708	1.622	4.729	12.973	0.085	0.099	0.109
研发项目数	$\ln RD_{it,n}$	432	7.607	1.608	3.135	10.643	0.064	0.077	0.088
专利产出效率	$Output_{it,patent}$	432	0.435	0.256	0.028	0.950	0.002	0.004	0.006
股票市场发展	$Stock_t$	432	0.568	0.255	0.173	1.211	0.004	0.005	0.007
信贷市场发展	$Credit_t$	432	2.851	0.323	2.411	3.475	0.027	0.029	0.030
金融综合发展指标	FIN_t	432	3.419	0.437	2.746	4.162	0.031	0.035	0.036
工业增加值占比	Add_{it}	432	0.304	0.169	0.083	1.486	0.002	0.003	0.003
出口交货值占比	$Export_{it}$	432	0.120	0.143	0.000	0.670	0.000	0.001	0.002

续表

变量名	变量符号	总数	平均值	标准差	最小值	最大值	25%	中位数	75%
外部融资依赖程度	$Dependence_i$	432	0.461	0.648	-3.899	1.601	0.004	0.006	0.007
高技术密集程度	$Hightect_i$	432	0.535	0.442	0.008	2.070	0.002	0.004	0.008

资料来源：笔者根据 stata15 计算结果整理。

5.2.4　模型设定

同前面理论部分讨论的一样，想要分析金融市场发展对技术创新的因果关系分析比较复杂。在开创性分析中，拉加恩和辛格尔（Rajan and Zingales，1998）就提出了固定效应模型方法，研究开发更好的金融市场是否会导致高度依赖外部融资的行业的更高经济增长。受他们工作启发，将数据从截面扩展到面板数据结构进行分析，为了考察股票市场和信贷市场发展对不同外部融资依赖程度和不同高技术密集程度行业的技术创新的影响，构建模型（5-31）：

$$Innovation_{i,t+1} = \lambda_0 + \lambda_1(stock_{i,t} \times Industry_i) + \lambda_2(credit_{i,t} \times Industry_i)$$
$$+ \lambda_3 Add_{i,t} + \lambda_4 Export_{i,t} + \mu_i + \varepsilon_{i,t+1} \tag{5-31}$$

其中，$Innovation_{i,t+1}$ 表示行业 i 在 $t+1$ 创新指标（$\ln RD_{it,K}$，$\ln RD_{it,L}$，$\ln RD_{it,n}$，$\ln Patent_{it,all}$，$\ln Patent_{it,eff}$，$Output_{it,patent}$）；$Industry_i$ 表示行业特征指标（$Dependence_i$、$Hightect_i$）；$Add_{i,t}$ 指行业工业增加值占工业总产值的比重；$Export_{it}$ 指行业出口交货值占工业总产值的比重；μ_i 表示行业固定效应，即包含控制变量的所有行业变动。通过引入交互项可以解决部分遗漏变量的问题。在回归时重点关注 λ_1 和 λ_2 的符号和显著性，如果 λ_1 和 λ_2 是正数且是显著的，则表明股票市场发展和信贷市场发展对高度依赖于外部融资以及技术密集程度更高的行业产生积极显著的影响；反之，若 λ_1 和 λ_2 是负数且是显著的，则表明股票市场与信贷市场发展对高度依赖于外部融资以及技术密集程度更高的行业产生消极显著的影响。

除了考察股票市场和信贷试产发展对技术创新各自的影响外，还研究了整体金融市场指标对技术创新的影响。具体而言，如模型（5-32）所示：

$$Innovation_{i,t+1} = \gamma_0 + \gamma_1(FIN_{i,t} \times Industry_i) + \gamma_2 Add_{i,t} + \gamma_3 Export_{i,t} + \mu_i + \varepsilon_{i,t+1}$$

$$(5-32)$$

主要考察金融发展和行业特征指标的交叉项 γ_1 的符号，如果 $\gamma_1 > 0$ 为正数表明整体金融市场发展对外部融资依赖性行业和高技术密集型行业的创新存在积极影响；反之若为负数，即 $\gamma_1 < 0$ 表明整体金融市场发展对外部融资依赖性行业和高技术密集型行业的创新存在消极影响。

5.2.5　模型回归分析和实证结果

对于模型（5-31）和模型（5-32）的回归，主要关注系数 λ_1、λ_2 以及 γ_1 的符号和显著性水平。表5-14和表5-15分别分析金融发展对外部融资依赖的行业和高技术密集型行业的技术创新的影响。

（1）金融发展对外部融资依赖行业的技术创新影响

根据模型（5-31）考察金融发展对依赖于外部融资依赖的行业技术创新的影响，即将外部融资依赖作为控制变量，具体结果详见表5-14。

表5-14　　　金融发展对外部融资约束行业的技术创新影响

被解释变量	$FIN_i \times$ $Dependence_i$	$Stock_i \times$ $Dependence_i$	$Credit_i \times$ $Dependence_i$	Add_{it}	$Export_{it}$	常数项	样本数	R^2
技术创新产出能力（$\ln Patent_{it,all}$）	0.295 *** (0.046)			-2.618 *** (0.424)	-10.25 *** (0.721)	9.273 *** (0.178)	432	0.458
		0.491 *** (0.162)		-2.218 *** (0.434)	-11.28 *** (0.724)	9.618 *** (0.173)	432	0.415
			0.389 *** (0.0568)	-2.676 *** (0.422)	-10.06 *** (0.721)	9.218 *** (0.178)	432	0.465

续表

被解释变量	$FIN_t \times$ $Dependence_i$	$Stock_t \times$ $Dependence_i$	$Credit_t \times$ $Dependence_i$	Add_{it}	$Export_{it}$	常数项	样本数	R^2
技术创新产出能力（$\ln Patent_{it,all}$）			0.419 *** (0.0684)	- 2.679 *** (0.422)	- 10.03 *** (0.723)	9.213 *** (0.178)	432	0.466
	0.354 *** (0.050)			- 2.000 *** (0.428)	- 10.04 *** (0.725)	8.326 *** (0.182)	432	0.409
		0.708 *** (0.182)		- 1.556 *** (0.488)	- 11.20 *** (0.814)	8.712 *** (0.194)	432	0.363
			0.451 *** (0.0641)	- 2.046 *** (0.476)	- 9.867 *** - 0.814	8.282 *** (0.201)	432	0.413
		0.0339 (0.211)	0.444 *** (0.0773)	- 2.045 *** (0.477)	- 9.874 *** (0.816)	8.283 *** (0.201)	432	0.413
技术创新投入（$\ln RD_{it,K}$）	0.270 *** (0.047)			- 2.085 *** (0.425)	- 9.100 *** (0.722)	5.053 *** (0.179)	432	0.515
		0.517 *** (0.129)		- 1.738 *** (0.347)	- 10.00 *** (0.579)	5.354 *** (0.138)	432	0.469
			0.348 *** (0.0451)	- 2.124 *** (0.335)	- 8.957 *** (0.573)	5.015 *** (0.141)	432	0.520
		- 0.0160 (0.148)	0.351 *** (0.0544)	- 2.124 *** (0.335)	- 8.953 *** (0.574)	5.014 *** (0.142)	432	0.520
	0.164 *** (0.048)			- 1.459 *** (0.426)	- 7.276 *** (0.723)	10.76 *** (0.180)	432	0.571
		0.270 *** (0.0868)		- 1.235 *** (0.233)	- 7.851 *** (0.389)	10.95 *** (0.0928)	432	0.534
			0.217 *** (0.0304)	- 1.492 *** (0.225)	- 7.166 *** (0.385)	10.73 *** (0.0951)	432	0.578
		- 0.0868 (0.0996)	0.235 *** (0.0366)	- 1.494 *** (0.226)	- 7.148 *** (0.386)	10.73 *** (0.0952)	432	0.578
	0.175 *** (0.049)			- 1.680 *** (0.427)	- 8.120 *** (0.724)	8.810 *** (0.181)	432	0.573
		0.301 *** (0.0956)		- 1.445 *** (0.257)	- 8.726 *** (0.428)	9.013 *** (0.102)	432	0.539

153

续表

被解释变量	$FIN_t \times$ $Dependence_i$	$Stock_t \times$ $Dependence_i$	$Credit_t \times$ $Dependence_i$	Add_{it}	$Export_{it}$	常数项	样本数	R^2
技术创新投入 ($\ln RD_{it,K}$)			0.230 *** (0.0336)	− 1.713 *** (0.250)	− 8.009 *** (0.427)	8.779 *** (0.105)	432	0.578
		− 0.0710 (0.110)	0.245 *** (0.0405)	− 1.714 *** (0.250)	− 7.994 *** (0.428)	8.777 *** (0.105)	432	0.579
技术创新效率 ($Output_{it,patent}$)	0.0351 *** (0.051)			− 0.375 *** (0.429)	− 1.230 *** (0.726)	0.641 *** (0.183)	432	0.274
		0.0573 ** (0.0288)		− 0.327 *** (0.0774)	− 1.353 *** (0.129)	0.682 *** (0.0308)	432	0.249
			0.0465 *** (0.0104)	− 0.382 *** (0.0771)	− 1.206 *** (0.132)	0.634 *** (0.0325)	432	0.278
	− 0.0194 (0.0341)		0.0505 *** (0.0125)	− 0.383 *** (0.0772)	− 1.202 *** (0.132)	0.633 *** (0.0326)	432	0.279

注:(1)括号里的数值为稳健性标准误;(2)***、**、* 分别代表1%、5%和10%的显著性水平。

第一,当技术创新能力指标(专利申请量的对数($\ln Patent_{it,all}$)和有效发明专利($\ln Patent_{it,effl}$)作为被解释变量时:从整体金融市场发展而言,交互项 $FIN_t \times Dependence_i$ 前面的系数显著为正,说明整个金融市场而言对更依赖于外部融资的行业的技术创新更有利,即金融发展能促进行业的创新,且针对外部融资的依赖性较大的行业,金融发展促进行业的技术创新的作用更大;从股票市场来看,交互项($Stock_t \times Dependence_i$)的系数显著为正数,意味着股票市场发展对更依赖于外部融资行业的技术创新存在有利的影响,外部融资的依赖性越大,股票市场发展对行业技术创新的积极作用更明显;从信贷市场发展来看,信贷市场发展主要就是银行市场信贷业务的发展,交互项($Credit_t \times Dependence_i$)的系数显著为正,同样信贷市场发展对外部融资依赖性行业的技术创新有正向积极作用;当模型中引入两个金融子市场和外部融资依赖特征指标的交叉项时，结果并不是很理想，股票市场交互项表现不显著，因此模型中单独考虑金融子市场的交互项，结果更理想，更符合经济事实；比较股票市场发展交互项（$Stock_t \times Dependence_i$）和信贷市场发展交互项（$Credit_t \times Dependence_i$）的系数，可以发现股票市场发展带动外部融资依赖性行业技术创新能力增长的程度高于信贷市场。以 $\ln Patent_{it,all}$ 为例，对于平均外部融资依赖程度水平（0.461）的行业，股票市场发展水平位于 75% 位数比位于 25% 位数对其的专利申请数相对值的促进作用大 0.068%（计算方法为 $0.491 \times 0.461 \times (0.007 - 0.004)$），债券市场发展水平位于 75% 位数比位于 25% 位数对其的专利申请数相对值的促进作用大 0.054%（计算方法为 $0.389 \times 0.461 \times (0.030 - 0.027)$），相比之下，信贷市场的效应比股票市场的效应减少了 0.014%，这也验证了假设 1 和假设 2：股票市场的发展对更依赖于外部融资的行业的技术创新有较大的积极作用；信贷市场的发展对外部融资依赖性行业的技术创新相对较小。

第二，当技术创新投入指标（$\ln RD_{it,K}$，$\ln RD_{it,L}$，$\ln RD_{it,n}$）作为被解释变量时：对整个金融市场而言，交互项 $FIN_t \times Dependence_i$ 的系数显著为正，金融发展对外部融资依赖的行业的技术创新有积极作用；以被解释变量 $\ln RD_{it,K}$ 为例，对于平均外部融资依赖程度水平（0.461）的行业，整个金融市场发展水平位于 75% 位数比位于 25% 位数对其的专利申请数相对值的促进作用大 0.062%（计算方法为 $0.270 \times 0.461 \times (0.036 - 0.031)$）；单一的股票市场和信贷市场发展对更依赖于外部融资行业的技术创新均有促进作用，这个结论和蔡卫星（2019）得出的结论一致；如果将股票市场交互项和信贷市场各自与外部融资依赖特征指标的交互项都考虑到模型中，结果也不是很理想，单独考虑更符合模型预期；比较股票市场发展交互项和信贷市场发展交互项的系数，可以发现股票市场发展带动外部融资依赖性行业技术创新能力增长的程度要高于信贷市场；以 $\ln RD_{it,L}$ 为例，对于平均外部融资依赖程度水平（0.461）的行业，股票市场的效应（计算方法为 $0.27 \times 0.461 \times (0.007 - 0.004)$）比信贷市场的效应（计算方法为 $0.217 \times 0.461 \times (0.030 - 0.027)$）大 0.007%。

第三，以技术创新综合指标（专利产出效率 $Output_{it,patent}$）作为被解释变量时，结果同上面以技术创新投入指标和技术创新能力指标作为被解释变量一样：整个金融市场、单一的股票市场发展和单一的债券市场发展对外部融资依赖性行业的创新更有利；比较股票市场发展交互项和信贷市场发展交互项的系数，分别为 0.0573 和 0.0465，可以发现股票市场发展带动依赖于外部融资的行业创新能力增长的程度更高，信贷市场发展相比之下对外部融资依赖性行业的创新的影响并不是很大；对于平均外部融资依赖程度水平（0.461）的行业，股票市场的效应（计算方法为 $0.573 \times 0.461 \times (0.007 - 0.004)$）比信贷市场的效应（计算方法为 $0.0465 \times 0.461 \times (0.030 - 0.027)$）大 0.0149%。

（2）金融发展对高技术密集型行业的技术创新影响

根据模型（5-32）分析金融发展对高技术密集型行业的技术创新的作用。这里以行业的高技术密集性程度作为控制变量，如表5-15所示。

表5-15　　　金融发展对高技术密集型行业技术创新的影响

被解释变量	$FIN_t \times Hightect_i$	$Stock_t \times Hightect_i$	$Credit_t \times Hightect_i$	Add_{it}	$Export_{it}$	常数项	样本数	R^2
技术创新产出能力（$\ln Patent_{it,all}$）	0.613*** (0.0505)			-2.275*** (0.373)	-6.311*** (0.756)	8.020*** (0.203)	432	0.565
		1.484*** (0.228)		-2.291*** (0.416)	-9.747*** (0.745)	9.129*** (0.187)	432	0.460
			0.751*** (0.060)	-2.210*** (0.369)	-6.048*** (0.757)	7.940*** (0.203)	432	0.572
	-0.0288 (0.252)	0.756*** (0.075)		-2.206*** (0.371)	-6.046*** (0.758)	7.940*** (0.204)	432	0.572
	0.881*** (0.0502)			-1.638*** (0.370)	-4.058*** -0.751	6.414*** (0.202)	432	0.629
		2.245*** (0.247)		-1.677*** (0.451)	-8.864*** (0.807)	7.964*** (0.203)	432	0.453

续表

被解释变量	$FIN_i \times$ $Hightect_i$	$Stock_i \times$ $Hightect_i$	$Credit_i \times$ $Hightect_i$	Add_{it}	$Export_{it}$	常数项	样本数	R^2
技术创新产出能力（$\ln Patent_{it,all}$）			1.070*** (0.06)	−1.542*** (0.366)	−3.751*** (0.750)	6.323*** (0.202)	432	0.637
		0.159 (0.250)	1.042*** (0.074)	−1.560*** (0.368)	−3.760*** (0.751)	6.325*** (0.202)	432	0.637
技术创新投入（$\ln RD_{it,K}$）	0.523*** (0.0397)			−1.758*** (0.293)	−5.817*** (0.595)	4.012*** (0.160)	432	0.616
		1.372*** (0.181)		−1.277*** (0.223)	−6.994*** (0.398)	10.68*** (0.1000)	432	0.572
			0.632*** (0.048)	−1.700*** (0.292)	−5.660*** (0.598)	3.966*** (0.161)	432	0.619
		0.165 (0.199)	0.603*** (0.059)	−1.719*** (0.293)	−5.669*** (0.598)	3.968*** (0.161)	432	0.620
	0.329*** (0.027)			−1.264*** (0.200)	−5.190*** (0.406)	10.10*** (0.109)	432	0.652
		0.827*** (0.122)		−1.277*** (0.223)	−6.994*** (0.398)	10.68*** (0.100)	432	0.572
			0.400*** (0.032)	−1.228*** (0.199)	−5.069*** (0.408)	10.06*** (0.110)	432	0.656
		0.0413 (0.136)	0.393*** (0.040)	−1.233*** (0.200)	−5.071*** (0.408)	10.06*** (0.110)	432	0.656
	0.363*** (0.03)			−1.476*** (0.220)	−5.785*** (0.447)	8.068*** (0.120)	432	0.657
		0.851*** (0.136)		−1.481*** (0.247)	−7.857*** (0.442)	8.737*** (0.111)	432	0.571
			0.448*** (0.0354)	−1.438*** (0.218)	−5.611*** (0.446)	8.015*** (0.120)	432	0.664
		−0.0684 (0.149)	0.460*** (0.0440)	−1.430*** (0.219)	−5.607*** (0.447)	8.014*** (0.120)	432	0.664

续表

被解释变量	$FIN_t \times Hightect_i$	$Stock_t \times Hightect_i$	$Credit_t \times Hightect_i$	Add_{it}	$Export_{it}$	常数项	样本数	R^2
技术创新效率 ($Output_{it,patent}$)	0.107*** (0.009)			-0.346*** (0.066)	-0.469*** (0.135)	0.396*** (0.036)	432	0.442
		0.231*** (0.041)		-0.344*** (0.0746)	-1.103*** (0.134)	0.601*** (0.034)	432	0.298
			0.134*** (0.0106)	-0.335*** (0.0653)	-0.405*** (0.134)	0.376*** (0.036)	432	0.459
	-0.0551 (0.045)	0.143*** (0.013)		-0.328*** (0.066)	-0.402*** (0.134)	0.376*** (0.036)	432	0.461

注：（1）括号里的数值为稳健性标准误；（2）***、**、*分别代表1%、5%和10%的显著性水平。

第一，以技术创新能力指标（$\ln Patent_{it,all}$和$\ln Patent_{it,eff}$）作为被解释变量：对于整体金融市场，交互项$FIN_t \times Hightect_i$前面的系数显著为正，说明整个金融市场发展而言对高技术密集型行业的技术创新更有利；对于股票市场，交互项$Stock_t \times Hightect_i$的系数显著为正，意味着股票市场发展对高技术密集型行业的技术创新存在有利的影响，即高技术密集程度越高，股票市场发展对其行业技术创新的积极作用更明显；信贷市场发展主要就是银行市场信贷业务的发展，交互项$Credit_t \times Hightect_i$的系数显著为正，同样信贷市场发展对高技术密集型行业的技术创新有正向积极作用；当模型中引入两个金融子市场和高技术密集特征指标的交叉项时，结果并不是很理想，股票市场交互项表现不显著，因此模型中单独考虑金融子市场的交互项，结果更理想，更符合经济事实；比较股票市场发展交互项（$Stock_t \times Hightect_i$）和信贷市场发展交互项（$Credit_t \times Hightect_i$）的系数，可以发现股票市场发展带动高技术密集型行业的技术创新能力增长的程度高于信贷市场。以$\ln Patent_{it,all}$为例，平均高技术密集程度（0.535）的行业而言，股票市场发展水平位于75%位数比位于25%位数对其行业的专利申请数相对值的促进作用大0.238%（计算

方法为 $1.484 \times 0.535 \times (0.007 - 0.004)$)，债券市场发展水平位于 75% 位数比位于 25% 位数对其行业的专利申请数相对值的促进作用大 0.121%（计算方法为 $0.751 \times 0.535 \times (0.030 - 0.027)$），相比之下，信贷市场的效应比股票市场的效应减少了 0.117%，这也验证了假设 1 和假设 2：股票市场的发展对高技术密集型行业的技术创新有较大的积极作用；信贷市场的发展对高技术密集型行业的技术创新影响相对较小。

第二，技术创新投入指标（$\ln RD_{it,K}$，$\ln RD_{it,L}$，$\ln RD_{it,n}$）作为被解释变量时：整个金融市场与高技术密集型指标 $FIN_t \times Hightect_i$ 的系数显著为正，金融发展对高技术密集型行业的技术创新有积极作用；以 $\ln RD_{it,K}$ 被解释变量为例，对于平均高技术密集程度（0.535）的行业，整个金融市场发展水平位于 75% 位数比位于 25% 位数对其的专利申请数相对值的促进作用大 0.140%（计算方法为 $0.523 \times 0.535 \times (0.036 - 0.031)$）；单一的股票市场和信贷市场发展对高技术密集型行业的技术创新均有促进作用；如果将股票市场交互项和信贷市场交互项都考虑到模型中，结果也不是很理想，单独考虑更符合模型预期；比较股票市场发展交互项和信贷市场发展交互项的系数，可以发现股票市场发展带动高技术密集型行业技术创新能力增长的程度高于信贷市场；以 $\ln RD_{it,n}$ 为例，对于平均高技术密集程度（0.535）的行业，股票市场的效应（计算方法为 $0.851 \times 0.535 \times (0.007 - 0.004)$）比信贷市场的效应（计算方法为 $0.448 \times 0.535 \times (0.030 - 0.027)$）大 0.065%。总而言之，股票市场的发展对高技术密集型行业的技术创新有较大的积极作用，信贷市场的发展对高技术密集型行业的技术创新相对较小。

第三，以技术创新综合指标（$Output_{it,patent}$）作为被解释变量时，结果同上面以技术创新投入指标和技术创新能力指标作为被解释变量一样：整个金融市场、单一的股票市场和单一的债券市场对高技术密集型行业的技术创新更有利；比较股票市场发展交互项和信贷市场发展交互项的系数，分别为 0.231 和 0.134，可以发现股票市场发展带动高技术密集型行业技术创新能力增长的程度更高，信贷市场发展相比之下对高技术密集型行业的技术创新的影响并不是很大；对于平均高技术密集程度（0.535）的行业，股票市场的效应（计算方法为 0.231×0.535×(0.007−0.004)）比信贷市场的效应（计算方法为 0.134×0.535×(0.030−0.027)）大 0.0156%。

5.2.6　稳健性检验与进一步分析

这一部分将检查模型估计的稳健性。这里选用两种方法进行稳健性检验：更换检验方法和更换变量指标。首先，这里更换检验方法主要考虑样本数量比较小，并且解释变量较少，会存在遗漏变量的问题，为解决这个问题，这里选择系统 GMM 方法和两阶段最小二乘法（2SLS法）。其次，更换变量指标可以分为更换被解释变量和更换解释变量，被解释变量创新产出指标替换成复旦大学的行业技术创新力指数；解释变量将行业外部融资依赖用行业的长期负债除以行业的固定资产来替代原来的指标，行业高技术密集程度采用构建横截面数据，用主营业务收入与 R&D 研发投入的回归系数来替代。

（1）检验方法的稳健性检验

为了解决模型中可能存在的遗漏变量的内生性问题，这里采用能够解决内生性问题，选取系统 GMM 和两阶段最小二乘法（2SLS 法）进行稳健性检验，结果如表 5 − 16 所示。

表 5 − 16　　　金融发展对外部融资约束行业的技术创新影响
（更换检验方法—系统 GMM）

被解释变量	被解释变量滞后一期	$FIN_t \times Dependence_i$	$Stock_t \times Dependence_i$	$Credit_t \times Dependence_i$	Add_{it}	$Export_{it}$	常数项
技术创新产出能力（$\ln Patent_{it,all}$）	0.864*** (0.004)	0.0341*** (0.004)			−0.752*** (0.049)	−1.108*** (0.173)	1.705*** (0.05)
	0.861*** (0.004)		0.170*** (0.013)		−0.757*** (0.062)	−0.988*** (0.127)	1.701*** (0.043)

续表

被解释变量	被解释变量滞后一期	$FIN_t \times Dependence_i$	$Stock_t \times Dependence_i$	$Credit_t \times Dependence_i$	Add_{it}	$Export_{it}$	常数项
技术创新产出能力（$\ln Patent_{it,all}$）	0.861*** (0.005)			0.0252*** (0.003)	-0.806*** (0.056)	-1.134*** (0.159)	1.719*** (0.051)
	0.856*** (0.005)		0.201*** (0.007)	0.0252*** (0.005)	-0.772*** (0.059)	-0.921*** (0.143)	1.706*** (0.048)
	0.956*** (0.003)	-0.0107*** (0.003)			0.222*** (0.047)	-0.914*** (0.094)	0.651*** (0.029)
	0.963*** (0.003)		0.144*** (0.016)		0.288*** (0.052)	-0.673*** (0.093)	0.582*** (0.022)
	0.948*** (0.003)			0.0125** (0.005)	0.172*** (0.0488)	-0.851*** (0.113)	0.689*** (0.020)
	0.949*** (0.006)		0.231*** (0.029)	0.0715*** (0.01)	0.228*** (0.071)	-0.464*** (0.129)	0.605*** (0.037)
技术创新投入（$\ln RD_{it,K}$）	0.912*** (0.003)	-0.0201*** (0.003)			-0.262*** (0.0183)	-0.703*** (0.053)	0.740*** (0.014)
	0.907*** (0.004)		0.068*** (0.005)		-0.252*** (0.015)	-0.594*** (0.044)	0.728*** (0.018)
	0.911*** (0.004)			0.021*** (0.004)	-0.269*** (0.021)	-0.729*** (0.059)	0.740*** (0.016)
	0.911*** (0.005)		0.066*** (0.008)	0.002 (0.006)	-0.258*** (0.021)	-0.591*** (0.063)	0.719*** (0.022)
	0.850*** (0.004)	-0.042*** (0.004)			-0.460*** (0.0435)	-1.459*** (0.081)	1.959*** (0.050)
	0.838*** (0.003)		0.119*** (0.009)		-0.457*** (0.0607)	-1.292*** (0.0920)	2.024*** (0.039)
	0.850*** (0.005)			0.0491*** (0.005)	-0.460*** (0.035)	-1.476*** (0.077)	1.966*** (0.047)
	0.845*** (0.005)		0.081*** (0.004)	0.025*** (0.008)	-0.465*** (0.0428)	-1.421*** (0.0890)	1.991*** (0.0436)
	0.880*** (0.008)	-0.019** (0.008)			-0.255*** (0.062)	-1.711*** (0.049)	1.356*** (0.062)

被解释变量	被解释变量滞后一期	$FIN_t \times Dependence_i$	$Stock_t \times Dependence_i$	$Credit_t \times Dependence_i$	Add_{it}	$Export_{it}$	常数项
技术创新投入 ($\ln RD_{it,K}$)	0.877*** (0.007)		0.087*** (0.019)		−0.211*** (0.057)	−1.637*** (0.069)	1.356*** (0.065)
	0.878*** (0.007)			0.018** (0.008)	−0.267*** (0.044)	−1.708*** (0.062)	1.366*** (0.055)
	0.875*** (0.009)		0.082*** (0.020)	0.0002 (0.010)	−0.220*** (0.0791)	−1.656*** (0.064)	1.373*** (0.073)
技术创新效率 ($Output_{it,patent}$)	0.894*** (0.011)	0.00151 (0.001)			−0.115*** (0.0312)	−0.181*** (0.043)	0.127*** (0.016)
	0.888*** (0.013)		0.011*** (0.004)		−0.088*** (0.032)	−0.198*** (0.038)	0.129*** (0.0175)
	0.889*** (0.010)			0.006** (0.002)	−0.125*** (0.030)	−0.173*** (0.037)	0.125*** (0.0149)
	0.869*** (0.016)		−0.028*** (0.004)	0.011*** (0.003)	−0.112*** (0.033)	−0.222*** (0.060)	0.135*** (0.0191)

注：（1）括号里的数值稳健性标准误；（2）***、**、*分别代表1%、5%和10%的显著性水平。

表5－16和表5－17是运用系统 GMM 方法估计的结果。比较表5－16和表5－14的结果可以看出，除了滞后变量和控制变量的符号有些许的不同，但是核心解释变量（$Stock_t \times Dependence_i$，$Credit_t \times Dependence_i$，$Stock_t \times Hightect_i$，$Credit_t \times Hightect_i$）的符号和前面用固定效估计方法的结果符号相似：股票市场交互项（$Stock_t \times Dependence_i$）的系数大于信贷市场交互项（$Credit_t \times Dependence_i$）的系数；且 $Stock_t \times Hightect_i$ 系数比 $Credit_t \times Hightect_i$ 的系数要大。结果验证了假设1和假设2：股票市场的发展比信贷市场发展对外部融资依赖行业的创新有更大的积极作用；同时也验证了假设3和假设4：股票市场的发展比信贷市场发展对高技术密集型行业的创新有更大的积极作用。

表 5 – 17　　金融发展对高技术密集型行业的技术创新影响

（更换检验方法—系统 GMM）

被解释变量	被解释变量滞后一期	$FIN_t \times Hightect_i$	$Stock_t \times Hightect_i$	$Credit_t \times Hightect_i$	Add_{it}	$Export_{it}$	常数项
技术创新产出能力（$\ln Patent_{it,all}$）	0.805 *** (0.005)	0.0982 *** (0.008)			– 1.033 *** (0.180)	– 0.735 *** (0.119)	1.928 *** (0.069)
	0.858 *** (0.005)		0.179 *** (0.011)		– 0.849 *** (0.064)	– 0.971 *** (0.114)	1.708 *** (0.052)
	0.776 *** (0.006)			0.012 (0.013)	– 1.363 *** (0.090)	– 0.336 ** (0.157)	2.113 *** (0.055)
	0.769 *** (0.004)		0.253 *** (0.015)	0.227 *** (0.016)	– 1.079 *** (0.149)	– 0.333 (0.226)	2.084 *** (0.0309)
	0.785 *** (0.009)	0.250 *** (0.021)			– 0.832 *** (0.183)	– 1.265 *** (0.162)	1.685 *** (0.099)
	0.956 *** (0.002)		0.432 *** (0.023)		0.176 ** (0.075)	– 0.830 *** (0.116)	0.646 *** (0.0241)
	0.709 *** (0.011)			0.028 (0.026)	– 0.761 *** (0.090)	– 0.855 *** (0.155)	1.940 *** (0.08)
	0.700 *** (0.010)		0.467 *** (0.023)	0.191 *** (0.046)	– 0.822 *** (0.218)	– 0.824 *** (0.251)	2.024 *** (0.129)
技术创新投入（$\ln RD_{it,K}$）	0.825 *** (0.004)	0.0811 *** (0.003)			– 0.511 *** (0.037)	– 0.791 *** (0.036)	0.953 *** (0.016)
	0.896 *** (0.003)		0.158 *** (0.007)		– 0.256 *** (0.026)	– 0.810 *** (0.051)	0.768 *** (0.016)
	0.758 *** (0.007)			0.018 *** (0.007)	– 0.717 *** (0.044)	– 0.827 *** (0.037)	1.162 *** (0.026)
	0.794 *** (0.004)		0.152 *** (0.006)	0.058 *** (0.012)	– 0.583 *** (0.021)	– 0.465 *** (0.057)	0.981 *** (0.012)
	0.764 *** (0.005)	0.084 *** (0.005)			– 0.753 *** (0.057)	– 0.750 *** (0.121)	2.571 *** (0.057)
	0.835 *** (0.003)		0.166 *** (0.007)		– 0.481 *** (0.045)	– 1.266 *** (0.086)	2.034 *** (0.035)

被解释变量	被解释变量滞后一期	$FIN_t \times$ $Hightect_i$	$Stock_t \times$ $Hightect_i$	$Credit_t \times$ $Hightect_i$	Add_{it}	$Export_{it}$	常数项
技术创新投入 ($\ln RD_{it,K}$)	0.711*** (0.004)			0.037*** (0.008)	−0.827*** (0.054)	−0.482*** (0.119)	2.967*** (0.036)
	0.703*** (0.004)		0.194*** (0.011)	0.148*** (0.016)	−0.761*** (0.053)	−0.429*** (0.132)	3.018*** (0.033)
	0.778*** (0.007)	0.092*** (0.005)			−0.600*** (0.036)	−1.599*** (0.113)	2.011*** (0.070)
	0.897*** (0.010)		0.204*** (0.006)		−0.0897 (0.070)	−1.551*** (0.074)	1.193*** (0.098)
	0.758*** (0.007)			0.018*** (0.007)	−0.717*** (0.044)	−0.827*** (0.037)	1.162*** (0.026)
	0.688*** (0.012)		0.357*** (0.017)	0.273*** (0.009)	−0.612*** (0.075)	−0.974*** (0.133)	2.467*** (0.099)
技术创新效率 ($Output_{it,patent}$)	0.841*** (0.0132)	0.0109*** (0.00250)			−0.170*** (0.0343)	−0.174*** (0.0570)	0.147*** (0.0198)
	0.910*** (0.011)		0.037*** (0.002)		−0.077** (0.032)	−0.181*** (0.04)	0.119*** (0.016)
	0.774*** (0.011)			0.029*** (0.009)	−0.254*** (0.049)	−0.048 (0.031)	0.148*** (0.0174)
	0.813*** (0.014)		0.0666*** (0.011)	0.035*** (0.003)	−0.134*** (0.048)	−0.096*** (0.030)	2.467*** (0.099)

注：（1）括号里的数值为稳健性标准误；（2）***、**、*分别代表1%、5%和10%的显著性水平。

另一种更换的计量估计方法是两阶段最小二乘法，具体结果见表5–18，总共分为四个子表，表中横行表示六个创新变量指标，竖列表示模型中涉及的核心解释变量和控制变量，在两阶段最小二乘法估计模型中，选择将核心解释变量交叉项设定为内生变量，并将股票市场发展的滞后项 $L. Stock$ 和信贷市场的滞后项 $L. Credit$ 设定为工具变量。

根据表5–18，对比子表A和子表B的估计结果（考察外部融资依赖性行业）。子表 A 是以股票市场发展与行业外部融资依赖的交互项（$Stock_t \times Dependence_i$）为解释变量，以六个创新变量为被解释变量；子表 B 是以信贷市场发展与行业外部融资依赖的交互项（$Credit_t \times Dependence_i$）为解释变量，以不同创新变量为被解释变量。结果比较看：无论创新变量是哪个，股票市场发展交互项（$Stock_t \times Dependence_i$）的系数都比信贷市场发展交互项（$Credit_t \times Dependence_i$）的系数大。以创新能力指标（$\ln Patent_{it,all}$）为例，股票市场交互项系数为 14.17，而债券市场交互项系数为 2.448，说明股票市场的发展对更依赖于外部融资的行业的创新有较大的积极作用，且信贷市场的发展对更依赖于外部融资的行业的创新相对较小。这个跟前面的方法估计的结果相同。

对比子表 C 和子表 D（考察高技术密集型行业）子表 C 是以股票市场发展与高技术密集型行业指标的交互项（$Stock_t \times Hightect_i$）为解释变量，以六个创新变量为被解释变量；子表 D 是以信贷市场发展与高技术密集型行业指标的交互项（$Credit_t \times Hightect_i$）为解释变量，以不同创新变量为被解释变量。结果表明，无论创新变量是哪个，股票市场发展交互项（$Stock_t \times Hightect_i$）的系数都比信贷市场发展交互项（$Credit_t \times Hightect_i$）的系数大。总而言之，股票市场的发展对高技术密集型行业的创新有较大的积极作用，且信贷市场的发展对高技术密集型行业的创新相对较小。验证了同样的结论。可以看出，运用两阶段最小二乘法（2SLS）结果是具备稳健性的。

表 5 - 18　　　　**金融发展对不同特征行业技术创新的影响**

（两阶段最小二乘法 2SLS）

行业分类	变量	$\ln Patent_{it,all}$	$\ln Patent_{it,eff}$	$\ln RD_{it,K}$	$\ln RD_{it,L}$	$\ln RD_{it,n}$	$Output_{it,patent}$
子表 A：外部融资依赖性行业	$Stock_t \times Dependence_i$	14.17 ** (6.020)	16.16 ** (6.726)	10.98 ** (4.750)	7.878 ** (3.475)	8.868 ** (3.902)	2.129 ** (0.897)
	Add_{it}	8.817 * (4.895)	10.29 * (5.469)	6.261 (3.862)	4.495 (2.825)	5.324 * (3.173)	1.343 * (0.729)

行业分类	变量	$\ln Patent_{it,all}$	$\ln Patent_{it,eff}$	$\ln RD_{it,K}$	$\ln RD_{it,L}$	$\ln RD_{it,n}$	$Output_{it,patent}$
子表 A：外部融资依赖性行业	$Export_{it}$	2.327 (2.430)	1.106 (2.715)	−0.112 (1.917)	1.010 (1.402)	0.445 (1.575)	0.451 (0.362)
	常数项	1.009 (3.075)	−0.484 (3.436)	−1.027 (2.427)	6.135 *** (1.775)	3.579 * (1.993)	−0.598 (0.458)
子表 B：外部融资依赖性行业	$Credit_t \times Dependence_i$	2.448 *** (0.703)	2.789 *** (0.780)	1.914 *** (0.568)	1.361 *** (0.419)	1.512 *** (0.463)	0.361 *** (0.103)
	Add_{it}	7.024 ** (2.894)	8.241 ** (3.213)	4.935 ** (2.339)	3.501 ** (1.724)	4.134 ** (1.909)	1.049 ** (0.424)
	$Export_{it}$	3.629 ** (1.756)	2.589 (1.949)	0.898 (1.419)	1.734 * (1.046)	1.258 (1.158)	0.646 ** (0.257)
	常数项	1.997 (1.818)	0.647 (2.018)	−0.305 (1.469)	6.682 *** (1.083)	4.244 *** (1.199)	−0.433 (0.266)
子表 C：高技术密集型行业	$Stock_t \times Hightect_i$	9.166 *** (1.197)	10.44 *** (1.276)	7.172 *** (0.897)	5.097 *** (0.687)	5.656 *** (0.720)	1.348 *** (0.200)
	Add_{it}	−1.515 ** (0.641)	−1.487 ** (0.683)	−1.740 *** (0.480)	−1.247 *** (0.368)	−1.141 *** (0.385)	−0.209 * (0.107)
	$Export_{it}$	−0.162 (0.925)	−1.730 * (0.986)	−2.068 *** (0.693)	−0.374 (0.531)	−1.082 * (0.556)	0.0882 (0.155)
	常数项	5.329 *** (0.434)	4.443 *** (0.463)	2.298 *** (0.325)	8.535 *** (0.249)	6.305 *** (0.261)	0.0590 (0.0726)
子表 D：高技术密集型行业	$Credit_t \times Hightect_i$	1.522 *** (0.137)	1.733 *** (0.139)	1.196 *** (0.111)	0.846 *** (0.0935)	0.934 *** (0.0912)	0.222 *** (0.0237)
	Add_{it}	−1.176 *** (0.453)	−1.101 ** (0.457)	−1.473 *** (0.364)	−1.059 *** (0.308)	−0.935 *** (0.301)	−0.160 ** (0.0781)
	$Export_{it}$	1.057 * (0.601)	−0.340 (0.606)	−1.122 ** (0.483)	0.304 (0.409)	−0.321 (0.399)	0.271 *** (0.104)
	常数项	5.634 *** (0.280)	4.790 *** (0.283)	2.528 *** (0.225)	8.704 *** (0.191)	6.501 *** (0.186)	0.107 *** (0.0483)

注：（1）子表 A、B、C、D 的被解释变量为六个创新变量，子表 A 和子表 B 的估计结果考察的金融发展、外部融资依赖和创新的关系，为了验证假设 1 和假设 2；（2）子表 A 和子表 B 的估计结果考察的金融发展、高技术密集程度和创新的关系，以验证假设 3 和假设 4；（3）括号里的数值为稳健性标准误；（4）***、**、* 分别代表 1%、5% 和 10% 的显著性水平。

（2）替换变量指标的稳健性检验

这里分为替换被解释变量和替换解释变量，被解释变量技术创新产出指标替换成复旦大学产业发展研究中心 2017 年公布的《中国城市和产业创新力报告》[①] 中的产业创新力指数；解释变量将行业外部融资依赖性用行业的长期负债除以行业的固定资产来替代原来的指标；行业高技术密集程度采用构建时间序列数据，用主营业务收入与 R&D 研发投入的回归系数来替代，这里利用回归近五年（$t-4$ 期到 t 时期）的 R&D 研发投入对主营业务收入的系数作为 t 时期的某一行业的高技术密集程度指数。

①替换技术创新产出指标的稳健性检验。《中国城市和产业创新力报告》报告的产业创新指数都是调整到 2011 版的国民经济行业代码（GB4754 – 2011），这里为了和上面样本产业一致，做了一些调整。产业创新指数测算有以下几个特点：第一，报告是基于微观专利数据和新企业注册数据，基于国家知识产权局的专利数据和国家工商总局的企业注册资本数据，从产业这个层面进行测算，为促进产业升级提供依据；第二，报告的创造力指数旨在比较不同产业的创新能力，因此采用创新产出能力专利比 R&D 研发支出这类创新投入更加合理；第三，鉴于不同专利价值之间的差距较大，使用专利数量表示创新能力会存在误差，报告中借鉴"专利更新模型"估计每类专利的平均价值，并在此基础上计算指数。

报告中具体构建产业创新指数的步骤包括：首先，原始专利数据并不直接提供行业信息，但会提供专利的 IPC 号，将专利的 IPC 分类号对应到国民经济行业；其次，运用佩克斯和香克曼（Pakes and Schankerman，1984）的专利更新模型[②]估计每个专利的价值，在此基础上将每个专利

①　寇宗来、刘学悦 . 中国城市和产业创新力报告 2017 ［R］. 复旦大学产业发展研究中心，2017.

②　专利权人的最大化问题：$\max\limits_{T \in [1, 2, \cdots \bar{T}]} P(T) = \sum\limits_{t=1}^{T} (R_{tj} - C_{tj})(1 + i)^{-t}$，这里 T 为专利权人停止缴纳年费时的专利年龄，$\bar{T}$ 是法律规定专利保护的最高期限，i 为贴现率。j 代表专利申请年份。R_{tj} 和 C_{tj} 分别代表专利 j 在时期给专利权人带来的收益与专利权人缴纳的年费。

的价值加总到产业层面，得到产业创新指数（包括二位码产业和四位码产业）。根据统计，从大类产业角度看中国的产业创新力指数分布，2005～2015 年，中国的专利创新主要集中于制造业，占比达到近 90%。按照二位码行业创新力指数分布看（见表 5 – 19），2016 年排名前五的行业有：专用设备制造业（代码 35），化学原料和化学制品制造业（代码 26），计算机、通信和其他设备制造业（代码 39），通用设备制造业仪器（代码 34），仪表制造业（代码 40），和上面用创新指标呈现相似的位次。

表 5 – 19　　　　替换创新变量的检验结果（运用公布的二位码
行业创新力指数）

行业分类	变量	$FIN_t \times$ $Dependence_i$	$Stock_t \times$ $Dependence_i$	$Credit_t \times$ $Dependence_i$	Add_{it}	$Export_{it}$	常数项	R^2
子表 E：外部融资依赖性行业	$\ln Index_{it}$	0.357 *** (0.042)			– 1.255 *** (0.385)	– 9.489 *** (0.655)	3.147 *** (0.161)	0.494
	$\ln Index_{it}$		0.682 *** (0.150)		– 0.797 ** (0.403)	– 10.68 *** (0.673)	3.544 *** (0.161)	0.430
	$\ln Index_{it}$			0.460 *** (0.052)	– 1.308 *** (0.383)	– 9.299 *** (0.655)	3.096 *** (0.162)	0.501
子表 F：高技术密集型行业	$\ln Index_{it}$	0.727 *** (0.042)			– 0.835 *** (0.310)	– 4.846 *** (0.629)	1.672 *** (0.169)	0.660
	$\ln Index_{it}$		1.870 *** (0.206)		– 0.870 ** (0.375)	– 8.789 *** – 8.789 *** (0.168)	2.943 *** (0.168)	0.504
	$\ln Index_{it}$			0.881 *** (0.050)	– 0.756 ** (0.307)	– 4.604 *** (0.629)	1.601 *** (0.169)	0.666

注：（1）子表 E 和子表 F 的估计结果考察的金融发展和创新的关系，子表 E 为了验证假设 1 和假设 2，子表 F 为了验证假设 3 和假设 4；（2）括号里的数值为稳健性标准误；（3）***、**、*分别代表 1%、5% 和 10% 的显著性水平。

表 5 - 19 中子表 E 是以《中国城市和产业创新力报告》公布的产业创新力指数（$\ln Index_{it}$）为被解释变量，以金融发展与行业特征变量指标为解释变量，结果发现：从子表 E 可以看出，整个金融发展市场对外部融资依赖性行业的技术创新有利，包括股票市场发展和债券市场发展。同时，股票市场发展交互项的系数为 0.682，信贷市场发展交互项为 0.460，发现股票市场发展比信贷市场发展对外部融资依赖性行业的技术创新的促进作用更强，验证了假设 1 和假设 2。从子表 F 看，对于高技术密集型行业而言，整个金融市场（包括股票市场和信贷市场）对行业的技术创新能力都有积极的影响；并且 $Stock_t \times Hightect_i$ 的系数比 $Credit_t \times Hightect_i$ 的系数大，说明股票市场对高技术密集性程度更高的行业更有利，估计结果是稳健的。

②替换行业特征指标的稳健性检验。将行业外部融资依赖用行业的长期负债除以行业的固定资产来替代原来的指标，行业高技术密集程度采用构建横截面数据，用主营业务收入与研发投入的回归系数来替代。这里由于篇幅问题，这里只将替换行业高技术密集程度的结果。因为只是涉及金融发展指标与高技术密集的交互项的变化，因此这里解释变量为 $FIN_t \times Hightect_i$、$Stock_t \times Hightect_i$ 和 $Credit_t \times Hightect_i$。

分析表 5 - 20 的结果，发现无论被解释变量技术创新指标用技术创新能力、技术创新投入以及技术创新产出效率中的哪一种，都有两个特点：金融市场整体发展程度的提升，会对高技术密集程度更高的行业的技术创新促进效应较为显著；对比股票市场和信贷市场发展，得到股票市场发展对高技术密集程度更高的行业技术创新促进效应大于信贷市场发展。同样验证了假设 3 和假设 4。综上所述，模型估计的结果是稳健的，假设结论均成立。

表 5 – 20 　　　　　　　替换行业特征指标的检验结果

变量	$FIN_t \times Hightect_i$	$Stock_t \times Hightect_i$	$Credit_t \times Hightect_i$	Add_{it}	$Export_{it}$	常数项	样本数	R^2
被解释变量：技术创新产出能力（$\ln Patent_{it,all}$）	0.443 *** (0.065)			– 1.768 *** (0.415)	– 10.85 *** (0.695)	8.889 *** (0.203)	432	0.465
		0.854 *** (0.260)		– 2.032 *** (0.431)	– 11.44 *** (0.718)	9.495 *** (0.183)	432	0.418
			0.578 *** (0.080)	– 1.701 *** (0.412)	– 10.71 *** (0.691)	8.794 *** (0.205)	432	0.474
	0.568 *** (0.072)			– 0.955 ** (0.462)	– 10.69 *** (0.773)	7.796 *** (0.226)	432	0.429
		1.274 *** (0.291)		– 1.287 *** (0.483)	– 11.43 *** (0.804)	8.523 *** (0.206)	432	0.369
			0.723 *** (0.088)	– 0.881 * (0.459)	– 10.55 *** (0.770)	7.703 *** (0.228)	432	0.437
被解释变量：技术创新投入（$\ln RD_{it,K}$）	0.293 *** (0.053)			– 1.383 *** (0.341)	– 9.828 *** (0.570)	4.917 *** (0.167)	432	0.487
		0.672 *** (0.209)		– 1.553 *** (0.347)	– 10.20 *** (0.579)	5.288 *** (0.148)	432	0.442
			0.371 *** (0.065)	– 1.346 *** (0.340)	– 9.755 *** (0.570)	4.872 *** (0.169)	432	0.490
	0.136 *** (0.036)			– 1.061 *** (0.232)	– 7.787 *** (0.388)	10.76 *** (0.113)	432	0.539
		0.283 ** (0.141)		– 1.142 *** (0.233)	– 7.966 *** (0.389)	10.94 *** (0.099)	432	0.527
			0.175 *** (0.044)	– 1.042 *** (0.232)	– 7.749 *** (0.388)	10.73 *** (0.115)	432	0.541
	0.179 *** (0.040)			– 1.232 *** (0.253)	– 8.609 *** (0.424)	8.743 *** (0.124)	432	0.551
		0.329 ** (0.155)		– 1.340 *** (0.257)	– 8.852 *** (0.428)	8.992 *** (0.109)	432	0.533
			0.236 *** (0.048)	– 1.204 *** (0.253)	– 8.553 *** (0.423)	8.701 *** (0.125)	432	0.555

续表

变量	$FIN_t \times$ $Hightect_i$	$Stock_t \times$ $Hightect_i$	$Credit_t \times$ $Hightect_i$	Add_{it}	$Export_{it}$	常数项	样本数	R^2
被解释变量：技术创新效率（$Output_{it,patent}$）	0.0652 *** (0.012)			− 0.265 *** (0.0745)	− 1.281 *** (0.125)	0.571 *** (0.037)	432	0.297
		0.105 ** (0.046)		− 0.305 *** (0.077)	− 1.371 *** (0.128)	0.666 *** (0.033)	432	0.251
			0.087 *** (0.014)	− 0.254 *** (0.074)	− 1.258 *** (0.125)	0.554 *** (0.037)	432	0.308

注：（1）这里的核心解释变量 $FIN_t \times Hightect_i$、$Stock_t \times Hightect_i$ 和 $Credit_t \times Hightect_i$；（2）括号里的数值为稳健性标准误；（3） *** 、** 、* 分别代表 1%、5% 和 10% 的显著性水平。

5.3　本章小结

　　企业创新活动需要资金的支持，而资金获得性与技术创新投资面临的融资约束密切相关。首先，从理论层面分析金融发展如何通过缓解地区企业研发投入的融资约束，进而提升企业生产率。其次，基于 2009 ～ 2017 年中国沪深两市上市企业数据实证证明此结论。研究发现，地区金融支持可以通过缓解企业投资融资约束，进而推动技术创新；考虑金融支持对融资约束的缓解作用，企业投资行为对生产率具有显著的促进作用。基于产权结构差异分析，金融支持在缓解国有企业和私营企业融资约束进而刺激创新、提升生产率的过程中作用都显著，国有上市企业显著性稍强。基于区域差异估计表明，金融发展通过缓解融资约束促进技术创新的效应在东部最为显著，在西部最弱。

　　除了企业层面能够反映金融发展对技术创新的作用，产业层面亦是如此。第二节基于行业异质性特征分析金融发展对技术创新的效应，为了更好地分析金融子市场职能的不同，分析了股票市场和信贷市场发展对行业技术创新的影响。首先，从理论机制角度分析了金融市场对技术创新的影响过程，并提出假设；其次，构建模型，运用《国民经济行业分类 2017》中的 36 个行业 2005～2015 年的数据进行检验。最后，估计结果发现假设均成立，即股票市场发展对外部融资依赖性的行业的技术创新有较大的积极作用；信贷市场的发展对外部融资依赖性行业的技术创新作用相对较小；股票市场的发展将更有利于促进高技术密集型行业的技术创新；信贷市场的发展不能更好地促进高技术密集型行业的技术创新。综合而言，提出三点建议：第一，不断完善我国金融制度，进一步发挥股票市场为主的资本市场的强大作用；第二，规范信贷市场，加快民间资本的规范化，以加强信贷市场的竞争力，带动整个信贷市场的活力发展；第三，建立多层次的资本市场，以加强金融市场资源的配置效率，使得融资难度下降。另外，还有一点即鼓励行业技术创新，政府机构推进金融支持政策，给行业技术创新提供更好的平台。

第6章

金融结构演化对技术创新的影响

本章将金融体系结构划分为金融内部结构和金融开放结构两个视角进行分析。金融内部结构又可以分为银行业主导的金融结构和市场主导型的金融结构，金融开放结构主要讨论资本账户开放结构。关于金融内部结构和金融开放结构的概念以及本章的研究视角在章节4.2作了详细的介绍。本章重点考察的是金融结构演化对技术创新的影响，具体安排是：章节4.1重点考察金融内部结构对技术创新的影响机制；章节4.2是考察金融开放结构对技术创新的影响，这里从法定规则的金融开放结构和实际情况两个层面分别讨论。

6.1 企业技术创新进程中金融内部结构的边际效应演化

金融发展对国民经济有着重要的作用，不同国家或地区的金融结构（金融中介机构与金融市场的相对比重）存在明显差异。卡林顿和爱德华兹（Carrington and Edwards，1979）将存在金融结构差异的国家分为"银行主导型"金融结构的国家和"市场主导型"金融结构的国家，考察国家之间的差异。艾伦和盖尔（Allen and Gale，1995）指出银行业主要是通过风险较小，时期较短的抵押贷款方式来帮助企业融资，而金融市场则更依赖于无形资产的投入，通过发行创新性较高，风险较高的证券产品来提供融资。典型的"银行主导型"金融结构的国家有中国和日本等；而典型的"市场主导型"金融结构的国家有美国和英国，同样，国内各地区之间也存在这两种模式的金融结构的差异。

相比于银行主导型金融结构，市场主导型金融结构在对技术创新作用时存在以下优势：第一，金融市场流动性高于银行部门，获取信息的效率较高，投资者可以在市场中很容易搜索到企业的信息，有助于获得利益；第二，金融市场同样也可以有效管理企业经营过程以及经济增长过程中的风险；第三，资本市场的竞争相对比较激烈，但是在竞争中更容易获取信息，金融市场可以有效将信息传递给投资者，更有利于企业实现预期的经济效益。

这部分基于简单的技术外生增长模型，构建金融内部结构最优化的分析，在此基础上分析偏离最优金融结构的动态演化路径。

6.1.1 基于简单技术外生增长模型的理论分析

（1）金融结构稳态条件

金融体系在技术创新过程中承担重要作用，直接影响企业在技术创新过程中的资金渠道，作用于分配资金转化产出效率。在建立模型前，提出几点假设：第一，考察的是一个封闭式经济，即暂不考虑对外开放的作用；第二，国内产出要素投入将劳动投入统一化为"1"；第三，经济体是规模报酬不变的，即存在规模经济；第四，资本投入划分为金融部门资本和实体经济部门资本两大部分，金融部门资本按照金融内部结构的差异分为银行业部门资本和证券市场资本。

假设生产函数为式（6-1）：

$$Y = AF(K_{re},\ K_{bank},\ K_{sec})\qquad\qquad(6-1)$$

并且存在一个约束条件为式（6-2）：

$$K_{re} + K_{bank} + K_{sec} = K_{all}\qquad\qquad(6-2)$$

其中，K_{re} 表示实体经济部门资本投入；K_{bank} 表示银行体系资本投入；K_{sec} 表示证券市场资本投入，K_{all} 表示所有资本投入，Y 代表总产出。

由于规模报酬不变的特性，式（6-1）可以变为式（6-3）：

$$F(K_{re},\ K_{bank},\ K_{sec}) = K_{re}F\left(1,\ \frac{K_{bank}}{K_{re}},\ \frac{K_{sec}}{K_{re}}\right)\qquad(6-3)$$

这样进一步可得式（6-4）~ 式（6-7），从式（6-6）看出，当 k_1 和 k_2 保持不变的条件（或者达到最优金融结构水平时），y 和技术水平 A 保持相同的增长率水平。从金融结构不同资本的边际产出看，若 $\partial y/\partial k_1 > \partial y/\partial k_2$ 时，说明银行体系资本的投入带来的边际产出大于资本市场资本的投入带来的边际产出，经济增长更倾向于"银行主导"的金融结构；若 $\partial y/\partial k_1 < \partial y/\partial k$ 时，说明银行体系资本的投入带来的边际产出小于证券市场资本的投入带来的边际产出，经济增长更倾向于"市场主导"的金融结构。

$$Y = K_{re}AF\left(1,\ \frac{K_{bank}}{K_{re}},\ \frac{K_{sec}}{K_{re}}\right)\qquad\qquad(6-4)$$

$$y = \frac{Y}{K_{re}} = AF\left(1,\ \frac{K_{bank}}{K_{re}},\ \frac{K_{sec}}{K_{re}}\right) = Af\left(\frac{K_{bank}}{K_{re}},\ \frac{K_{sec}}{K_{re}}\right)\qquad(6-5)$$

$$\frac{K_{bank}}{K_{re}} = k_1,\ \frac{K_{sec}}{K_{re}} = k_2\qquad\qquad(6-6)$$

$$\Rightarrow y = Af(k_1,\ k_2)\qquad\qquad(6-7)$$

下面进一步考察银行资本投入和金融市场资本投入的稳态，即最优金融结构稳态，具体为式（6-8）和式（6-9）：

$$Y = K_{re}y = K_{re}(Af(k_1,\ k_2))\qquad\qquad(6-8)$$

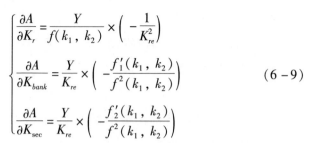

$$\begin{cases} \dfrac{\partial A}{\partial K_r} = \dfrac{Y}{f(k_1, k_2)} \times \left(-\dfrac{1}{K_{re}^2} \right) \\[3mm] \dfrac{\partial A}{\partial K_{bank}} = \dfrac{Y}{K_{re}} \times \left(-\dfrac{f_1'(k_1, k_2)}{f^2(k_1, k_2)} \right) \\[3mm] \dfrac{\partial A}{\partial K_{sec}} = \dfrac{Y}{K_{re}} \times \left(-\dfrac{f_2'(k_1, k_2)}{f^2(k_1, k_2)} \right) \end{cases} \tag{6-9}$$

第一，金融结构资本投入与实体部门经济资本投入比值的变化率，如式（6-10）所示：

$$\begin{cases} \dfrac{\dot{k}_1}{k_1} = \dfrac{\dfrac{(K_{bank}'K_{re} - K_{re}'K_{bank})}{K_{re}^2}}{k_1} = \dfrac{\dfrac{K_{bank}'}{K_{re}} - \dfrac{K_{re}'K_{bank}}{K_{re}^2}}{k_1} = \dfrac{k_1\left(\dfrac{K_{bank}'}{K_{bank}} - \dfrac{K_{re}'}{K_{re}} \right)}{k_1} = \dfrac{K_{bank}'}{K_{bank}} - \dfrac{K_{re}'}{K_{re}} \\[5mm] \dfrac{\dot{k}_2}{k_2} = \dfrac{\dfrac{(K_{sec}'K_{re} - K_{re}'K_{sec})}{K_{re}^2}}{k_2} = \dfrac{\dfrac{K_{sec}'}{K_{re}} - \dfrac{K_{re}'K_{sec}}{K_{re}^2}}{k_2} = \dfrac{k_1\left(\dfrac{K_{sec}'}{K_{sec}} - \dfrac{K_{re}'}{K_{re}} \right)}{k_2} = \dfrac{K_{sec}'}{K_{sec}} - \dfrac{K_{re}'}{K_{re}} \end{cases}$$

$$\tag{6-10}$$

其中，$\dot{k}_1$ 和 $\dot{k}_2$ 分别表示 $\partial y/\partial k_1$ 和 $\partial y/\partial k_2$，即表示金融结构资本投入随时间 t 的变化。

第二，银行业和金融市场的金融结构变化率。

定义金融结构为银行业资本投入与金融市场资本投入的比值，即可得式（6-11）：

$$\frac{\dot{S}}{S} = \frac{\left(\dfrac{\dot{K}_{bank}}{K_{sec}} \right)}{S} = \frac{\dfrac{K_{sec} \times \dot{K}_{bank} - \dot{K}_{sec} \times K_{bank}}{K_{sec}^2}}{S}$$

$$= \frac{S\left(\dfrac{\dot{K}_{bank}}{K_{bank}} - \dfrac{\dot{K}_{sec}}{K_{sec}} \right)}{S} = \frac{\dot{K}_{bank}}{K_{bank}} - \frac{\dot{K}_{sec}}{K_{sec}} \tag{6-11}$$

随后引入式（6-10），将式（6-11）转换成式（6-12）：

$$\frac{\dot{S}}{S} = \frac{\dot{K}_{bank}}{K_{bank}} - \frac{\dot{K}_{sec}}{K_{sec}} = \frac{\dot{k}_1}{k_1} - \frac{\dot{k}_2}{k_2} \tag{6-12}$$

另外，$A = \dfrac{Y}{K_{ra}f(k_1, k_2)}$ $\tag{6-13}$

分别对时间 t 求导数，得式（6-14）：

$$\frac{\dot{A}}{A} = \frac{K_{re} \times f(k_1,\ k_2) \times \dot{Y} - Y \begin{bmatrix} f(k_1,\ k_2) \times \dot{K}_{re} + K_{re} \times f_1'(k_1,\ k_2) \times \\ \dot{k}_1 + K_{re} \times f_2'(k_1,\ k_2) \times \dot{k}_2 \end{bmatrix}}{K_{re} \times f(k_1,\ k_2) \times Y}$$

$$= \frac{\dot{Y}}{Y} - \frac{\dot{K}_{re}}{K_{re}} - \frac{f_1'(k_1,\ k_2) \times k_1 \left(\dfrac{K_{bank}'}{K_{bank}} - \dfrac{K_{re}'}{K_{re}} \right)}{f(k_1,\ k_2)}$$

$$- \frac{f_2'(k_1,\ k_2) \times k_2 \left(\dfrac{K_{sec}'}{K_{sec}} - \dfrac{K_{re}'}{K_{re}} \right)}{f(k_1,\ k_2)} \qquad (6-14)$$

令 $\dfrac{\dot{Y}}{Y} = g$，$\dfrac{\dot{K}_{re}}{K_{re}} = \eta$，$\delta(k_1) = \dfrac{f_1'(k_1,\ k_2) \times k_1}{f(k_1,\ k_2)}$ 表示银行业部门的资本投入的产出弹性；$\delta(k_2) = \dfrac{f_2'(k_1,\ k_2) \times k_2}{f(k_1,\ k_2)}$ 表示金融市场的资本投入的产出弹性，$\delta(k_1)$、$\delta(k_2)$ 均大于 0。

这样式（6-14）变为式（6-15）：

$$\Rightarrow \frac{\dot{A}}{A} = g - \eta - \delta(k_1) \left(\frac{K_{bank}'}{K_{bank}} - \eta \right) - \delta(k_2) \left(\frac{K_{sec}'}{K_{sec}} - \eta \right) \qquad (6-15)$$

当金融结构达到最优稳态时，此时 $\dot{k}_1$ 和 $\dot{k}_2$ 都等于 0，即金融内部结构下的资本投入与实体经济中的资本投入比值的变化率为零，此时式（6-10）两式的左侧均等于零，可得式（6-16）和式（6-17）：

$$\frac{K_{bank}'}{K_{bank}} - \frac{K_{re}'}{K_{re}} = 0 \qquad (6-16)$$

$$\frac{K_{sec}'}{K_{sec}} - \frac{K_{re}'}{K_{re}} = 0 \qquad (6-17)$$

代入式（6-10）中就能得到 k_1^* 和 k_2^* 数稳态水平值。有了这两个条件，根据式（6-14）则存在以下条件如式（6-18）所示：

$$\Rightarrow \frac{\dot{A}}{A} = g - \eta \qquad (6-18)$$

式（6-18）表明当一个国家或地区的金融内部结构处于最优稳态

水平时，一国的技术创新水平会等于经济增长速率与资本增长速率的差额，此时最优金融结构 $S = \dfrac{k_1^*}{k_2^*}$，同时 $\dfrac{\dot{S}}{S} = 0$，可以明显看出，最优金融结构与实体经济的资本投入的增长率无关，只与银行体系与金融市场的资本投入的比值相关。

（2）最优金融结构的动态演化

具体如式（6－19）所示：

$$\dot{k}_1 = \frac{K'_{bank}}{K_{re}} - \frac{K'_{re} K_{bank}}{K_{re}^2} = k_1\left(\frac{K'_{bank}}{K_{bank}} - \frac{K'_{re}}{K_{re}}\right) = k_1\left(\frac{K'_{bank}}{K_{bank}} - \eta\right)$$

$$= k_1\left(\frac{K'_{bank}}{K_{bank}} \times \frac{K_{re}}{Y} \times \frac{Y}{K_{re}} - \eta\right) = \frac{\dot{K}_{bank}}{K_{re}} \times \frac{K'_{bank}}{K_{bank}} \times \frac{K_{re}}{Y} \times \frac{Y}{K_{re}} - k_1\eta = \frac{K'_{bank}}{Y} \times \frac{Y}{K_{re}} - k_1\eta$$

$$= \frac{K'_{bank}}{Y} \times Af(k_1, k_2) - \eta k_1 \qquad (6-19)$$

同理可得式（6－20）：

$$\dot{k}_2 = \frac{K'_{sec}}{K_{re}} - \frac{K'_{re} K_{sec}}{K_{re}^2} = k_2\left(\frac{K'_{sec}}{K_{sec}} - \frac{K'_{re}}{K_{re}}\right) = \frac{K'_{sec}}{Y} \times \frac{Y}{K_{re}} - k_2\eta$$

$$= \frac{K'_{sec}}{Y} \times Af(k_1, k_2) - \eta k_2 \qquad (6-20)$$

当 k_1 和 k_2 都没达到其稳态值时，经济体系会使得金融结构下的资本存量与实体经济部门的资本存量的比值逐步调整到稳态水平值。此时 k_1 和 k_2 的稳态值如式（6－21）和式（6－22）所示：

$$k_1^* = \frac{K'_{bank}}{Y} \times Af(k_1, k_2)/\eta \qquad (6-21)$$

$$k_2^* = \frac{K'_{sec}}{Y} \times Af(k_1, k_2)/\eta \qquad (6-22)$$

由式（6－21）和式（6－22）可知，银行体系和金融市场的资本存量与实体经济体系资本存量的比例的最优解 k_1^* 和 k_2^* 不仅与金融结构的资本存量增量与最终产出的比值有关，还与技术水平 A 有关，以及实体经济体系的资本存量增长率 η 有关。

例如，当 $k_1^1 < k_1^*$，$\dot{k}_1$ 对 k_1 求导得式（6-23）：

$$\dot{k}_1' = \frac{AK_{bank}}{Y}f_1'(k_1, k_1) \qquad (6-23)$$

因 $f_1'(k_1, k_1)$ 单调递减，即可得式（6-24）：

$$\dot{k}_1' = k_1'' = \frac{K_{bank}'}{Y} \times Af_1'(k_1^1, k_2) - \eta > \frac{K_{bank}'}{Y} \times Af_1'(k_1^*, k_2) = 0 \quad (6-24)$$

即式（6-19）的函数在稳态值 k_1^* 左侧是单调递增函数，此时 k_1^1 会不断上升，直到稳态水平 k_1^*；

相反，当 $k_1^2 > k_1^*$，即超过稳态值水平时（银行体系的资本投入占实体经济体系的资本投入的比重大于稳态值水平时），可得式（6-25）：

$$\dot{k}_1' = k_1'' = \frac{K_{bank}'}{Y} \times Af_1'(k_1^2, k_2) - \eta < \frac{K_{bank}'}{Y} \times Af_1'(k_1^*, k_2) = 0 \quad (6-25)$$

即式（6-19）的函数在稳态值 k_1^* 右侧是单调递减函数，此时 k_1^2 将会不断下降，直到达到稳态水平 k_1^*。不管 k_1 处于稳态水平的左侧还是右侧，最终 $\dot{k}_1$ 都会达到最优结构比例。

同理，用相同的思路分析，不管 k_2 处于稳态水平的左侧还是右侧，最终 k_2 都会达到最优结构比例。最优金融结构稳态水平最终会达到稳态水平，可得式（6-26）：

$$S = \frac{k_1^*}{k_2^*} = \frac{K_{bank}'}{K_{sec}'} \qquad (6-26)$$

即最优金融结构稳态水平仅仅取决于银行业资本存量的变化量与金融市场的资本存量变化量的比值，跟实体经济的资本投入增长率 η 没有直接联系。

6.1.2　模型设定和数据来源

（1）模型设定

为了更准确地分析不同金融内部结构对技术创新的动态关系，并根据前面得到的结论式（6-15），并对其求原函数，在满足 $\delta(k_1)$ + $\delta(k_2) = 1$ 条件下，得到式（6-27）：

$$Ln(A) = c + \lambda_1 Ln(Y) - \lambda_2 Ln(K_{re}) - \lambda_3 Ln\left(\frac{K_{bank}}{K_{sec}}\right) \qquad (6-27)$$

根据（6-27）可以构建出以下计量模型如式（6-28）所示：

$$LnA_{ij,t} = \alpha_0 + \alpha_1 LnK_{ij,t} + \alpha_2 LnY_{ij,t} + \alpha_3 LnS_{j,t}$$
$$+ \sum_{i=4}^{n} \alpha_i X_{ij,t} + \gamma_i + \eta_j + \mu_t + \varepsilon_{ij,t} \qquad (6-28)$$

其中，$LnA_{ij,t}$、$LnK_{ij,t}$ 和 $LnY_{ij,t}$ 分别表示 j 地区企业 i 在 t 时期的技术进步率、实体经济资本存量和实际工业总产值增长率，$LnS_{j,t}$ 表示 j 地区所有企业 t 在时期金融结构变化；$X_{ij,t}$ 则是代表模型中所有的控制变量；γ_i、η_j 和 μ_t 描述的是个体、地区和时间效应；$\varepsilon_{ij,t}$ 是随机误差项。本节内容重点描述的是金融内部结构对技术创新的影响，而技术创新是技术进步的手段，也是技术进步的根源，技术进步是各种技术创新积淀形成的结果，因此这里将技术进步变量 LnA 换成技术创新的变量 Ln$Innov$，直接考察技术创新过程中金融内部结构的演化如式（6-29）所示：

$$LnInov_{ij,t} = \beta_0 + \beta_1 LnS_{j,t} + \beta_2 LnK_{ij,t} + \beta_3 LnY_{ij,t}$$
$$+ \sum_{i=4}^{n} \beta_i X_{ij,t} + \gamma_i + \eta_j + \mu_t + \varepsilon_{it} \qquad (6-29)$$

（2）变量说明及数据来源

①变量说明。技术创新用新产品产值来表示。金融结构指标用银行业指标与金融市场指标的比值表示，并采用金融机构贷款总额、股票市场交易额来分别表示银行业指标和金融市场指标，当金融结构指标值越大说明银行业指标越大，更倾向于"银行主导型"金融结构；当金融结构指标值越小说明金融市场指标值越大，更倾向于"市场主导型"金融结构。实体经济资本存量用企业的资本存量来表示，并以 2000 年为基期用 GDP 平减指数进行平减。实际工业总产值也是以 2000 年为基期采用固定资产价格指数进行折算的结果。创新指标新产品产值也是以 2002 年为基期采用固定资产价格指数进行折算。

金融指标是省（区、市）① 的数据，因此是只包含地区和时间两个层面的变量。另外这里选择影响企业技术创新的指标作为控制变量，包括企业利润率（$Profit_{ij,t}$）、企业规模（$Size_{ij,t}$）、企业年龄（$Age_{i,t}$）、资本密集度（$Captio_{ij,t}$）以及企业市场集中度（$Herf_{i,t}$），这里的企业利润率用企业利润总额/主营业务收入来计算，企业规模用企业的资产总额来表示，单位是亿元，企业年龄等于现今年份减去企业成立时间，资本密集度用总资产/销售额来表示；最后关于企业市场集中度用企业销售额赫芬达尔指数进行测度，即 $Herf_{i,t} = \sum_{i \in I_{ind}} \left(\dfrac{total\_sale_{i,t}}{total\_sale_{ind,t}} \right)^2$，其中，$total\_sale_{i,t}$ 是指某企业 i 在时间 t 的工业销售产值，$total\_sale_{ind,t}$ 则是表示企业 i 所属的行业 ind 在时间 t 的工业销售总产值，指数值越大说明市场集中度越高，垄断程度高，若指标值较小，则竞争程度越高。

②数据来源。本节的样本数据主要来自 1998～2007 年《中国工业企业数据库》② （简称工业企业数据库），这个数据库涵盖了全部国有工业企业以及规模以上非国有企业，包含了许多企业层面特有的指标。这里用此数据库来考察金融内部结构对技术创新的影响，更准确地说明理论分析的结论。考虑到工业企业数据库中有部分企业的观测值存在异常情况，按照鲁晓东和连玉君（2012）的处理方法对数据进行处理：第一，剔除了缺乏工业总产值、固定资产净值等指标的企业；第二，剔除了从业人数小于 20 人的企业；第三，国民经济行业分类和代码参照的是《GB/T4754 - 2017》，并且四位行业码也是以 2002 年版为标准。

表 6 - 1 是工业企业样本的描述性统计，主要包括被解释变量、解

---

① 共包含以下 30 个省（区、市），东部地区包括北京、天津、河北、上海、江苏、浙江、福建、山东、广东、海南；中部地区包括山西、内蒙古、辽宁、吉林、黑龙江、安徽、江西、河南、湖北、湖南、广西；西部地区包括重庆、四川、云南、贵州、陕西、甘肃、重庆、青海、宁夏和新疆。

② 《中国工业企业数据库》目前更新到 2014 年，由于 2008 年及以后年份数据在统计口径和统计指标种类上和前面存在较大差异，加之后面年份缺失值较多，因此为确保样本完整性，本书选取 1998～2007 年的工业企业数据进行分析。

释变量和控制变量。

表 6 - 1 变量的描述性统计结果

变量	变量名称	观测值	平均值	标准差	最小值	最大值
被解释变量	$LnInov_{ij,t}$	1 857 924	0.6593	2.429476	-0.6082	18.5786
解释变量	$LnS_{j,t}$	1 857 924	2.7049	1.1398	0.7372	8.0654
	$LnK_{ij,t}$	1 857 924	8.5491	1.6791	-0.5345	18.5460
	$LnY_{ij,t}$	1 857 924	9.9330	1.3428	-0.0139	19.1292
控制变量	$Profit_{ij,t}$	1 857 924	-0.0282	21.0495	-2.8546	119.0000
	$Size_{ij,t}$	1 857 924	8.4124	109.2364	0.0001	56.400
	$Age_{ij,t}$	1 857 924	26.23129	6.74595	15	73
	$Captio_{ij,t}$	1 857 924	2.7273	427.3271	0.0000	56.2275
	$Herf_{i,t}$	1 857 924	0.0029	0.0034	0.0003	0.0458

注：笔者整理。

6.1.3 金融内部结构对技术创新的影响

根据上述模型，进行估计。这里为了探讨技术创新过程中金融内部结构的效应，实证方法包括两方面：第一，采用 OLS、FE 和系统 GMM 等方法进行基准回归进行估计；第二，采用面板分位数回归方法分析在企业不同技术创新阶段金融结构效应的演化进程。

（1）金融内部结构对技术创新的影响——基准回归

这里的基准回归，主要采用 *OLS*、*FE* 和系统 *GMM* 方法进行统计分析，对计量模型的个体效应和时间效应采用了豪斯曼（Hausman）统计检验，结果表明应该采用双固定效应模型，并且控制了行业、年份和地区的固定效应，将标准误在行业和年份层面上进行双向聚类。

表 6 - 2 描述了金融内部结构对技术创新的整体影响。可以看出，在不同估计方法下，我国金融内部结构的指标（$LnS_{j,t}$）前面的系数均

显著为负数，表明金融内部结构与企业技术创新是反向变动趋势，从固
定效应模型结果看，当金融机构贷款总额占股票市场交易总额的比例上
升 1% ，技术创新指标（新产品产值）就会下降 0.29% 。总之，越依赖
于市场主导型的金融结构对企业技术创新更有利，越依赖银行主导型的
金融结构越是会阻碍技术创新，证明了市场主导型比银行主导型金融结
构更有利于工业企业进行技术创新活动。除此之外，实体经济资本存量
和实际工业总产值增长率（$LnK_{ij,t}$ 和 $LnY_{ij,t}$）的系数都显著为正，说明
实体经济工业总产值增长对企业技术创新存在积极作用，同时实体经济
资本存量对企业技术创新也有较为显著的促进作用。

表 6 – 2　　　　　　　　金融内部结构对技术创新的整体影响

变量	最小二乘法 OLS		固定效应模型 FE		系统 GMM	
	(1)	(2)	(3)	(4)	(5)	(6)
	$LnInov_{ij,t}$	$LnInov_{ij,t}$	$LnInov_{ij,t}$	$LnInov_{ij,t}$	$LnInov_{ij,t}$	$LnInov_{ij,t}$
$LnInov_{ij,t-1}$					0.497 *** (0.018)	0.491 *** (0.018)
$LnS_{j,t}$	− 0.321 *** (0.053)	− 0.388 *** (0.054)	− 0.280 *** (0.043)	− 0.291 *** (0.046)	− 0.051 *** (0.018)	− 0.053 *** (0.016)
$LnK_{ij,t}$	0.1797 *** (0.045)	0.051 ** (0.012)	0.101 *** (0.023)	0.043 *** (0.012)	0.240 *** (0.075)	0.165 *** (0.052)
$LnY_{ij,t}$	0.298 *** (0.034)	0.153 *** (0.032)	0.201 *** (0.027)	0.167 *** (0.022)	0.218 *** (0.031)	0.197 *** (0.047)
$Profit_{ij,t}$		0.0001 *** (0.0000)		0.0000 (0.0002)		− 0.001 (0.003)
$Size_{ij,t}$		0.401 ** (0.170)		0.143 *** (0.055)		0.182 *** (0.059)
$Age_{ij,t}$		0.001 *** (0.0005)		0.0001 *** (0.0000)		− 0.0000 (0.0007)
$Captio_{ij,t}$		0.0000 (0.160)		0.0000 (0.484)		0.0000 (0.622)

变量	最小二乘法 OLS		固定效应模型 FE		系统 GMM	
	(1)	(2)	(3)	(4)	(5)	(6)
	$LnInov_{ij,t}$	$LnInov_{ij,t}$	$LnInov_{ij,t}$	$LnInov_{ij,t}$	$LnInov_{ij,t}$	$LnInov_{ij,t}$
$Herf_{i,t}$		17.003 (10.642)		7.021 *** (2.230)		50.507 *** (10.235)
常数项	−1.899 *** (0.087)	−2.430 *** (0.086)	−2.968 *** (0.084)	−3.498 *** (0.072)	−3.802 *** (0.079)	−4.827 *** (0.056)
个体效应	Yes	Yes	Yes	Yes	Yes	Yes
年份效应	Yes	Yes	Yes	Yes	Yes	Yes
地区效应	Yes	Yes	Yes	Yes	Yes	Yes
N	1 857 924	1 857 924	1 857 924	1 857 924	1 532 504	1 531 865
adj. R^2	0.092	0.103	−0.313	−0.312		
AR (2)					26.826	27.326
Sargan (χ^2) p-value					12 529.4 (0.0000)	13 435.2 (0.0000)

注：（1）括号里的数值稳健性标准误；（2）***、**、*分别代表1%、5%和10%的显著性水平；（3）AR（2）对应的是 z 值。

再看控制变量层面，列（1）、列（2）、列（3）、列（4）、列（5）和列（6）之间的区别主要是在模型的控制变量上，可以看出，如果考虑控制变量，模型中金融内部结构和实体经济资本存量和实际工业总产值增长率的系数结果没有太大变化，结果是稳健的。首先，对于企业利润率（$Profit_{ij,t}$）的系数在不同模型中呈现不同的符号和显著性，说明企业利润率对于技术创新的影响是不固定的，主要因为企业的利润额是企业内源融资的渠道，企业进行技术创新活动需要资金时，一部分来自内源融资渠道，另一部分资金需求来自外部融资；其次，对于企业规模（$Size_{ij,t}$）的系数在不同模型中都是呈现显著的积极作用，意味着企业规模的扩大，更有利于技术创新；最后，对于企业市场集中度（$Herf_{i,t}$），固定效应模型和系统 GMM 模型的系数显著为正，说明市场集中度越高，对企业技术创新的积极作用越大。

（2）金融结构对技术创新的影响——考虑地区差异

金融内部结构能够很好地反映企业技术创新的资金环境，但是外部环境的变化也会影响结果。中国东、中、西部地区的金融资源和政策不相同，这都会影响金融内部结构对技术创新的作用结果。

表6－3描述了地区差异下金融内部结构对技术创新的影响。可以看出，区域层面上金融结构对技术创新的影响均显著为负数，但是这种作用在经济发展程度不同的地区所呈现的系数大小和显著性不同。从三大地区的金融结构对企业技术创新的边际效应对比来看，东部地区最高，中部地区居中，西部地区次之，就系统 GMM 方法下的系数分别为 － 0.378、 － 0.121 和 － 0.002，并且西部地区这种影响都无法通过10% 的显著性水平，这样的结果充分表明在企业技术创新过程中，金融中介机构在金融结构中比重的提高会阻碍技术创新活动的进行，并且这种作用大小与地区金融发展总体水平和经济发展整体水平相关，存在严重的地区差异。因此，必须深化金融体系改革，加快提升西部地区经济和金融发展水平，缩短西部地区与东、中部地区的差异，提升资本市场在金融结构中的比重，实现金融结构向最优化路径演化。对于实体经济资本存量以及实际经济工业总产值的增长率而言，均对技术创新有积极作用。控制变量层面，除了资本密集程度对技术创新不存在显著影响以外，其他都对技术创新存在显著的正向影响，与整体影响的结果相同。

表6－3　　金融内部结构对技术创新的影响——考虑地区差异

变量	东部地区			中部地区			西部地区		
	OLS（1）	*FE*（2）	*GMM*（3）	*OLS*（4）	*FE*（5）	*GMM*（6）	*OLS*（7）	*FE*（8）	*GMM*（9）
$LnInov_{ij,t-1}$			0.497 *** （0.018）			0.458 *** （0.017）			0.336 *** （0.016）

续表

变量	东部地区			中部地区			西部地区		
	OLS (1)	FE (2)	GMM (3)	OLS (4)	FE (5)	GMM (6)	OLS (7)	FE (8)	GMM (9)
$LnS_{j,t}$	-0.405*** (0.023)	-0.339*** (0.036)	-0.030*** (0.028)	-0.378*** (0.057)	-0.154*** (0.053)	-0.121*** (0.042)	-0.053 (0.270)	-0.120*** (0.028)	-0.002 (0.058)
$LnK_{ij,t}$	-0.056** (0.025)	0.049*** (0.014)	0.170*** (0.024)	-0.032 (0.187)	0.023*** (0.003)	0.101*** (0.008)	-0.033 (0.264)	0.113*** (0.032)	0.524*** (0.047)
$LnY_{ij,t}$	0.139*** (0.042)	0.114*** (0.032)	0.178*** (0.037)	0.160*** (0.026)	0.242*** (0.029)	0.163*** (0.031)	0.211*** (0.042)	0.369*** (0.039)	0.487*** (0.042)
$Profit_{ij,t}$	0.001*** (0.0003)	0.001 (0.180)	-0.003*** (0.001)	0.0001*** (0.0000)	-0.0000 (0.479)	-0.0003 (0.732)	-0.0001 (0.567)	0.0003 (0.255)	-0.0004 (0.462)
$Size_{ij,t}$	0.392*** (0.013)	0.165*** (0.024)	0.196*** (0.033)	0.380*** (0.042)	0.089*** (0.021)	0.149*** (0.034)	0.493*** (0.045)	0.201*** (0.056)	0.560*** (0.066)
$Age_{ij,t}$	0.001*** (0.000)	0.001*** (0.000)	0.0000 (0.001)	0.0004*** (0.000)	-0.0000 (0.004)	-0.0001 (0.003)	0.001*** (0.000)	0.0001 (0.216)	0.0001 (0.123)
$Captio_{ij,t}$	-0.0000 (0.030)	-0.0000 (0.079)	0.0000 (0.049)	0.0000 (0.129)	0.0000 (0.023)	0.0000 (0.034)	-0.0000 (0.035)	0.0000 (0.078)	0.0000 (0.039)
$Herf_{i,t}$	22.306 (17.181)	7.275*** (2.698)	38.289*** (9.335)	7.405 (6.725)	7.297*** (2.008)	78.237*** (14.000)	11.095 (9.683)	3.257 (2.485)	73.987*** (10.005)
常数项	-2.171*** (0.016)	-5.383*** (0.018)	-4.901*** (0.014)	-3.117*** (0.024)	-3.185*** (0.035)	-3.422*** (0.046)	-4.921*** (0.017)	-6.408*** (0.038)	-14.55*** (0.027)
个体效应	Yes	Yes	Yes	Yes	Yes	Yes	Yes	Yes	Yes
年份效应	Yes	Yes	Yes	Yes	Yes	Yes	Yes	Yes	Yes
地区效应	Yes	Yes	Yes	Yes	Yes	Yes	Yes	Yes	Yes
N	1 281 321	1 281 321	1 025 255	426 316	426 316	399 156	150 287	150 287	137 454
adj. R^2	0.094	-0.309		0.110	-0.306		0.155	-0.269	
AR (2)			27.717			1.7897			8.009
Sargan			9 399.60			3 677.22			2 220.78
p-value			0.0000			0.0000			0.0000

注：（1）括号里的数值为稳健性标准误；（2）***、**、*分别代表1%、5%和10%的显著性水平；（3）AR（2）对应的是 z 值。

（3）金融结构对技术创新的影响——考虑企业异质性差异

无论上述从全国层面还是区域层面的分析，都忽略了不同类型企业存在的一个重要的特征——异质性。同样是金融机构贷款占股票市场交易额的比重来衡量金融结构，但是对不同性质的企业的技术创新影响可能存在显著差异。

这里参考刘贯春（2017）的思路，按照三种思路划分不同企业的特征。第一，根据基本回归结果显示，企业规模对工业企业的技术创新有着积极的促进作用，按照企业规模大小将企业分为大规模工业企业和小规模工业企业；第二，由于国有企业和私营企业获取融资的渠道和难易程度不同，因此企业技术创新活动的运行机制也不相同，因此按照企业所有制性质将工业企业划分为国有企业、私营企业和外资企业；第三，按照企业利润率大小对企业进行分类，分为盈利能力强和盈利能力弱的企业。

这里企业规模的分类主要是按照对应行业中所有工业企业的样本中位数，将样本划分为规模大和规模小的企业分样本；企业所有制分样本是按照企业国有控股情况划分为国有企业、私营企业和外资企业；盈利能力同企业规模划分方法相同，按照企业利润率在对应行业中所有工业企业的样本中位数，将样本划分为盈利能力强和弱的两类分样本。

表6-4描述了在考虑企业异质性下，分析不同子样本情形下金融结构对技术创新的影响。这里采用的固定效应模型，并控制个体效应、时间效应和地区效应。从企业规模层面看，金融内部结构对规模较大和规模较小的企业技术创新都存在显著的阻碍作用，且金融结构的系数在企业规模大和规模小的子样本中分别为 -0.3631 和 -0.2196，这种效应在企业规模较大的子样本中更大；从企业所有制层面看，金融结构对国有企业的技术创新呈现明显的阻碍作用，意味着市场主导的金融结构更有利于国有企业技术创新。而私营企业和外资企业的 $\mathrm{Ln}S_{j,t}$ 系数反而变成正数，说明银行主导的金融结构对私营企业和外资企业的技术创新

存在促进作用，这是因为私营企业和外资企业主要是以模仿创新为主，因此技术创新活动更依赖于银行机构进行融资，其他渠道融资比较困难；从盈利能力层次看，无论对于盈利能力强或是弱的企业，金融内部结构对企业技术创新都存在显著的阻碍作用，说明技术创新活动更依赖于市场主导型金融结构，具体表现为，当金融结构指标增长1%，盈利能力较强的企业新产品总产值下降29.05%，而盈利能力较弱的企业新产品总产值下降26.43%，说明盈利能力较强的企业更依赖于市场主导型金融结构，可以更好地从金融市场中获得资金进行技术创新。

表6-4　　金融内部结构对技术创新的影响——考虑企业异质性差异

变量	企业规模		企业所有制			盈利能力	
	大	小	国有企业	私营企业	外资企业	强	弱
$LnS_{j,t}$	-0.363 *** (0.012)	-0.220 *** (0.008)	-0.090 *** (0.008)	3.788 *** (0.019)	1.253 *** (0.017)	-0.291 *** (0.021)	-0.264 *** (0.032)
$LnK_{ij,t}$	0.064 *** (0.019)	0.024 *** (0.008)	0.089 *** (0.012)	-0.011 (0.243)	0.025 (0.630)	0.043 *** (0.016)	0.048 *** (0.013)
$LnY_{ij,t}$	0.220 *** (0.058)	0.086 *** (0.053)	0.282 *** (0.062)	0.147 *** (0.052)	0.148 *** (0.054)	0.167 *** (0.032)	0.159 *** (0.036)
$Profit_{ij,t}$	0.000 (0.127)	0.0001 (0.141)	-0.0000 (0.249)	-0.277 *** (0.034)	-0.173 * (0.089)	0.0000 (0.113)	0.0000 (0.147)
$Size_{ij,t}$	0.292 *** (0.053)	0.064 *** (0.016)	0.242 *** (0.027)	-0.015 (0.045)	0.072 (0.066)	0.143 *** (0.035)	0.096 *** (0.021)
$Age_{ij,t}$	0.0001 ** (0.0000)	-0.0000 (0.0014)	0.0000 (0.078)	-0.0024 (0.045)	0.0026 (0.083)	0.0001 *** (0.0000)	0.0001 *** (0.0000)
$Captio_{ij,t}$	0.0000 (0.374)	0.0000 (0.515)	0.0000 * (0.0000)	-0.0125 *** (0.004)	0.0051 (0.176)	0.0000 (0.395)	0.0000 (0.165)
$Herf_{i,t}$	6.686 *** (2.176)	8.280 *** (2.398)	5.424 (3.458)	-9.311 (6.328)	43.021 (25.986)	7.021 *** (2.025)	9.435 *** (3.034)

续表

变量	企业规模		企业所有制			盈利能力	
	大	小	国有企业	私营企业	外资企业	强	弱
常数项	-8.481*** (0.538)	-0.301 (0.531)	-3.882*** (0.276)	-13.324*** (0.887)	-4.120*** (0.961)	-3.498*** (0.821)	-7.825*** (0.346)
个体效应	Yes	Yes	Yes	Yes	Yes	Yes	Yes
年份效应	Yes	Yes	Yes	Yes	Yes	Yes	Yes
地区效应	Yes	Yes	Yes	Yes	Yes	Yes	Yes
N	930 255	927 669	237 643	405 148	51 089	1 857 924	930 167
adj. R^2	-0.301	-0.541	-0.305	-1.380	-1.506	-0.312	-0.312

注：（1）括号里的数值为稳健性标准误；（2）***、**、* 分别代表 1%、5% 和 10% 的显著性水平。

（4）稳健性检验

前面是以工业企业的新产品总产值的对数作为技术创新的指标，这里将寇宗来和刘学悦（2017）的产业创新指数匹配到企业数据中，因为公布的数据是从 2001 年开始，这里 1998 ~ 2000 年的数据采用后面年份的平均增长率计算求得。

这里的产业创新指数是基于微观企业专利数据，并根据专利更新模型计算出来的，是将专利的 IPC 分类号对应到国民经济行业二位码产业中。这里将全国地区、东部地区、中部地区和西部地区的结果显示在表 6 - 5。可以看出，结果和用企业新产品总产值相同，即金融结构（金融机构贷款总额/股票市场交易额）对技术创新存在明显的阻碍作用，即金融机构在金融体系中的作用越大，越会降低技术创新能力；反之，当金融市场在金融体系中占比较大，会增加技术创新能力。可以看出，结果是稳健的。

表 6 – 5　金融内部结构对技术创新的影响（更换技术创新指标）

变量	全国地区		东部地区		中部地区		西部地区	
	$Lninno\_1_{i,t}$	$Lninno\_1_{i,t}$	$Lninno\_1_{i,t}$	$Lninno\_1_{i,t}$	$Lninno\_1_{i,t}$	$Lninno\_1_{i,t}$	$Lninno\_1_{i,t}$	$Lninno\_1_{i,t}$
$Lninno\_1_{i,t-1}$		0.979 ** (0.428)		0.975 *** (0.379)		0.989 *** (0.365)		0.980 *** (0.417)
$LnS_{j,t}$	– 0.064 *** (0.002)	– 0.003 *** (0.001)	– 0.035 *** (0.004)	– 0.001 (0.092)	– 0.012 (0.044)	– 0.008 *** (0.002)	– 0.001 (0.850)	– 0.008 *** (0.003)
$LnK_{ij,t}$	– 0.001 (0.174)	0.003 (0.129)	0.003 *** (0.001)	0.005 ** (0.002)	– 0.011 *** (0.008)	– 0.003 (0.125)	– 0.015 *** (0.004)	0.002 (0.213)
$LnY_{ij,t}$	0.002 * (0.0011)	0.004 ** (0.001)	0.003 *** (0.001)	0.003 (0.129)	0.002 * (0.001)	0.007 ** (0.003)	– 0.0002 (0.152)	0.011 ** (0.005)
$Profit_{ij,t}$	0.0000 (0.169)	– 0.0001 (0.117)	0.0001 (0.046)	– 0.0001 (0.197)	0.0000 (0.180)	– 0.0003 (0.169)	– 0.0001 (0.248)	– 0.0001 (0.187)
$Size_{ij,t}$	0.003 *** (0.001)	0.014 *** (0.004)	0.005 *** (0.001)	0.020 *** (0.008)	– 0.004 ** (0.002)	0.0046 (0.145)	0.0043 (0.092)	0.0115 (0.043)
$Age_{ij,t}$	0.0000 ** (0.000)	– 0.0000 (0.094)	– 0.0000 (0.095)	– 0.0000 (0.054)	0.0000 (0.026)	– 0.0000 *** (0.000)	0.0001 *** (0.0000)	0.0001 ** (0.0000)
$Captio_{ij,t}$	0.0000 (0.183)	0.0000 (0.356)	0.0000 (0.531)	0.0000 (0.157)	– 0.0000 (0.293)	0.0000 (0.396)	0.0000 (0.109)	0.0000 (0.506)
$Herf_{i,t}$	– 81.149 *** (0.324)	– 50.309 *** (0.425)	– 84.148 *** (0.554)	– 50.312 *** (0.667)	– 74.642 *** (0.670)	– 50.949 *** (0.885)	– 77.735 *** (0.953)	– 45.341 *** (0.724)
常数项	0.757 *** (0.024)	0.239 *** (0.045)	0.090 (0.035)	0.178 *** (0.056)	0.549 *** (0.057)	0.323 *** (0.032)	0.712 ** (0.068)	0.167 ** (0.045)
个体效应	Yes	Yes	Yes	Yes	Yes	Yes	Yes	Yes
年份效应	Yes	Yes	Yes	Yes	Yes	Yes	Yes	Yes
地区效应	Yes	Yes	Yes	Yes	Yes	Yes	Yes	Yes
N	1 857 924	1 331 865	1 281 321	925 255	426 316	299 156	150 287	107 454
adj. R^2	0.571		0.564		0.578		0.633	
AR（2）		6.6799		8.5955		9.0424		11.2357
Sargan（p）		0.0000		0.0000		0.0000		0.0000

注：（1）表格中 $Lninno\_1_{i,t}$ 表示替换的创新变量，$Lninno\_1_{i,t-1}$ 表示替换的创新变量的滞后一期；（2）括号里的数值为稳健性标准误；（3）***、**、* 分别代表 1%、5% 和 10% 的显著性水平。

6.1.4　金融结构对技术创新边际效应的演化分析

为了更好地反映不同阶段金融结构对技术创新效应的演化趋势，这里采用面板分位数回归方法对模型进行估计。表 6-6 描述的是不考虑其他控制变量时分析不同阶段的金融结构对技术创新的效应演化趋势，表 6-7 则是考虑所有控制变量时分析金融结构对技术创新的效应演化趋势。

从表 6-6 可知，在不考虑其他控制变量下，当分位数位置在 10%~30% 时，金融结构对技术创新的影响是正向的，但是这种效应演化轨迹呈下降趋势；当分位数位置在 40% 之后，整体看来金融结构对技术创新的影响转变为负向，意味着随着不断阶段的发展，企业开始逐渐从模仿创新向自主创新转变，市场主导型金融结构比银行主导型金融结构更有助于企业技术创新；并且这种影响效应的演化轨迹呈现明显的上升趋势，从分位数位置 40% 的 -0.0065 到分位数位置 90% 的 -0.2352。

表 6-6　金融结构对企业技术创新的效应演化趋势——不考虑其他控制变量

分位数	10%	20%	30%	40%	50%	60%	70%	80%	90%
$LnS_{j,t}$	0.039 *** (0.011)	0.014 * (0.008)	0.003 *** (0.001)	-0.007 *** (0.001)	-0.022 *** (0.007)	-0.055 *** (0.005)	-0.101 *** (0.004)	-0.149 *** (0.005)	-0.235 *** (0.010)
$LnK_{ij,t}$	0.133 *** (0.018)	0.136 *** (0.016)	0.137 *** (0.015)	0.138 *** (0.014)	0.140 *** (0.012)	0.144 *** (0.009)	0.149 *** (0.007)	0.154 *** (0.008)	0.164 *** (0.017)
$LnY_{ij,t}$	0.187 *** (0.011)	0.203 *** (0.014)	0.210 *** (0.013)	0.216 *** (0.012)	0.226 *** (0.011)	0.248 ** (0.083)	0.278 *** (0.062)	0.310 *** (0.076)	0.367 *** (0.015)

注：（1）括号里的数值为稳健性标准误；（2）***、**、*分别代表 1%、5% 和 10% 的显著性水平。

同时，从表 6-7 可知，在考虑所有控制变量下，当分位数位置在

表6—7　金融结构对企业技术创新的效应演化趋势——考虑所有控制变量

分位数	10%	20%	30%	40%	50%	60%	70%	80%	90%
$LnS_{j,t}$	0.038*** (0.002)	0.016*** (0.002)	0.005*** (0.000)	-0.004*** (0.000)	-0.020*** (0.002)	-0.053*** (0.002)	-0.095*** (0.003)	-0.140*** (0.004)	-0.222*** (0.001)
$LnK_{ij,t}$	0.088*** (0.004)	0.084*** (0.003)	0.082*** (0.003)	0.081*** (0.003)	0.078*** (0.002)	0.072*** (0.004)	0.064*** (0.005)	0.055*** (0.007)	0.040*** (0.001)
$LnY_{ij,t}$	0.160 (3.037)	0.171 (2.578)	0.177 (2.444)	0.182 (2.391)	0.190 (0.243)	0.207 (0.300)	0.229 (0.427)	0.252** (0.059)	0.295** (0.097)
$Profit_{ij,t}$	-2.49e-06 (0.013)	-2.3e-06 (0.011)	-2.2e-06 (0.011)	-2.13e-06 (0.010)	-1.99e-06 (0.011)	-1.70e-06 (0.013)	-1.33e-06 (0.019)	-9.36e-07 (0.026)	-0.0000 (1.000)
$Size_{ij,t}$	0.1055 (4.292)	0.122 (3.644)	0.130 (3.454)	0.136 (3.378)	0.148 (3.436)	0.173 (4.240)	0.204 (6.038)	0.238 (8.365)	0.2988 (0.981)
$Age_{ij,t}$	0.0001 (0.022)	0.0001 (0.019)	0.0001 (0.018)	0.0001 (0.017)	0.0001 (0.018)	0.0001 (0.022)	0.0002 (0.031)	0.0002 (0.043)	0.0002 (0.997)
$Captio_{ij,t}$	-0.0001 (0.013)	-3.89e-06 (0.011)	-7.07e-07 (0.010)	1.892e-06 (0.010)	6.6e-06 (0.010)	0.00001 (0.012)	0.00003 (0.018)	0.00004 (0.025)	0.0001 (0.999)
$Herf_{i,t}$	22.695 (1351)	21.41 (1147)	20.77 (1087)	20.26 (1063)	19.32 (1081)	17.40 (1335)	14.94 (1901)	12.26 (2634)	7.4936 (0.999)

注：（1）括号里的数值为稳健性标准误；（2）***、**、* 分别代表1%、5%和10%的显著性水平。

10%~30%时，金融结构对企业技术创新的影响是正向的，但是这种效应演化轨迹呈下降趋势，从 0.0378 下降到 0.005；分位数位置在 40%之后，金融结构对企业技术创新的影响转变为负向，意味着随着不同阶段的发展，市场主导型金融结构比银行主导型金融结构更有助于企业技术创新；并且这种影响效应的演化轨迹呈现明显的上升趋势。综合两个检验结果表明，金融结构（金融机构贷款额/股票市场交易额）对企业技术创新的作用效应演化趋势是由正向到负向，更加说明了金融市场的发展逐步有利于企业的技术创新活动。

6.1.5　金融内部结构优化

根据前面分析的结果，可以发现在现实经济中，金融结构与企业技术创新存在相关性，银行业和金融市场对企业的创新的影响程度不同。但是从整体来看，金融市场主导型比银行业主导型金融结构更有利于企业的技术创新。

改革开放以来，我国企业技术创新主要是以模仿、引进为主，这类技术创新融资渠道主要是银行业金融机构，但近年来随着我国企业自主创新的不断推进，银行体系难以满足企业技术创新的资金需求。在中国目前逐渐从模仿创新向自主创新转化的进程中，金融结构也需要不断优化以适应企业技术创新活动，应当在目前银行主导型金融结构基础上发展更有利于创新的金融市场主导型金融结构。

经济发展进程中伴随着技术进步的生产率提升。技术创新过程最重要的是寻找合适的融资渠道，相比于银行业信贷融资，证券市场上的股权融资更能促进企业的技术创新，提升企业的技术进步效率。金融结构同样会伴随着经济发展和技术进步的提升发生演化，并且金融结构的演变存在一定的路径依赖，这种路径与国家发展的不同阶段密切相关，金融结构会逐渐向最优金融结构不断优化，以更好地适应国家或地区的创新以及经济增长。

6.2 金融开放结构对技术创新的影响

6.2.1 基于法定规则的金融开放结构对技术创新的影响——制度视角

虽然人们承认新兴市场和发达市场企业之间存在重要的组织和行为差异，但从企业家制度的角度来看，这些关于金融发展差异的研究正在发展中。本书采用自上而下的方法来分析政策与金融发展的相互作用如何影响新兴市场和发达市场的技术创新的速度。许多新兴市场金融内部结构缺乏发展，当地政府对本地银行业信贷业务的控制力较强，很可能会导致金融资源配置效率较低，更会抑制创新。新兴市场的金融发展也可能因保护企业家精神的法律制度薄弱而受到阻碍。陈（Chen，2009）的研究发现新兴市场公司层面的公司治理会降低股权资本的成本，这种效应在为企业家和投资者提供保护较差的国家最为明显。

还有学者指出，金融发展滞后的新兴市场获得外部资本、股权融资和债务融资较少。这些外部融资渠道的优势往往涉及非价格机制，例如，说银行方面和政府关系方面。能够获得这些方面关系的企业家可以将这些作为竞争优势，并将这些优势放进企业经营中形成资源共享。相比于发达市场，这些优势会给新兴市场的创新带来更多的不确定性，同时这些优势也可以创造机会，即拥有优势的企业家可以通过解决制度问题来缓解不确定性并创造新的价值。

布鲁顿（Bruton，2008）认为新兴经济体和发达经济体的企业家精神之间存在很大的差异，这种差异直接表现为技术创新能力的差异。这里就用自上而下的方法研究一国的金融自由化政策是如何影响全球各国的技术创新水平的。本章探讨国家对不同资产类型的外国资本流动的监管障碍如何影响企业技术创新能力，同时控制了制度的质量等因素。

（1）金融制度化对技术创新的影响

许多学者利用制度来阐明新兴市场中的技术创新的基础。制度可以被看作"自我监管"规则，当偏离公认的制度时这些规则可以影响企业行为，并且会导致成本的上升。制度管制主要是针对商业管理、技术标准和行为准则，这些管制都会对企业家的战略决策施加了很多限制。机构还通过提供标准化的行为模式和约束来实现业务运作，所有参与者都遵守这些模式，以降低谈判成本。

对于发达国家，实践或法规制度化程度越高，偏离实践或法规的成本越高（Lawrence，2001）。制度有强制执行机制，例如罚款等，通过增加企业家的风险将不合法规的行为与增加的成本联系起来，企业家需要更多的思考来规避机构，以降低制度可以提供给企业的资源的合法性。较为重要的是要理解，制度观不是二元的，要么制度存在，要么制度不存在。相反，制度化被视为一个过程，一个制度化水平和相关执行机制的连续统一体（Phillips，2009）。制度深化被认为是从制度化程度低、偏离规范的成本最低到制度化程度很深、偏离标准的成本很高的变化。在制度理论中，新兴市场的特征是存在大量的新兴关系以及存在经济主体及其系统之间的不确定性。新直觉主义的论点是，企业家既可以利用这种不确定性建立新的企业，也可以通过对制度化过程的干预，在关系发展中发挥关键作用（Tracey and Phillips，2011）。他们还从新制度理论中指出，新兴市场的企业家可以通过三种策略，即利用国际融资的制度障碍来培养企业家精神。这三种策略是：机构经纪，企业家在这里发现风险投资，以减少其他企业面临的制度不确定性；跨越制度空隙，企业家在制度化水平高的地区发现解决制度问题的风险投资；建立一座制度距离的桥梁，企业家可以在这里转移并适应来自其他环境的解决方案。

制度化技术创新，即利用资源创建新制度或改造现有机构的经济主体的技术创新行为，一直是学者日益关注的焦点（Garud，2002；

Greenwood，2002；Lounsbury，2002）。在新兴市场和发达市场，企业技术创新活动都被视为制度变革的关键来源。这是一个重要的概念，它强调了企业家通过有意利用资源来创造或操纵他们参与的制度，以创造技术创新机会，从而实现战略目标的方式。因此，通过法律和法规或通过非正式的行为形式进行制度化，可以对企业家精神有两个不同的影响。一方面，制度化可以通过对企业家精神设置正式和非正式的障碍来抑制企业技术创新，通过使初创企业的成本高于没有这些制度所在地的启动成本来抑制新企业的形成。此外，还可以为新业务所需的资金和资源创造障碍。另一方面，制度化可以为企业家创造机会，开辟新的服务以应对现有的制度，或者创建新的制度，提供在新的或改变的机构框架内获取资源的工具。

对于外资流入和流出的正式制度而言，这里提出的假设是，对于新兴市场而言，放松资本管制为企业家创造了更多的机会，使他们能够利用外资资源，并放松实施规则，以便放松控制、提高创新率。然而，对于发达市场而言，假设在这种非正式制度高度发达的市场中，放松正式控制的总体效果将较低。对高度发达国家实施新的控制将鼓励企业技术创新，因为企业家们试图利用当地的知识来创建新的制度，以应对发达经济体实施更多的资本控制。金融发展在创新中的作用已经在企业家精神文献中得到了研究。杜塔和索贝尔（Dutta and Sobel，2018）发现，当一个国家的金融发展水平较低时，人力资本的增长越有利于提高企业技术创新。虽然对于金融发展水平较高的国家，人力资本的影响仍然是积极的，但与金融发展水平较低的国家相比，其影响程度要小得多。

最近研究金融自由化对技术创新的影响的文献大多集中在外国直接投资（FDI）上，外国企业直接向新兴市场投资现金。金姆和李（Kim and Li，2014）在2000～2009年对104个国家的外国直接投资进行了调查后发现，外国直接投资与技术创新正相关，而在制度支持差、政治稳定较弱、一般人力资本较低的国家，这种影响更为明显。埃雷拉（Herrera，2014）通过研究也发现，外国直接投资与企业发展之间存在着积极而显著的关系，这与创新溢出理论是一致的。ACS（2009）、艾亚加力和科索沃（Ayagari and Kosova，2010）、吉菲格和施特多布尔（Gfirg and Strobl，2002）提出，外国直接投资可以在同一行业（水平溢出）和同一生产链上下相关行业（垂直溢出）内都会对刺激多个企业进入方面具有指数效应。

与以往的研究不同，本章研究了除外国直接投资外的各种金融工具和活动的控制。根据以往文献，我们提出以下 4 个假设。

假设 1：实施金融控制将对企业技术创新都存在负面影响。这个假设与之前的结论相一致，更高水平的外国直接投资会导致更高的技术创新水平。

假设 2：与高收入市场相比，在低收入和中等市场实施金融控制对技术创新的影响将更大。

假设 3：在各种金融工具中，实施金融控制的效果是一致的。由于此前唯一的研究工具是外国直接投资，调整后结果是，所有金融工具的控制将与外国直接投资控制的定义相似。

假设 4：在控制政治风险对金融自由化的影响时，新兴市场和发达市场之间（按照收入划分）的金融控制的影响是相同的。

（2）数据说明、描述性统计和模型设计

①数据说明。在本章中，运用费尔南德斯等（Feandez et al.，2015）构建的一个新的数据集①，并根据辛德勒（2009）使用的方法，新数据集在 1995 ~ 2013 年每年报告 100 个国家是否存在资本开放账户控制②。如下面将更详细地进行讨论，此数据集修改、扩展和扩大了最初由辛德勒（2009）开发的数据集，后来由克莱茵（Klein，2012）和费尔南德斯（Fenandez，2014）扩展。这个数据集的国家范围广泛，涵盖了一段时间的政策变化，成为研究和政策的潜在重要资源。

---

① Fernandez，A.，Klein，M. W.，Rebucci，A.，Schindler，M.，Uribe，M.，Capital Control Measures：A New Data Set. Working Paper，WP/15/80，International Monetary Fund，2017.

② 该数据集的时间范围是 1995 ~ 2013 年，因此选择的数据样本也是该时间段。

数据集来源于国际货币基金组织（IMF）关于外汇安排和外汇限制的年度报告（AREAR），资本控制措施基于此来源的法律信息。AREAR划分者根据买方或卖方的居住权以及交易是否代表购买、销售或发行来区分不同类型的交易。数据集提供了各种资产的 32 个交易类别的信息，包括：债券、集体投资、商业信贷、衍生品、直接投资、股票、金融信贷、担保和担保、货币市场工具和房地产。因此，与以前的资本监管措施不同，当前的数据集涵盖了广泛的金融交易。

AREAER 报告按 10 个资产类别列出了国际交易的规则和条例，使数据集能够捕获全球跨国资产持有的很大比例。类别及其两个字母缩写如下：

BO：原始到期日超过一年的债券和其他债务证券；

CC：与国际贸易交易或提供国际服务直接相关的业务的商业信贷；

CI：共同基金和投资信托等集体投资证券；

DE：衍生产品，包括金融债权中权利、认股权证、金融期权、期货和其他金融债权的二级业务，如债务证券交换和外汇交易；

DI：为建立长期股权投资而进行的交易的直接投资账户；

EQ：参与性质的股票、股票或其他证券，不包括为获得直接投资所涵盖的持久经济利益而购买的证券；

FC：金融信贷和商业信贷；

GS：担保担保人、担保人和金融支持设施；

MM：货币市场工具，包括原始到期日不超过一年的证券，包括存款证和汇票等；

RE：房地产交易。

AREAR 划分者根据买方或卖方的居住权以及交易是否代表购买、销售或发行来区分不同类型的交易。这个数据集对一个虚拟变量进行评分，"1"表示存在资产类别的资本控制，"0"表示不存在。当 AREAR 报告的叙述性信息暗示某项交易明确要求东道国的公共机构进行"授权""批准"或"许可"时，控制被视为是适当的。在五种资产类别

（货币市场、债券、股票、集体投资和衍生产品）中，分别有四种交易控制类别，并对其进行虚拟变量评分：非居民在当地购买、居民在国外出售或发行、居民在国外购买。因此，这五个资产类别对四个虚拟变量的平均得分进行了修正。房地产类别分为三个虚拟变量的平均值：非居民本地购买、居民海外购买、居民在本地出售和非居民在本地出售。直接投资包括三类交易类别：对资本流入（外商直接投资）的控制、对资本流出（对外直接投资）的控制和对直接投资的清算。剩下的资产只使用流入或流出控制上的虚拟变量进行评分。其结果是 10 个资产类别的一系列变量，可以取 0 到 1 之间的值，"0"表示完全打开，"1"表示完全关闭。对于所有变量，一个国家可能部分开放或关闭。

国家技术创新指标来源于世界银行数据库，包括两方面：研发支出占 GDP 比重（$Rd_{i,t}$）和专利申请数量（$Patent_{i,t}$）。

②描述性统计。表 6 - 8 详细描述了新注册公司数量、资本控制变量和一组控制变量的整个样本的描述性统计。控制变量包括中学入学率 Seschool、平均预期寿命 Exlife、人均实际 GDP 的对数 Lnrpgdp、贸易开放度即贸易占 GDP 的比率 Trade、国内私人信贷占 GDP 的比率 Prcredit 以及该国的国家政治风险得分 Govsta 和外部冲突 Exconf。

样本中，研发支出占 GDP 比重（RD）的平均值为 0.6507，平均而言，各个资本控制变量均在 0.30 左右，表明大多数经济体对各自子部门的外资流动非常开放。平均得分为 0.398 的房地产是最封闭的子部门，而担保是最开放的子部门，平均值为 0.273。

表 6 - 8　　　金融资本控制、技术创新等变量的描述性统计

变量名称	变量数	平均值	标准差	最小值	最大值
Rd	2 112	0.6507	0.921	0	4.429
Patent	2 112	7.3843	2.213	0	14.107
Seschool	2 112	46.380	47.770	0	100

变量名称	变量数	平均值	标准差	最小值	最大值
Lnrpgdp	2 112	8.555	1.850	0	11.543
Exlife	2 112	72.089	8.251	43.125	84.278
Trade	2 112	83.152	57.878	0	442.62
Prcredit	2 112	54.289	51.015	0	312.12
Govsta	2 112	7.756	2.650	0	12
Exconf	2 112	9.410	2.906	0	12
EQ	2 112	0.342	0.378	0	1.000
BO	2 112	0.290	0.370	0	0.999
MM	2 112	0.328	0.386	0	1
CI	2 112	0.297	0.370	0	1
DE	2 112	0.316	0.421	-0.0401	1.040
CC	2 112	0.295	0.417	0	1
FC	2 112	0.377	0.446	0	1
GS	2 112	0.273	0.410	0	1
DI	2 112	0.349	0.379	0	0.999
RE	2 112	0.398	0.359	0	1

注：笔者整理。

③模型设定。根据基于法定规则的金融开放对技术创新的影响，这里设定模型如式（6-30）所示：

$$Innov_{i,t} = \alpha_0 + \alpha_1 Fincontrol_{i,t} + \alpha_2 \sum_{i=1}^{n} Control_{i,t} + \mu_i + \eta_t + \varepsilon_{i,t}$$

$$(6-30)$$

这里的 $Control_{i,t}$ 表示控制变量，则回归方程可以写成式（6-31）：

$$Innov_{i,t} = \alpha_0 + \alpha_1 Fincontrol_{i,t} + \alpha_2 Seschool_{i,t} + \alpha_3 Lnrpgdp_{i,t} + \alpha_4 Exlife_{i,t}$$
$$+ \alpha_5 Trade_{i,t} + \alpha_6 Prcredit_{i,t} + \alpha_7 Govsta_{i,t} + \alpha_8 Exconf_{i,t} + \mu_i + \eta_t + \varepsilon_{i,t}$$

$$(6-31)$$

其中，$Innov_{i,t}$ 表示 t 时期国家 i 的技术创新指标，这里采用的是世界银行数据库中的各国数据，包括两方面：研发支出占 GDP 比重（$Rd_{i,t}$）和专利申请数量（$Patent_{i,t}$）。

（3）实证结果分析

①基本回归结果。当研发支出占 GDP 比重表示技术创新时，考察资本开放账户控制对其影响。表 6 - 9 就是实证回归结果，在回归过程中为了消除时间效应和个体效应对回归结果的影响，这里控制了时间和个体效应。从结果看，除了个别资本账户管制促进国家技术创新外，其他资本账户的控制都抑制了技术创新，这些个别资本管制包括债券和其他债务证券（BO）和房地产交易（RE）。说明对于法定规则上的金融资本控制（商业信贷、衍生产品、金融信贷、货币市场工具等）会抑制一国在研发活动上的支出，主要是因为在较低的经济发展水平下，这些方面的金融管制会成为企业家寻求融资机会的阻碍。尽管债券和其他债务证券以及房地产交易对研发支出有正向作用，但是均不显著。参与性股票管制（EQ）和集体投资证券管制（CI）对一个国家的技术创新的阻碍效应最大，具体表现为资本管制增加 1%，将分别阻碍 13.8% 和 13.5% 的技术创新；衍生产品资本管制（DE）、金融信贷和商业信贷控制（FC）和直接投资交替控制（DI）在这些资本管制中对国家技术创新支出的抑制作用相对较小，即对应资本管制增加 1%，带动研发支出分别降低 3.51%、3.80% 和 3.56%，但是这种效应都不显著。

控制变量方面，中学入学率（$Seechool_{i,t}$）、平均预期寿命（$Exlife_{i,t}$）、贸易开放度（$Trade_{i,t}$）、国内私人信贷占比（$Prcredit_{i,t}$）以及国家政治风险得分（$Govsta_{i,t}$）对该国的技术创新都表现出显著的促进作用；反之，外部冲突（$Exconf_{i,t}$）则表现出对国家技术创新活动显著的阻碍作用，即外部冲突越大，该国的技术创新能力越弱。

表 6—9　基于法定规则的不同资本开放控制对技术创新的影响——技术创新变量为 $Rd_{i,t}$

变量	(1) FE_EQ	(2) FE_BO	(3) FE_MM	(4) FE_CI	(5) FE_DE	(6) FE_CC	(7) FE_FC	(8) FE_GS	(9) FE_DI	(10) FE_RE
$Seschool_{i,t}$	0.0006*** (0.0002)	0.0006*** (0.0002)	0.0006*** (0.0002)	0.0006*** (0.0002)	0.0006*** (0.0002)	0.0006*** (0.0002)	0.0006*** (0.0002)	0.0006*** (0.0002)	0.0006*** (0.0002)	0.0006*** (0.0002)
$Lnrpgdp_{i,t}$	0.0188 (0.018)	0.0125 (0.018)	0.0173 (0.018)	0.0143 (0.018)	0.0132 (0.018)	0.00939 (0.018)	0.0126 (0.018)	0.0114 (0.018)	0.0122 (0.018)	0.0112 (0.018)
$Exlife_{i,t}$	0.0197*** (0.005)	0.0188*** (0.005)	0.0196*** (0.005)	0.0188*** (0.005)	0.0192*** (0.005)	0.0180*** (0.005)	0.0194*** (0.005)	0.0196*** (0.005)	0.0196*** (0.005)	0.0182*** (0.005)
$Trade_{i,t}$	0.0018*** (0.0005)	0.0018*** (0.0005)	0.0017*** (0.0005)	0.0019*** (0.0005)	0.0018*** (0.0005)	0.0019*** (0.0005)	0.0019*** (0.0005)	0.0018*** (0.0005)	0.0018*** (0.0005)	0.0018*** (0.0005)
$Prcredit_{i,t}$	0.0032*** (0.0003)	0.0034*** (0.0003)	0.0033*** (0.0003)	0.0034*** (0.0003)	0.0034*** (0.0003)	0.0034*** (0.0003)	0.0034*** (0.0003)	0.0034*** (0.0003)	0.0034*** (0.0003)	0.0035*** (0.0003)
$Gonsta_{i,t}$	0.0279*** (0.006)	0.0296*** (0.006)	0.0303*** (0.006)	0.0301*** (0.006)	0.0302*** (0.006)	0.0300*** (0.006)	0.0297*** (0.006)	0.0294*** (0.006)	0.0295*** (0.006)	0.0295*** (0.006)
$Exconf_{i,t}$	-0.033*** (0.008)	-0.033*** (0.008)	-0.034*** (0.008)	-0.034*** (0.008)	-0.033*** (0.008)	-0.034*** (0.008)	-0.033*** (0.008)	-0.034*** (0.008)	-0.033*** (0.008)	-0.033*** (0.008)
$EQ_{i,t}$	-0.138*** (0.043)									

续表

变量	(1) FE_EQ	(2) FE_BO	(3) FE_MM	(4) FE_CI	(5) FE_DE	(6) FE_CC	(7) FE_FC	(8) FE_GS	(9) FE_DI	(10) FE_RE
$BO_{i,t}$		0.00712 (0.035)								
$MM_{i,t}$			-0.109*** (0.038)							
$CI_{i,t}$				-0.135*** (0.041)						
$DE_{i,t}$					-0.0351 (0.033)					
$CC_{i,t}$						-0.099*** (0.036)				
$FC_{i,t}$							-0.038 (0.033)			
$GS_{i,t}$								-0.065* (0.039)		
$DI_{i,t}$									-0.036 (0.043)	

续表

变量	(1) FE_EQ	(2) FE_BO	(3) FE_MM	(4) FE_CI	(5) FE_DE	(6) FE_CC	(7) FE_FC	(8) FE_GS	(9) FE_DI	(10) FE_RE
$RE_{i,t}$										0.069 (0.044)
Constant	-1.146*** (0.326)	-1.097*** (0.336)	-1.145*** (0.326)	-1.064*** (0.326)	-1.120*** (0.326)	-0.988*** (0.329)	-1.121*** (0.326)	-1.113*** (0.326)	-1.137*** (0.328)	-1.071*** (0.327)
时间效应	Yes	Yes	Yes	Yes	Yes	Yes	Yes	Yes	Yes	Yes
个体效应	Yes	Yes	Yes	Yes	Yes	Yes	Yes	Yes	Yes	Yes
N	2 112	2 112	2 112	2 112	2 112	2 112	2 112	2 112	2 112	2 112
R^2	0.133	0.129	0.132	0.134	0.129	0.132	0.129	0.130	0.129	0.130

注：（1）括号里的数值为稳健性标准误；（2）***、**、*分别代表1%、5%和10%的显著性水平。

当专利申请量的对数（$Lnpatent_{i,t}$）作为技术创新变量时，除了 BO、DE 和 CC 这三种金融控制方法对国家专利申请量的影响是抑制的，其他方面的资本控制工具都对专利申请量有一定的抑制作用，这与前面以研发投入占比的结果相似。说明总体而言，资本开放账户控制会抑制一国专利申请数，进而影响技术创新能力。在控制变量方面，人均实际 GDP（$Lnrpgdp_{i,t}$）、平均预期寿命（$Exlife_{i,t}$）、国内私人信贷占比（$Prcredit_{i,t}$）以及国家政治风险得分（$Govsta_{i,t}$）对该国的创新都表现出显著的促进作用，这时中学入学率管制反而对专利申请成反比，但是都不显著；贸易开放度管制（$Trade_{i,t}$）的加深会加快技术创新，说明对外贸易的依赖性很强，这样不同经济体——新兴经济体和发达经济体带动的创新机会就越多。总而言之，发展中国家的企业创新对于资本账户管制的反应要比发达经济体大得多，主要是因为发达经济体的内部金融体系发展程度较高，能够克服对外资本账户管制带来的融资问题，具体结果如表 6 - 10 所示。

②分样本回归结果——考察不同收入国家的情况。这里根据世界银行的收入分类标准，可以将 100 个样本国家划分为高收入国家、中等收入国家和低收入国家三种类别，分析结果如表 6 - 11 所示。

从表 6 - 11 可以看出，因为篇幅问题并没有将全部资本账户开放控制结果都展示出来，这里只列出了参与性股票控制 EQ、货币市场工具控制 MM、集体投资证券控制 CI、商业贷款控制 CC、金融贷款控制 FC、直接投资相关控制 DI 和房地产交易控制 RE。第一，对比高收入、中等收入和低收入国家的参与性股票控制（EQ）、集体投资证券控制（CI）和房地产交易控制（RE）而言，可以看出这三方面的金融资本管制对国家技术创新都存在显著的负向影响，即无论是发达国家还是新兴国家，对参与性股票、集体投资证券和房地产交易采取金融控制，都会显著地阻碍国家技术创新水平的提升；同时这种影响程度在低收入国家作用最大，如当高收入、中等收入和低收入国家的参与性股票受到 1%

表 6-10　基于法定规则的不同资本开放控制对技术创新的影响——技术创新变量为 $Lnpatent_{i,t}$

变量	(1) FE_EQ	(2) FE_BO	(3) FE_MM	(4) FE_CI	(5) FE_DE	(6) FE_CC	(7) FE_FC	(8) FE_GS	(9) FE_DI	(10) FE_RE
$Seschool_{i,t}$	-0.00011 (0.0003)	-0.00016 (0.0003)	-0.00016 (0.0003)	-0.00013 (0.0003)	-0.000139 (0.0003)	-0.00014 (0.0003)	-0.00013 (0.0003)	$-9.39e-05$ (0.0003)	-0.00014 (0.0003)	-0.00014 (0.0003)
$Lnrpgdp_{i,t}$	0.0981*** (0.025)	0.0882*** (0.025)	0.0859*** (0.025)	0.0897*** (0.025)	0.0919*** (0.025)	0.0934*** (0.025)	0.0912*** (0.0249)	0.0895*** (0.025)	0.0920*** (0.025)	0.0927*** (0.025)
$Exlife_{i,t}$	0.0262*** (0.0085)	0.0227*** (0.0086)	0.0243*** (0.0085)	0.0260*** (0.0085)	0.0249*** (0.0085)	0.0257*** (0.0085)	0.0259*** (0.0085)	0.0253*** (0.0085)	0.0256*** (0.0086)	0.0257*** (0.0085)
$Trade_{i,t}$	0.00158* (0.0009)	0.00153* (0.0009)	0.00140 (0.0009)	0.00151* (0.0009)	0.00152* (0.0009)	0.00158* (0.0009)	0.00137 (0.0009)	0.00147* (0.0009)	0.00151* (0.0009)	0.00150* (0.0009)
$Prcredit_{i,t}$	0.0010** (0.0005)	0.0012** (0.0005)	0.0013** (0.0005)	0.0012** (0.0005)	0.0012** (0.0005)	0.0012** (0.0005)	0.0011** (0.0005)	0.0011** (0.0005)	0.0011** (0.0005)	0.0011** (0.0005)
$Gonsta_{i,t}$	0.0217** (0.009)	0.0209** (0.0091)	0.0221** (0.009)	0.0228** (0.009)	0.0225** (0.009)	0.0228** (0.009)	0.0227** (0.009)	0.0220** (0.009)	0.0227** (0.009)	0.0231** (0.009)
$Exconf_{i,t}$	-0.00468 (0.0118)	-0.00438 (0.0118)	-0.00438 (0.0118)	-0.00437 (0.0118)	-0.00489 (0.0118)	-0.00475 (0.0118)	-0.00564 (0.0118)	-0.00589 (0.0118)	-0.00502 (0.0118)	-0.00494 (0.0118)
$EQ_{i,t}$	-0.112* (0.0649)									

续表

变量	(1) FE_EQ	(2) FE_BO	(3) FE_MM	(4) FE_CI	(5) FE_DE	(6) FE_CC	(7) FE_FC	(8) FE_GS	(9) FE_DI	(10) FE_RE
$BO_{i,t}$		0.0808 (0.0533)								
$MM_{i,t}$			-0.129** (0.0571)							
$CI_{i,t}$				-0.114* (0.0615)						
$DE_{i,t}$					0.0259 (0.0486)					
$CC_{i,t}$						0.0378 (0.0542)				
$FC_{i,t}$							-0.129*** (0.0497)			
$GS_{i,t}$								-0.128** (0.0607)		
$DI_{i,t}$									-0.0172 (0.0623)	

续表

变量	(1) FE_EQ	(2) FE_BO	(3) FE_MM	(4) FE_CI	(5) FE_DE	(6) FE_CC	(7) FE_FC	(8) FE_GS	(9) FE_DI	(10) FE_RE
$RE_{i,t}$										−0.0433 (0.0682)
Constant	4.628*** (0.561)	4.901*** (0.577)	4.758*** (0.560)	4.622*** (0.561)	4.714*** (0.562)	4.643*** (0.565)	4.704*** (0.559)	4.762*** (0.561)	4.678*** (0.563)	4.670*** (0.562)
时间效应	Yes	Yes	Yes	Yes	Yes	Yes	Yes	Yes	Yes	Yes
个体效应	Yes	Yes	Yes	Yes	Yes	Yes	Yes	Yes	Yes	Yes
N	1 660	1 660	1 660	1 660	1 660	1 660	1 660	1 660	1 660	1 660
R²	0.043	0.042	0.044	0.043	0.041	0.041	0.045	0.044	0.041	0.041

注：（1）括号里的数值为稳健性标准误；（2）***、**、*分别代表1%、5%和10%的显著性水平。

表 6-11　不同收入国家法定规则下资本开放控制对创新的影响（被解释变量为 $Rd_{i,t}$）

变量	FE-EQ 高收入	FE-EQ 中等收入	FE-EQ 低收入	FE-MM 高收入	FE-MM 中等收入	FE-MM 低收入	FE-CI 高收入	FE-CI 中等收入	FE-CI 低收入	FE-CC 高收入	FE-CC 中等收入	FE-CC 低收入
$Seschool_{i,t}$	0.0013** (0.0004)	0.0003 (0.0002)	0.0007 (0.0004)	0.0012** (0.0004)	0.0003 (0.0002)	0.0008* (0.0004)	0.0012*** (0.0004)	0.0003 (0.0002)	0.0007 (0.0004)	0.0013*** (0.0004)	0.0003 (0.0002)	0.0008* (0.0004)
$Lnrpgdp_{i,t}$	-0.118* (0.0652)	0.0564*** (0.0187)	0.0205 (0.0168)	-0.118* (0.0652)	0.0581*** (0.0187)	0.0121 (0.0160)	-0.120* (0.0652)	0.0541*** (0.0188)	0.0187 (0.0159)	-0.116* (0.0652)	0.0495*** (0.0188)	-0.0079 (0.0157)
$Exlife_{i,t}$	0.129*** (0.0176)	-0.00387 (0.0056)	-0.000282 (0.0046)	0.129*** (0.0176)	-0.0041 (0.0055)	0.0021 (0.0046)	0.129*** (0.0176)	-0.0044 (0.0056)	-0.0047 (0.0047)	0.132*** (0.0177)	-0.0071 (0.0055)	0.0025 (0.0047)
$Trade_{i,t}$	0.00189** (0.0008)	-0.00103* (0.0006)	0.00339*** (0.001)	0.0019** (0.0008)	-0.0012* (0.0006)	0.0030** (0.0012)	0.0020** (0.0008)	-0.0011* (0.0006)	0.0032*** (0.0012)	0.0018** (0.0008)	-0.0009 (0.0006)	0.0027** (0.0012)
$Prcredit_{i,t}$	0.00222*** (0.0005)	0.00262*** (0.0008)	0.0006 (0.0013)	0.0023*** (0.0004)	0.0025*** (0.0008)	-0.0005 (0.0014)	0.0023*** (0.0004)	0.0026*** (0.0009)	0.0002 (0.0013)	0.0024*** (0.0004)	0.0027*** (0.0008)	0.0011 (0.0014)
$Gonsta_{i,t}$	0.0774*** (0.0110)	-0.0026 (0.0066)	0.0092 (0.0102)	0.0778*** (0.0110)	0.0007 (0.0066)	0.0088 (0.0103)	0.0775*** (0.0110)	0.0003 (0.0066)	0.0197* (0.0101)	0.0785*** (0.0110)	0.0001 (0.0065)	0.0121 (0.0107)
$Exconf_{i,t}$	-0.0523*** (0.0140)	-0.0200** (0.0085)	0.0172 (0.014)	-0.0517*** (0.0140)	-0.0234*** (0.0085)	0.0077 (0.014)	-0.0512*** (0.0140)	-0.0221** (0.0085)	0.0049 (0.0137)	-0.0524*** (0.0140)	-0.0218** (0.0085)	0.0091 (0.0146)
$EQ_{i,t}$	-0.0885 (0.0811)	-0.119** (0.0466)	-0.263*** (0.0667)									

续表

变量	FE-EQ			FE-MM			FE-CI			FE-CC		
	高收入	中等收入	低收入	高收入	中等收入	低收入	高收入	中等收入	低收入	高收入	中等收入	低收入
$MM_{i,t}$				0.0262 (0.0846)	-0.110*** (0.0380)	-0.199*** (0.0514)						
$CI_{i,t}$							-0.0774 (0.0866)	-0.0834** (0.0421)	-0.272*** (0.0578)			
$CC_{i,t}$										0.119 (0.0975)	-0.0963*** (0.0327)	-0.0812 (0.0623)
Constant	-8.264*** (1.034)	0.318 (0.347)	-0.231 (0.341)	-8.305*** (1.037)	0.336 (0.345)	-0.206 (0.342)	-8.205*** (1.038)	0.362 (0.346)	0.0773 (0.345)	-8.507*** (1.050)	0.564 (0.348)	-0.252 (0.358)
时间效应	Yes	Yes	Yes	Yes	Yes	Yes	Yes	Yes	Yes	Yes	Yes	Yes
个体效应	Yes	Yes	Yes	Yes	Yes	Yes	Yes	Yes	Yes	Yes	Yes	Yes
N	924	1 012	176	924	1 012	176	924	1 012	176	924	1 012	176
R^2	0.260	0.053	0.154	0.259	0.055	0.151	0.260	0.050	0.185	0.260	0.055	0.082

续表

变量	FE－FC			FE－DI			FE－RE		
	高收入	中等收入	低收入	高收入	中等收入	低收入	高收入	中等收入	低收入
$Seschool_{i,t}$	0.0013*** (0.0004)	0.0003 (0.0002)	0.0008* (0.0004)	0.0013*** (0.0004)	0.0004 (0.0002)	0.0006 (0.0004)	0.0012*** (0.0004)	0.0003 (0.0002)	0.00074* (0.0004)
$Lnrpgdp_{i,t}$	-0.115* (0.0653)	0.0559*** (0.0188)	-0.0129 (0.0157)	-0.110* (0.0664)	0.0541*** (0.0187)	-0.0090 (0.0155)	-0.111* (0.0655)	0.0553*** (0.0185)	-0.0014 (0.0147)
$Exlife_{i,t}$	0.130*** (0.0176)	-0.0057 (0.0055)	0.0017 (0.0048)	0.127*** (0.018)	-0.0039 (0.0056)	0.00272 (0.0047)	0.130*** (0.0176)	-0.0103* (0.0055)	0.0027 (0.0044)
$Trade_{i,t}$	0.0019** (0.0008)	-0.0011* (0.0006)	0.0028** (0.0012)	0.00193** (0.0008)	-0.0010* (0.0006)	0.00311** (0.0012)	0.00191** (0.0008)	-0.0015*** (0.0006)	0.0021* (0.0012)
$Prcredit_{i,t}$	0.00234*** (0.0004)	0.0027*** (0.0008)	0.0009 (0.00137)	0.00234*** (0.0004)	0.0027*** (0.0008)	0.00111 (0.0014)	0.0023*** (0.0004)	0.0028*** (0.0008)	-8.38e-05 (0.0013)
$Govsta_{i,t}$	0.0779*** (0.0110)	-0.0006 (0.0066)	0.0147 (0.0106)	0.0786*** (0.0111)	-0.0005 (0.0066)	0.0124 (0.0106)	0.0781*** (0.0110)	-0.00216 (0.0065)	0.0076 (0.0100)
$Exconf_{i,t}$	-0.0516*** (0.0140)	-0.0206** (0.0085)	0.0148 (0.0148)	-0.0521*** (0.0140)	-0.0223*** (0.0085)	0.00685 (0.0146)	-0.0510*** (0.0140)	-0.0189** (0.0084)	-0.0127 (0.0145)
FC	0.0541 (0.0739)	-0.0213 (0.0316)	-0.0802 (0.0780)						

续表

变量	FE – FC			FE – DI			FE – RE		
	高收入	中等收入	低收入	高收入	中等收入	低收入	高收入	中等收入	低收入
DI				0.0446 (0.0729)	-0.120** (0.0528)	-0.142** (0.0545)			
RE							-0.0979 (0.0889)	-0.240*** (0.0428)	-0.402*** (0.0826)
Constant	-8.359*** (1.040)	0.405 (0.346)	-0.337 (0.355)	-8.169*** (1.051)	0.331 (0.347)	-0.235 (0.355)	-8.421*** (1.042)	0.644* (0.343)	0.249 (0.353)
时间效应	Yes	Yes	Yes	Yes	Yes	Yes	Yes	Yes	Yes
个体效应	Yes	Yes	Yes	Yes	Yes	Yes	Yes	Yes	Yes
N	924	1 012	176	924	1 012	176	924	1 012	176
R^2	0.259	0.047	0.078	0.259	0.052	0.093	0.260	0.077	0.192

注：(1) 括号里的数值为稳健性标准误；(2) ***、**、* 分别代表 1%、5% 和 10% 的显著性水平。

的资本开放账户控制，会使该国或该地区的技术创新降低 8.885%、11.9% 和 26.3%，且显著性随着收入的下降而不断增加。第二，当对不同类型国家进行货币市场工具控制（*MM*）、直接投资账户控制（*DI*）时，结果相似，即中等收入国家和低收入国家这几方面的金融管制对创新存在显著的阻碍作用，而对高收入国家存在不显著的促进作用；再比较中等收入和低收入国家的结果，发现仍然有低收入国家的这种效应比中等收入国家大。第三，当对各国采取商业贷款控制（*CC*）时，尽管对中等收入和低收入国家都存在阻碍作用，但只有对中等收入国家的技术创新才会存在显著负向作用，对高收入和低收入国家的技术创新没有显著影响。第四，金融信贷控制（*FC*），同样对高收入国家的技术创新存在正向作用，对中等收入和低收入国家有负向效应，但整体各国的这种效应都不显著。

③加入国家政治风险对资本控制作用之后的效应对比。前面考察了资本开放账户控制对于技术创新的影响，这里考虑到每个国家的政治风险对资本控制的作用，从而使得资本开放账户控制对技术创新影响的变动。在模型（6-31）中加入国家政治风险与资本控制的交互项，可得模型（6-32）：

$$
\begin{aligned}
Innov_{i,t} = {} & \alpha_0 + \alpha_1 Fincontrol_{i,t} + \alpha_2 Seschool_{i,t} + \alpha_3 \mathrm{Ln}rpgdp_{i,t} + \alpha_4 Exlife_{i,t} \\
& + \alpha_5 Trade_{i,t} + \alpha_6 Prcredit_{i,t} + \alpha_7 Govsta_{i,t} + \alpha_8 Exconf_{i,t} \\
& + \alpha_{9i,t} Fincontrol_{i,t} \times Govsta_{i,t} \mu_i + \eta_t + \varepsilon_{i,t}
\end{aligned}
\qquad (6-32)
$$

当以研发支出占 GDP 比重作为被解释变量，并且加入了国家政治风险对资本控制的作用，表 6-12 报告了估计结果，这里为了简化表格格式，将资本管制统一定义为 *Ficontral*，资本管制与国家政治风险指数定义为 *Ficontral × Govsta*$_{i,t}$，可以很明显地看出，和之前的结果相同，除了债券和其他债务证券（*BO*）和房地产交易（*RE*）资本账户管制促进国家研发技术创新外，其他资本账户的控制都抑制了企业技术创新，同时资本管制与国家政治风险指数的交互项的系数大多数都是负数，说明随着国家政治风险的下降，资本管制对国家技术创新的影响变得更加消极。

表6—12　加入国家政治风险对资本开放账户控制的作用之后的效应对比——被解释变量为 $Rd_{i,t}$

变量	FE_EQ	FE_BO	FE_MM	FE_CI	FE_DE	FE_CC	FE_FC	FE_GS	FE_DI	FE_RE
$Seschool_{i,t}$	0.0006 *** (0.0002)	0.0006 *** (0.0002)	0.0006 *** (0.0002)	0.0006 *** (0.0002)	0.0006 *** (0.0002)	0.0006 *** (0.0002)	0.0006 *** (0.0002)	0.0006 *** (0.0002)	0.0006 *** (0.0002)	0.0006 *** (0.0002)
$Lnrpgdp_{i,t}$	0.0185 (0.0177)	0.0113 (0.0178)	0.0167 (0.0177)	0.0121 (0.0176)	0.0139 (0.0177)	0.0083 (0.0177)	0.0118 (0.0177)	0.0128 (0.0177)	0.0121 (0.0177)	0.0029 (0.0178)
$Exlife_{i,t}$	0.0199 *** (0.0051)	0.0180 *** (0.0052)	0.0201 *** (0.0051)	0.0195 *** (0.0051)	0.0185 *** (0.0051)	0.0182 *** (0.0051)	0.0192 *** (0.0051)	0.0191 *** (0.0051)	0.0199 *** (0.0052)	0.0197 *** (0.0051)
$Trade_{i,t}$	0.0018 *** (0.0005)	0.0018 *** (0.0005)	0.0018 *** (0.0005)	0.0018 *** (0.0005)	0.0019 *** (0.0005)	0.0020 *** (0.0005)	0.0019 *** (0.0005)	0.0019 *** (0.0005)	0.0018 *** (0.0005)	0.0018 *** (0.0005)
$Prcredit_{i,t}$	0.0032 *** (0.0003)	0.0034 *** (0.0003)	0.0033 *** (0.0003)	0.0033 *** (0.0003)	0.0034 *** (0.0003)	0.0034 *** (0.0003)	0.0034 *** (0.0003)	0.0034 *** (0.0003)	0.0034 *** (0.0003)	0.0034 *** (0.0003)
$Gosta_{i,t}$	0.0237 *** (0.0074)	0.0375 *** (0.0067)	0.0250 *** (0.0070)	0.0186 ** (0.0072)	0.0377 *** (0.0069)	0.0334 *** (0.0068)	0.0336 *** (0.0071)	0.0352 *** (0.0069)	0.0241 *** (0.0075)	0.0477 *** (0.0077)
$Exconf_{i,t}$	− 0.033 *** (0.0077)	− 0.032 *** (0.0077)	− 0.035 *** (0.0077)	− 0.036 *** (0.0077)	− 0.034 *** (0.0077)	− 0.034 *** (0.0077)	− 0.034 *** (0.0077)	− 0.034 *** (0.0077)	− 0.033 *** (0.0077)	− 0.034 *** (0.0077)
$Ficontrol$①	− 0.226 ** (0.1010)	0.227 *** (0.0879)	− 0.216 *** (0.0828)	− 0.411 *** (0.1060)	− 0.1390 (0.0869)	− 0.0168 (0.0876)	− 0.0400 (0.0846)	− 0.0908 (0.0995)	− 0.1550 (0.1090)	0.447 *** (0.1090)

① 为了节省篇幅，这里将上述金融资本控制的变量统一表示为 $Fincontrol$，资本控制与国家政治风险的交叉项为 $Fincontrol \times Gosta_{i,t}$。

续表

变量	FE_EQ	FE_BO	FE_MM	FE_CI	FE_DE	FE_CC	FE_FC	FE_GS	FE_DI	FE_RE
$Fincontral \times Gonsta_{i,t}$	-0.0115 (0.0118)	-0.028*** (0.0104)	-0.0145 (0.0100)	-0.034*** (0.0122)	-0.0219** (0.0101)	-0.0108 (0.0104)	-0.0102 (0.0101)	-0.0203* (0.0119)	0.0152 (0.0128)	-0.048*** (0.0126)
Constant	-1.123*** (0.326)	-1.095*** (0.336)	-1.128*** (0.326)	-0.976*** (0.327)	-1.140*** (0.326)	-1.022*** (0.330)	-1.129*** (0.326)	-1.142*** (0.326)	-1.117*** (0.328)	-1.234*** (0.329)
时间效应	Yes	Yes	Yes	Yes	Yes	Yes	Yes	Yes	Yes	Yes
个体效应	Yes	Yes	Yes	Yes	Yes	Yes	Yes	Yes	Yes	Yes
N	2 112	2 112	2 112	2 112	2 112	2 112	2 112	2 112	2 112	2 112
R^2	0.134	0.132	0.133	0.137	0.131	0.133	0.130	0.131	0.130	0.136

注：（1）括号里的数值为稳健性标准误；（2）***、**、*分别代表 1%、5% 和 10% 的显著性水平。

表6-13 则是以专利申请量的对数作为被解释变量，发现除了 BO、DE 和 CC 和 GS 这几方面的资本控制对创新的影响是正向的，其他都是负向作用，但是只有货币市场工具（MM）和房地产交易控制（RE）的影响是显著的。可以注意到的是，$Fincontrol \times Govsta_{i,t}$ 交互项的系数均为负数，可以看出随着国家政治风险的下降，资本管制对国家技术创新的影响会比不加交互项时的结果要大得多。

6.2.2 基于实际情况的金融开放结构对技术创新的影响

这里通过实证方法验证前面阐述的基于实际情况的金融开放结构对技术创新的影响。前面已经基于实际情况的金融开放结构划分为资本账户开放结构和金融市场开放结构，这里重点考察资本账户开放结构对技术创新的影响。

自 2001 年中国提出"走出去"战略，以及 2013 年提出建设"新丝绸之路经济带"和"21 世纪海上丝绸之路"的战略方针之后，中央和地方政府逐步加大鼓励国内企业对外开放的力度，激励中国企业进行对外直接投资的力度。中国对外直接投资的规模不断扩大，资本流出规模的扩大，同时外商直接投资也在不断增加，意味着资本流入规模也在扩大，那么企业通过进行资本流出以及中国吸引资本流入的战略是否能够提升企业自身的创新能力呢？这是目前关注较多的一个问题。资本外流总额占资本内流总额的比重（即资本开放结构）也有着一定变化规律（这方面的比较已经在前面阐述），这里将具体分析进出中国资本开放结构对技术创新的影响，对 21 世纪以来的资本内流、资本外流以及进出资本结构进行全面的评估，并为下一步的"走出去"战略实施提供新的启发。

表6-13　加入国家政治风险对资本控制的作用之后的效应对比——被解释变量为 $Lnpatent_{i,t}$

变量	FE_EQ	FE_BO	FE_MM	FE_CI	FE_DE	FE_CC	FE_FC	FE_GS	FE_DI	FE_RE
$Seschool_{i,t}$	-0.0001 (0.0003)	-0.0002 (0.0003)	-0.0002 (0.0003)	-0.0001 (0.0003)	-0.0001 (0.0003)	-0.0001 (0.0003)	-0.0001 (0.0003)	-0.0001 (0.0003)	-0.0001 (0.0003)	-0.0001 (0.0003)
$Lnrpgdp_{i,t}$	0.098*** (0.0252)	0.088*** (0.0250)	0.086*** (0.0251)	0.090*** (0.0250)	0.092*** (0.0250)	0.092*** (0.0251)	0.091*** (0.0250)	0.091*** (0.0250)	0.092*** (0.0250)	0.087*** (0.0251)
$Exlife_{i,t}$	0.026*** (0.0085)	0.020** (0.0087)	0.024*** (0.0085)	0.026*** (0.0085)	0.025*** (0.0085)	0.026*** (0.0085)	0.026*** (0.0085)	0.025*** (0.0085)	0.026*** (0.0086)	0.026*** (0.0085)
$Trade_{i,t}$	-0.0015* (0.0009)	-0.0015* (0.0009)	-0.0014 (0.0009)	-0.0015* (0.0009)	-0.0015* (0.0009)	-0.0016* (0.0009)	-0.0014 (0.0009)	-0.0015* (0.0009)	-0.0015* (0.0009)	-0.0015* (0.0009)
$Prcredit_{i,t}$	0.0010** (0.0005)	0.0012** (0.0005)	0.0013** (0.0005)	0.0012** (0.0005)	0.0012** (0.0005)	0.0012** (0.0005)	0.0011** (0.0005)	0.0011** (0.0005)	0.0012** (0.0005)	0.0012** (0.0005)
$Govsta_{i,t}$	0.0282** (0.0109)	0.034*** (0.0098)	0.0262** (0.0102)	0.0197* (0.0108)	0.0240** (0.0101)	0.0256** (0.0100)	0.027*** (0.0103)	0.026*** (0.0101)	0.0239** (0.0114)	0.042*** (0.0118)
$Exconf_{i,t}$	-0.0046 (0.0118)	-0.0057 (0.0118)	-0.0048 (0.0118)	-0.0045 (0.0118)	-0.0052 (0.0118)	-0.0049 (0.0118)	-0.0064 (0.0118)	-0.0059 (0.0118)	-0.0051 (0.0118)	-0.0064 (0.0118)
$Fincontrol$	-0.0317 (0.1530)	0.510*** (0.1340)	-0.224* (0.1260)	-0.0326 (0.1690)	0.0655 (0.1290)	0.115 (0.1280)	-0.0408 (0.1210)	0.00267 (0.1480)	-0.01 (0.1690)	-0.378** (0.1810)

续表

变量	FE_EQ	FE_BO	FE_MM	FE_CI	FE_DE	FE_CC	FE_FC	FE_GS	FE_DI	FE_RE
Fincontrol × Gousta$_{i,t}$	-0.0185 (0.0178)	-0.056*** (0.0159)	-0.0129 (0.0152)	0.0101 (0.0195)	-0.0050 (0.0151)	-0.0103 (0.0154)	-0.0117 (0.0146)	-0.0172 (0.0177)	-0.0034 (0.0198)	-0.053** (0.0209)
Constant	4.595*** (0.5620)	5.048*** (0.5760)	4.756*** (0.5600)	4.640*** (0.5620)	4.715*** (0.5620)	4.614*** (0.5670)	4.699*** (0.5590)	4.735*** (0.5610)	4.675*** (0.5640)	4.571*** (0.5620)
时间效应	Yes	Yes	Yes	Yes	Yes	Yes	Yes	Yes	Yes	Yes
个体效应	Yes	Yes	Yes	Yes	Yes	Yes	Yes	Yes	Yes	Yes
N	1 660	1 660	1 660	1 660	1 660	1 660	1 660	1 660	1 660	1 660
R²	0.043	0.050	0.044	0.043	0.041	0.041	0.045	0.044	0.041	0.045

注：（1）括号里的数值为稳健性标准误；（2）***、**、* 分别代表1%、5%和10%的显著性水平。

　　资本外流就是对外直接投资、对外证券投资以及对外其他投资的总称，资本内流就是外商直接投资、国外证券投资和国外其他投资的总称。目前研究资本外流和资本内流对经济增长效应的文献较多，且国内外学者大多数都是从宏观视角分析的。德里菲尔德和莱乌（Driffield and Love，2003）则是从行业角度分析了对外直接投资对英国国家制造业部门的逆向技术溢出效应。李梅和柳士昌（2012）利用省级面板数据分析发现对外直接投资的逆向溢出效应对国内创新有积极的推动作用。

　　随着目前微观数据获得的难度降低，可以通过从企业层面分析中国资本开放结构的问题。这里首先从整体经济视角，分析我国资本开放结构对技术创新的影响，采用中国的总体样本；其次，我们为了更好地说明资本开放结构对企业技术创新的影响，选用中国工业企业作为样本进行分析，这里由于分析的资本流入和流出都属于资本流动，且资本流入中外商直接投资占主导，资本流出中对外直接投资占主导，因此在进行企业样本分析时，用对外直接投资代表资本流出，外商直接投资代表资本流入。在数据方面，这里利用《中国工业企业数据库》与《境外投资企业（机构）名录》的数据进行合并，将中国对外直接投资的数据进行匹配；外商直接投资则按照企业注册类型进行统计，其中企业注册类型为 210、220、230 和 240 的企业为港澳台外资企业，注册类型为 310、320、330 和 340 的企业为外资企业，这里将这些某地区行业内的所有外资企业的销售额看作是企业所在地区的行业的外商直接投资额，即按照企业所属二位码行业和年份进行外商直接投资的匹配。

（1）数据说明和描述性统计

　　这里采用的样本数据来自两大数据库《中国工业企业数据库》和《境外投资企业（机构）名录》，主要是因为工业企业数据库中没有对外直接投资的相关指标，因此需要进行匹配，《境外投资企业（机构）名录》是中国商务部提供的数据，包括境内投资主体的名称、境外投资企业名称以及经营范围等详细信息，我们通过将《中国工业企业数据库》的工业企业名称和《境外投资企业（机构）名录》的境内投资主体进行匹配，能够成功匹配的企业就是"对外直接投资企业"，再按照某一行业和年份内的"对外直接投资企业"的工业销售产值的平均值来代替每一年份行业内所有企业的对外直接投资额。

这里的技术创新指标是用新产品产值来衡量的，是从创新产出的视角出发的，且在分析企业创新决策的动态效应时，选用的是企业创新决策哑变量，当企业新产品产值大于 0 时，创新决策哑变量赋值为 1，否则为 0。

（2）模型设定和估计方法

这里主要是分析资本开放结构对技术创新的影响，既分析资本开放结构对技术创新产出（新产品产值）与企业技术创新决策的整体平均影响，又分析资本开放结构对技术创新的动态影响。

一方面，考察资本开放结构的整体影响，第一，分析资本开放结构对企业新产品产值的影响；第二，考察进出资本开放结构对企业技术创新决策的效应。模型设定如式（6－33）和式（6－34）所示：

$$\text{Ln}inno_{new,ijt} = \lambda_0 + \lambda_1 Finstru_{ij,t} + \lambda_2 \sum_{i=1}^{n} X_{ij,t} + \eta_i + \omega_j + \mu_t + \varepsilon_{i,t}$$

$$(6-33)$$

$$\Pr(inno_{new,it}) = \Phi(\lambda_0 + \lambda_1 Finstru_{ij,t} + \lambda_2 \sum_{i=1}^{n} X_{ij,t} + \eta_i + \omega_j + \mu_t + \varepsilon_{i,t})$$

$$(6-34)$$

其中，$\text{Ln}inno_{new,ijt}$ 表示用企业新产品产值表示的技术创新产出指标；$inno_{new,it}$ 表示技术创新决策指标，$Finstru_{ij,t}$ 表示进出资本开放结构，用的是对外直接投资/外商直接投资的比重表示；另外这里选择影响企业技术创新的因素作为控制变量，包括企业利润率（$Profit_{ij,t}$）、企业规模（$Size_{ij,t}$）、企业年龄（$Age_{i,t}$）、资本密集度（$Captio_{ij,t}$）以及企业市场集中度（$Herf_{i,t}$），这里的企业利润率用企业利润总额/主营业务收入来计算，企业规模用企业的资产总额来表示，单位是亿元，企业年龄等于现今年份减去企业成立时间，资本密集度用总资产/销售额来表示；最后关于企业市场集中度用企业销售额赫芬达尔指数进行测度，即 $Herf_{i,t} = \sum_{i \in I_{ind}} \left(\frac{total\_sale_{i,t}}{total\_sale_{ind,t}} \right)^2$，其中，$total\_sale_{i,t}$ 是指某企业 i 在时间 t 的工业销售产值，$total\_sale_{ind,t}$ 则是表示企业 i 所属的行业 ind 在时间 t 的工业销售总产值，这个值越大说明市场集中度越高，垄断程度高，若指标值较小，则竞争程度越高。

另一方面，还考察了金融资本开放结构与技术创新的动态关系，第一，分析资本开放结构与企业新产品产值之间的动态关系；第二，考察进出资本开放结构对企业技术创新决策的动态效果。这里为了考察它们之间的动态关系，从"走出去"视角出发，在模型中加入对外直接投资企业进行对外直接投资之后的时间虚拟变量，分别按照 2001 年、2002 年、2004 年和 2006 年形成对外直接投资企业的分解年份哑变量，可得模型（6-35）和模型（6-36）：

$$Lninno_{new,ijt} = \varphi_0 + \varphi_1 Finstru_{ij,t} + \sum_{\tau = 0,1,3,5} \varphi_2 Finstru\_\tau_{ij}$$

$$+ \varphi_3 \sum_{i=1}^{n} X_{ij,t} + \eta_i + \omega_j + \mu_t \varepsilon_{i,t} \qquad (6-35)$$

$$Pr(inno_{new,ijt}) = \varPhi(\delta_0 + \delta_1 Finstru_{ij,t} + \sum_{\tau = 0,1,3,5} \delta_2 Finstru\_\tau_{ij}$$

$$+ \delta_3 \sum_{i=1}^{n} X_{ij,t} + \eta_i + \omega_j + \mu_t + \varepsilon_{i,t}) \qquad (6-36)$$

其中，$Finstru\_\tau_{ij}$ 就是企业资本账户开放之后的第 τ 年，这里的 τ 等于 0、1、3、5，分别代表企业对外直接投资当年、后第 1 年、后第 3 年以及后第 5 年，即表示的是 2001 年、2002 年、2004 年和 2006 年的年份哑变量。加入这几项可任意充分考察金融资本开放结构是否对企业技术创新具有持续性的影响。

（3）回归结果分析

①模型初步基本回归结果。首先采用固定效应方法和 Probit 模型，并控制个体效应、行业效应和时间效应之后，对模型（6-33）和模型（6-34）进行估计。结果见表 6-14。表 6-14 中列（1）、列（2）是

以创新产出指标作为被解释变量的估计结果，可以看出不管是否控制影响创新的其他因素，进出资本开放结构都可以显著地促进技术创新产出，即当控制其他因素下，资本外流占资本内流比重上升1%，会促进创新产出提升3.32%。列（3）、列（4）是以创新决策哑变量指标作为被解释变量的估计结果，这里我们采用的是 Probit 估计方法，也得出进出资本开放结构的估计系数均为正，并通过1%的显著性水平检验，说明在样本考察期间，对外直接投资相比于外商直接投资比重的增加与技术创新决策具有显著的正相关关系。

表6－14　　　　进出资本开放结构对技术创新的整体平均影响

变量	技术创新产出（新产品产值的对数）		技术创新决策哑变量	
	(1) FE	(2) FE	(3) Probit	(4) Probit
$Finstru_{ij,t}$	0.151 *** (0.00808)	0.0332 *** (0.00833)	0.0859 *** (0.00282)	0.139 *** (0.00300)
$Profit_{ij,t}$		1.30e−05 (6.66e−05)		0.000857 *** (0.000322)
$Size_{ij,t}$		0.350 *** (0.00311)		0.103 *** (0.000698)
$Age_{ij,t}$		9.38e−05 *** (2.50e−05)		−0.000506 *** (2.35e−05)
$Captio_{ij,t}$		−3.40e−05 ** (1.37e−05)		−5.59e−06 (6.71e−06)
$Herf_{i,t}$		4.208 *** (0.994)		−10.72 *** (0.326)
Constant	0.626 *** (0.00229)	−2.754 *** (0.0305)	−0.832 *** (0.00121)	−1.844 *** (0.00683)
年度效应	是	是	是	是
行业效应	是	是	是	是

续表

变量	技术创新产出（新产品产值的对数）		技术创新决策哑变量	
	（1） FE	（2） FE	（3） Probit	（4） Probit
N	1 955 019	1 955 019	1 955 019	1 955 019
R^2	0.0013	0.0056	0.193	0.1701

注：（1）括号里的数值为稳健性标准误；（2）***、**、*分别代表 1%、5% 和 10% 的显著性水平。

　　另外，我们还考察了资本开放结构与技术创新的动态效应，这里选取技术创新产出作为因变量进行检验，加入的是资本开放结构组成中的对外直接投资的变动量，结果见表 6-15。从表 6-15 的结果可以看出，无论因变量是技术创新产出还是技术创新决策，资本开放结构都会对其产生积极作用，且除了列（2）的结果外，其他的进出资本开放结构的估计系数都通过 1% 的显著性水平检验。再来看一下动态影响的结果，当创新产出为被解释变量时，在企业实施资本开放战略的当年至后 1 年，其系数都显著为负数，说明此时资本开放的变化反而使得技术创新产出下降，因为此时企业刚刚尝试"走出去"，对外直接投资水平较低，并且内部现金流也相对较少，对技术创新产生负向影响，但是从整体来看，随着时间的变化，这种负向作用在不断减小，直至资本开放的 3 年，其估计系数变为正数，随后估计系数进一步上升至 0.528（资本账户开放后 5 年），说明此时资本开放对技术创新产出具有显著的促进作用，因此资本开放结构对于技术创新产出的促进作用具有持续性。

　　当创新决策哑变量作为被解释变量时，总体上资本开放结构对技术创新仍保持正向促进作用，当企业实施资本开放的当年，控制其他因素的情况下，资本开放结构对企业创新的影响系数为 0.165，且通过 1% 的显著性水平检验；在进行资本开放之后的第 1 年，估计系数下降到 0.200，且不通过显著性检验；随后资本开放之后的第 3 年，估计系数上升至 0.0673，并通过 1% 显著性检验，在资本开放之后的第 5 年估计系数又进一步上升，总体看来，随着时间的推移，进出资本开放结构对企业技术创新决策的积极作用也是具有持续性的。

表 6 – 15　　　　　　进出资本开放结构对技术创新的动态影响

变量	技术创新产出（新产品产值的对数）		技术创新决策哑变量	
	(1) FE	(2) FE	(3) Probit	(4) Probit
$Finstru_{ij,t}$	0.0227 *** (0.00832)	0.0121 (0.00863)	0.0368 *** (0.00390)	0.138 *** (0.00300)
$Profit_{ij,t}$		2.09e−05 (6.57e−05)		0.000839 *** (0.000321)
$Size_{ij,t}$		0.248 *** (0.00338)		0.101 *** (0.000702)
$Age_{ij,t}$		5.73e−05 ** (2.47e−05)		− 0.000496 *** (2.34e−05)
$Captio_{ij,t}$		− 2.89e−05 ** (1.35e−05)		− 5.62e−06 (6.73e−06)
$Herf_{i,t}$		3.824 *** (1.000)		− 10.45 *** (0.327)
$Finstru\_0$	− 0.432 *** (0.112)	− 0.342 *** (0.111)	0.913 *** (0.0758)	0.165 ** (0.0773)
$Finstru\_1$	− 0.213 *** (0.0624)	− 0.203 *** (0.0623)	0.795 *** (0.0436)	0.0200 (0.0443)
$Finstru\_3$	0.133 *** (0.0427)	0.153 *** (0.0426)	0.703 *** (0.0413)	0.0673 *** (0.0134)
$Finstru\_5$	0.584 *** (0.0392)	0.528 *** (0.0392)	0.726 *** (0.0253)	0.0817 *** (0.0255)
Constant	0.625 *** (0.00604)	− 1.706 *** (0.0324)	− 1.434 *** (0.00506)	− 1.829 *** (0.00686)

变量	技术创新产出（新产品产值的对数）		技术创新决策哑变量	
	(1) FE	(2) FE	(3) Probit	(4) Probit
年度效应	是	是	是	是
行业效应	是	是	是	是
N	1 955 019	1 955 019	1 955 019	1 955 019
R^2	0. 032	0. 036	0. 157	0. 182

注：（1）括号里的数值为稳健性标准误；（2）***、**、*分别代表 1%、5% 和 10% 的显著性水平。

②倾向得分匹配方法下的回归结果。这里需要考察进出资本开放结构与技术创新之间的因果关系，首先，选用双重差分（DID）的方法分析 2001 年中国提出"走出去"战略政策前后资本开放结构对技术创新的影响。其次，为了防止出现选择性偏差和混合性偏差对估计结果的影响，最好的办法是采用随机试验的方法，因此还借鉴了赫克曼（Heckman，1997）提出的倾向得分匹配方法（PSM），再运用匹配好的数据进行双重差分方法分析资本开放政策提出前后的变化，这就是 PSM - DID 估计方法。

这里设定处理组和对照组，将对外直接投资的企业成为处理组，非对外直接投资企业称为对照组。由于赫克曼（Heckman，1997）的 PSM 方法存在一定的局限性：当匹配变量数目过少时，会生成不合理的对照组样本，进而影响估计结果，因此这里采用罗森巴姆和鲁宾（Rosenbaum and Rubin，1983）的思路，为处理组企业寻找匹配出合适的对照组企业。具体原理为：

第一步，通过构建 Logit 模型估计资本开放企业与作为对照组的非资本开放企业选择对外直接投资决策的概率 $P(IFDI_{it} = 1)$，即如式（6 - 37）所示：

$$P(IFDI_{it} = 1) = \Phi(Profit_{ij,t}, \ Size_{ij,t}, \ Age_{ij,t}, \ Captio_{ij,t}, \ Herf_{i,t})$$

$$(6-37)$$

第二步，第一步估计的 P 值就是倾向匹配得分，PSM 估计方法是根据 P 值的相近程度对二者进行匹配。将处理组企业资本开放的概率预测值设为 P_i，将对照组企业资本开放的概率预测值设为 P_j，则有资本开放对技术创新的因果关系的匹配估计量为式（6 – 38）：

$$\lambda = \frac{\sum\limits_{i \in treated} (\mathrm{Lninno}_{i,t+s} - \sum\limits_{j \in control} f(P_i, \ P_j)\mathrm{Lninno}_{j,t+s})}{n} \quad (6-38)$$

第三步，再引入双重查分法（difference in difference）理念，引入差分后，此倾向得分匹配模型可以表示为式（6 – 39）：

$$\lambda = \frac{\sum\limits_{i \in treated} (\Delta\mathrm{Lninno}_{i,t+s} - \sum\limits_{j \in control} f(P_i, \ P_j)\Delta\mathrm{Lninno}_{j,t+s})}{n} \quad (6-39)$$

2001 年倾向匹配平衡性检验结果如表 6 – 16 所示，从结果可以看出，所有的匹配变量的偏差在匹配之后都小于 5%，说明选取的匹配变量和匹配的方法都合适的；匹配后的 t 统计值大多数都不显著，意味着匹配之后的匹配变量在处理组和对照组之间没有显著的差异，更有利于估计结果的稳定性和可靠性。

表 6 – 16　　　　　　　**2001 年倾向匹配平衡性检验结果**

变量	匹配前后	均值		偏差（%）	偏差减少（%）	t 统计值	p > | t |
		处理组	对照组				
$Profit_{ij,t}$	匹配前	0.0603	0.0437	5.9		– 1.78	0.076
	匹配后	0.0603	0.0603	0.0	100	0.02	0.984
$Size_{ij,t}$	匹配前	11.496	10.278	10.2		1.5	0.135
	匹配后	11.496	10.796	4.68	54.1	0.76	0.445
$Age_{ij,t}$	匹配前	25.161	27.526	– 20.5		1.55	0.120
	匹配后	25.161	27.018	– 3.5	82.9	– 3.36	0.001

续表

变量	匹配前后	均值		偏差（%）	偏差减少（%）	t 统计值	p > |t|
		处理组	对照组				
$Captio_{ij,t}$	匹配前	1.65	1.52	3.6		0.57	0.57
	匹配后	1.65	1.4527	0.1	97.2	0.11	0.913
$Herf_{i,t}$	匹配前	0.003	0.0024	4.6		-0.98	0.33
	匹配后	0.003	0.0029	1.2	73.9	1.05	0.296

注：作者整理。

表 6 - 17 列出的就是双重差分（DID）和倾向匹配得分双重差分（PSM - DID）的估计结果，被解释变量为技术创新产出变量。列（1）和列（2）是基于双重差分（DID）下的估计结果，其中列（1）不加入其他控制变量，列（2）则是加入了控制变量之后的估计结果，发现即使加入控制变量后，交叉项的估计系数符号都是正数，且通过 1%的显著性水平检验，说明资本开放政策的提出对技术创新存在显著的正向影响。

列（3）和列（4）则是在倾向得分匹配的基础上，得到与处理组相似的一组新的对照组，进而再采用双重差分的方法考察资本账户开放对工业企业的技术创新具有显著的正向影响。一般而言，采用倾向得分匹配之后，进出资本开放对技术创新的影响不受控制变量的影响，即使加入控制变量之后，交叉项的系数仍然显著为正。并且可以看出当加入控制变量后，交叉项的估计系数下降幅度较大（从 0.152 下降至 0.0129），主要原因是资本账户开放通过影响企业一些控制变量从而对技术创新产生影响，即控制变量起到一定的中介作用，资本账户开放对技术创新的效应部分被控制变量吸收。

表6-17　　　　　　　资本开放结构对技术创新影响——基于
DID 和 PSM - DID 的对比

变量	(1) DID	(2) DID	(3) PSM - DID	(4) PSM - DID
$Treated \times Time$	1.687 *** (0.0339)	1.637 *** (0.0339)	0.152 *** (0.0563)	0.0129 *** (0.0056)
$Time$	0.559 *** (0.00340)	0.494 *** (0.00365)	0.250 *** (0.00565)	0.0172 *** (0.00606)
$Treated$	- 0.364 *** (0.0420)	- 0.427 *** (0.0420)	- 0.840 *** (0.0699)	- 1.062 *** (0.0696)
$Profit_{ij,t}$		3.19e - 05 (6.61e - 05)		0.000113 (0.0001)
$Size_{ij,t}$		0.177 *** (0.00329)		0.579 *** (0.0055)
$Age_{ij,t}$		0.000157 *** (2.48e - 05)		1.13e - 05 (4.12e - 05)
$Captio_{ij,t}$		- 2.98e - 05 ** (1.36e - 05)		8.44e - 06 (2.25e - 05)
$Herf_{i,t}$		14.24 *** (0.964)		- 1.100 (1.599)
Constant	0.419 *** (0.00194)	- 1.315 *** (0.0317)	0.991 *** (0.00324)	- 4.534 *** (0.0532)
N	1 955 019	1 955 019	1 949 402	1 947 731
R^2	0.022	0.024	0.001	0.009

注：（1）括号里的数值为稳健性标准误；（2）***、**、*分别代表1%、5%和10%的显著性水平。

③不同类型企业倾向得分匹配方法下的回归结果。这里将企业按照产权所有制分为国有企业、私营企业和外资企业。从检验结果看，无论是哪种所有制企业，交叉项的系数均为正数，说明资本开放政策对技术

创新存在促进作用，但是对比这三种所有制的估计系数，私营企业的交叉项系数最大（1.868），且通过1%的显著性水平检验，其次是外资企业（系数1.010），最低的是国有企业（0.0283），并且外资企业和国有企业的交叉项系数都未通过显著性检验。意味着资本开放政策的实施对私营企业的技术创新效应最强烈，而国有企业由于体制内主要以庞大的国有资本支撑发展，国际资本的流动对其刺激作用不明显；同时外资企业的资本是以母公司资本为支撑的，因此所属地的资本国际流动对其影响不大（见表6-18）。

表6-18　　　　　不同所有制企业资本开放结构对技术
创新的影响（PSM-DID）

变量	（1） 国有企业	（2） 私营企业	（3） 外资企业
$Treated \times Time$	0.0283 （0.251）	1.868 *** （0.528）	1.010 （1.345）
$Time$	0.0320 （0.0252）	0.0521 （0.213）	0.0343 （0.0534）
$Treated$	-2.062 *** （0.294）	-3.021 *** （0.392）	-2.325 *** （0.307）
$Profit_{ij,t}$	0.301 *** （0.0298）	2.330 *** （0.182）	2.194 *** （0.384）
$Size_{ij,t}$	0.0336 （0.0238）	0.0759 ** （0.0334）	-0.0963 （0.115）
$Age_{ij,t}$	2.65e-05 （9.05e-05）	0.00372 （0.00825）	-0.0155 （0.0322）
$Captio_{ij,t}$	9.71e-06 （7.28e-05）	0.00782 （0.00663）	0.0107 （0.0209）
$Herf_{i,t}$	-1.513 （3.710）	-49.15 * （25.22）	-118.4 （81.59）

续表

变量	（1） 国有企业	（2） 私营企业	（3） 外资企业
Constant	1. 726 *** (0. 244)	1. 572 *** (0. 427)	3. 949 *** (1. 411)
N	296 463	414 189	51 722
R^2	0.001	0.001	0.002

注：（1）括号里的数值为稳健性标准误；（2）***、**、*分别代表1%、5%和10%的显著性水平。

6.3 本章小结

本章重点考察金融结构优化与技术创新的关系，将金融体系结构划分为金融内部结构和金融开放结构两个视角分析对技术创新的影响。在金融内部结构层面：首先，基于简单技术外生增长模型分析最优金融内部结构稳态以及动态演化过程，并构建计量模型探究金融内部结构对企业技术创新的影响，结果发现以银行业指标与金融市场指标的比值表示的金融内部结构对企业技术创新的影响是显著为负，说明市场主导型比银行主导型金融结构更有利于企业进行技术创新；其次，在此基础上运用面板分位数回归方法分析金融内部结构对企业技术创新边际效应的动态演化，发现边际效应的演化轨迹伴随时间呈现明显的上升趋势。在金融开放结构层面，分别讨论基于法定规则下的金融开放结构和基于事实的资本开放对技术创新的作用，结论发现：控制了国家政治风险因素及其他公共因素后，除了个别资本账户控制对国家技术创新是正向的，其他资本账户控制会阻碍企业进行技术创新；无论是静态关系分析还是动态影响分析，都发现资本开放结构对技术创新产出和创新决策存在持续的积极作用。

金融创新的技术创新效应：
经济增长视角

金融创新可以降低提供金融服务的成本，金融创新需要在技术创新的辅助下才能完成，技术进步是影响金融创新的重要因素。2008 年金融危机爆发，全球金融环境受挫，导致金融界的目光都集中在金融创新上。金融创新对经济的影响效果怎样，是促进还是阻碍，是目前很多学者关注的问题，这个问题在近些年不断出现的全球性金融危机中得到大量关注。拉尔文等（Laeven et al., 1999）将金融创新定义为由金融中介机构推出的新的金融产品，以促进经济增长的过程。

在相当多的研究文献中，金融发展通常通过影响技术以促进经济发展（Allen and Gale，1995；Frame and White，2004；Goetzmann，2009；Tufano，2003）。金融部门的企业家通过研发专门的银行和融资系统，以促进对投资者的筛选和对投资者进行远程监督。近年来，很多金融机构的企业家开发现代风险投资的信息技术用以筛选出优质的初创企业。艾默等（Amore et al., 2013）和沙韦特等（Chavaet al., 2013）用实证检验的方法证明了金融创新与技术创新之间存在紧密联系。目前经济学家还没开发出金融创新的技术创新演化的模型，即没有将技术创新和金融创新放在同一个经济模型中考虑它们共同作用于经济增长。

中国人民银行也在 2019 年印发《金融科技（FinTech）发展规划 (2019—2021 年)》的全文，文中定义了金融科技是指技术驱动的金融创新，旨在运用现代科技成果改造或创新金融产品、经营模式、业务流程等，推动金融发展提质增效。文中还强调金融科技的重要作用有：第一，金融科技成为推动金融转型升级的新引擎，金融科技能够简化供需双方的交易环节，降低资金融通的边际成本，推动金融机构在盈利模式、业务形式等方面持续优化，不断增强核心竞争力，为金融业转型升级持续赋能；第二，金融科技成为金融服务实体经济的新途径，金融科技能够运用先进的技术手段完善金融产品供给，助力供给侧结构性改革；第三，金融科技成为促进普惠金融的新机遇，金融科技可以解决普惠金融面临的成本高、收益不足等问题；第四，金融科技成为防范化解金融风险的新利器，运用人工智能等新技术可以有效甄别高风险交易，提升金融风险防范能力。

7.1 金融创新对经济增长影响的不确定关系

根据前面描述，金融创新在经济增长过程中到底是促进作用还是抑制作用，是目前经济学家关注的重点。在这里考察金融创新对经济增长影响的不确定性，首先应当构建合适的金融创新指标体系，其次利用指标体系测算出来的金融创新指标去分析其对经济增长的作用。

7.1.1 金融创新指标体系的构建

近年来，已经有部分学者在构建合适的金融创新指标体系中有了卓越的成就。喻平（2005）通过定量分析，从金融创新贡献率、新金融工具替换率、金融工具引进系数以及金融创新技术系数四个方面构建了宏观经济指标以衡量国家金融创新能力；孙竹（2007）在此基础上，仍然从这四个方面，利用了系统动力学的仿真原理进行金融创新指标参数模拟。我们应充分关注中国改革发展过程中的金融问题，结合现实情况，构建适合中国国情的金融创新指标体系。

（1）金融创新指标设计

金融创新能力也是表现为金融发展，这里从金融创新效率、金融创新规模和金融创新结构三个层面构建金融创新体系，这三个层面就是三项一级指标，再将每个一级指标分成多个二级指标，如表 7 - 1 所示。

表 7 - 1　　　　　　　　构建金融创新指标体系

一级指标	二级指标	符号	描述说明
金融创新规模	股票交易额占 GDP 比重	STV	股票市场流动性指标
	国内上市公司市值占 GDP 比重	SV	股票市场规模指标
	金融机构总资产占 M2 比重	$FA/M2$	金融创新程度指标
金融创新效率	金融机构提供的国内信贷占 GDP 比重	DC	金融中介资源配置效率指标
	银行贷款总额占 GDP 比重	BDC	杠杆率指标
	广义货币供给 M2 占 GDP 比重	$M2/GDP$	金融深化程度指标
	金融资产总额占 GDP 比重	FIR	经济金融化程度指标
金融创新结构	中央银行的资产总额占金融总资产的比重	CA/FA	金融集中度指标
	中央银行总资产占 GDP 比重	CA	中央银行的重要性指标

资料来源：笔者根据文献整理。

金融创新规模指标主要包括股票交易额占 GDP 的比重、股票市值占 GDP 比重股票周转率和金融机构总资产占 M2 比重。其中，股票交易额占 GDP 的比重（STV）可以衡量一国股票市场流动性；国内上市公司市值占 GDP 比重（SV）就是股票市场价值占 GDP 比重，可以衡量该国家或地区的股票市场规模；金融机构总资产占 M2 的比重（$FA/M2$）即为金融机构资产与交易性金融资产的比值，其中，交易性金融资产是指用于直接交易支付的资产总量，近似地用广义货币量 M2 来表示，投资性金融资产涉及投资性金融产品或工具，可以表示为金融机构资产总量。

金融创新效率指标包括金融机构提供的国内信贷占 GDP 的比重、银行提供的信贷额占 GDP 比重、广义货币供给 M2 占 GDP 比重、金融资产总额占 GDP 比重。其中，金融机构提供的国内信贷占 GDP 的比重（DC）可以衡量一国金融中介资源配置的效率；银行提供的信贷额占 GDP 比重（BDC）表示的是金融杠杆率；广义货币供给 M2 占 GDP 比重（M2/GDP）是典型的衡量金融深化程度的指标；金融资产总额占 GDP 比重（FIR）是金融发展的重要指标，戈登史密斯（Goldsmith）提出能够反映经济金融化程度的指标。

金融创新结构指标从两个方面来衡量，一是中央银行资产总额占金融总资产的比重（CA/FA），中央银行资产相对于总资产的比重可以很好地描述金融集中度程度；二是中央银行总资产占 GDP 的比重（CA），这一指标可以很好地描述中央银行在整个金融体系中的重要性。

（2）金融创新指标的描述与统计

这里选取跨国样本，包括 1995～2017 年 73 个国家的样本。这里构建金融创新指标体系的指标数据来源于世界银行数据库、世界发展指标，其中中央银行总资产占 GDP 比重（CA/FA）和中央银行的资产总额占金融总资产的比重（CA）的数据来自世界银行的报告[①]，金融机构总资产占广义货币供给 M2 比重和金融资产总额占 GDP 比重则是根据 CA/FA、CA 和 M2/GDP 三个指标计算得到，结果如表 7 - 2 所示。

[①] 世界银行报告题目：*Financial Structure and Development Dataset*（2019/2020），这个数据集是对世界各国金融部门数据的指标汇总，数据更新至 2017 年，为保持样本量的完整性，这里样本时间截止到该数据集统计的年份，即 2017 年。

表 7－2　跨国样本中国家在 1995～2017 年样本期间的均值和标准差

| 国家 | 金融创新规模 | | | | | | 金融创新效率 | | | | | | 金融创新结构 | | | | | |
| | STV | | SV | | FA/M2 | | DC | | BDC | | M2/GDP | | FIR | | CA/FA | | CA | |
	均值	标准差	均值	标准差	均值	标准差	均值	标准差	均值	标准差	均值	标准差	均值	标准差	均值	标准差	均值	标准差
阿根廷	3.299	4.114	15.721	5.679	0.012	0.002	33.920	9.166	15.561	4.656	26.993	2.742	0.323	0.066	24.665	12.410	8.212	4.862
澳大利亚	70.427	30.997	101.393	25.580	0.012	0.000	124.893	34.166	106.483	22.218	85.364	18.250	1.064	0.222	2.954	1.537	2.960	1.501
巴林	4.659	2.866	96.604	19.566	0.008	0.001	43.220	14.811	50.115	10.884	69.384	10.353	0.563	0.140	2.174	1.391	1.153	0.728
孟加拉国	1.491	1.041	11.944	11.736	0.009	0.001	41.108	13.283	27.917	8.107	41.296	13.279	0.370	0.120	7.741	2.154	2.899	1.199
巴巴多斯	0.660	0.530	48.603	16.738	0.010	0.001	59.087	4.803	45.865	5.523	63.836	10.122	0.614	0.044	2.470	1.865	1.471	1.038
巴西	26.294	11.430	48.618	19.597	0.013	0.001	88.249	13.290	45.930	15.059	72.434	15.538	0.939	0.184	17.085	2.244	15.911	3.031
保加利亚	4.007	5.252	22.593	12.784	0.010	0.002	56.027	12.300	58.552	12.576	63.919	5.424	0.614	0.140	1.789	2.750	0.824	1.180
加拿大	68.495	23.834	127.513	37.386	0.010	0.002	155.905	40.002	102.937	23.160	113.549	37.064	1.131	0.224	2.794	0.485	3.061	0.170
智利	12.935	6.912	98.441	23.013	0.011	0.003	89.761	22.185	65.620	9.044	69.510	16.494	0.707	0.068	9.550	8.088	6.457	5.312
中国	108.523	88.790	52.841	27.310	0.008	0.000	150.179	26.343	125.546	16.328	171.568	20.396	1.302	0.170	2.221	1.044	2.811	1.115
哥伦比亚	6.943	1.864	48.038	15.100	0.011	0.000	59.928	8.106	35.250	7.868	40.015	6.639	0.420	0.065	0.885	0.644	0.345	0.231
哥斯达黎加	0.293	0.369	7.032	3.326	0.011	0.005	42.237	12.995	31.998	13.538	41.416	16.369	0.377	0.100	13.764	16.371	3.866	4.339
克罗地亚	1.935	1.897	39.909	23.768	0.012	0.003	72.907	15.526	58.354	10.957	65.186	7.913	0.772	0.254	0.032	0.051	0.020	0.025
捷克	15.503	6.322	22.653	8.304	0.008	0.000	47.000	6.050	31.375	7.635	57.706	5.220	0.488	0.046	2.230	1.562	1.040	0.706
丹麦	23.623	4.956	57.992	3.136	0.034	0.001	169.973	4.884	142.860	3.941	46.932	0.669	1.594	0.009	0.750	0.071	1.195	0.106

续表

| 国家 | 金融创新规模 | | | | | | 金融创新效率 | | | | | | | | 金融创新结构 | | | |
| | STV | | SV | | FA/M2 | | DC | | BDC | | M2/GDP | | FIR | | CA/FA | | CA | |
	均值	标准差	均值	标准差	均值	标准差	均值	标准差	均值	标准差	均值	标准差	均值	标准差	均值	标准差	均值	标准差
厄瓜多尔	0.198	0.157	6.323	2.827	0.017	0.007	25.156	4.322	23.087	1.617	19.780	3.545	0.320	0.073	12.267	12.174	4.410	4.563
埃及	21.886	21.182	40.552	31.154	0.011	0.001	84.561	14.239	34.327	8.305	83.417	10.119	0.880	0.114	23.784	4.077	21.231	5.838
斯威士兰	4.422	8.564	9.688	7.088	0.007	0.002	11.605	2.509	14.150	3.470	19.460	2.256	0.139	0.034	2.175	1.153	0.311	0.189
加纳	0.445	0.261	10.985	6.486	0.011	0.005	27.910	5.766	12.064	3.251	27.499	4.219	0.305	0.126	49.538	20.853	15.670	11.839
匈牙利	14.852	8.625	20.570	8.146	0.012	0.001	67.534	9.459	47.685	9.605	56.208	5.471	0.662	0.102	2.140	2.681	1.311	1.413
印度	54.025	21.377	76.116	26.963	0.009	0.001	69.766	7.542	47.073	6.397	74.340	5.584	0.653	0.079	5.146	1.704	3.443	1.446
印度尼西亚	11.046	3.917	33.544	12.436	0.009	0.001	47.682	8.486	31.121	12.753	45.139	7.395	0.427	0.076	15.490	9.617	6.904	5.248
伊朗	2.973	2.071	19.082	13.476	0.009	0.001	47.821	10.597	38.471	15.536	48.642	14.741	0.446	0.133	19.034	17.354	6.584	4.757
以色列	23.234	13.772	64.544	25.696	0.011	0.002	82.473	6.674	69.853	5.045	82.234	8.272	0.867	0.090	2.216	0.996	1.898	0.803
牙买加	1.302	0.480	35.087	13.740	0.009	0.002	44.828	10.073	20.775	4.740	51.417	11.204	0.465	0.077	23.820	6.326	11.344	4.115
日本	72.773	38.481	73.947	19.710	0.009	0.001	304.259	23.720	122.336	38.549	215.451	16.727	2.016	0.296	9.896	6.806	19.730	15.174
约旦	36.966	42.938	111.331	55.073	0.009	0.001	108.257	4.598	75.453	6.401	127.503	6.909	1.126	0.042	5.276	1.234	5.932	1.386
哈萨克斯坦	1.845	2.193	19.093	13.189	0.011	0.001	40.885	12.241	36.775	11.026	33.768	7.368	0.372	0.100	1.819	1.961	0.643	0.710

续表

| 国家 | 金融创新规模 | | | | | | 金融创新效率 | | | | | | | | 金融创新结构 | | | |
| | STV | | SV | | FA/M2 | | DC | | BDC | | M2/GDP | | FIR | | CA/FA | | CA | |
	均值	标准差	均值	标准差	均值	标准差	均值	标准差	均值	标准差	均值	标准差	均值	标准差	均值	标准差	均值	标准差
肯尼亚	1.549	1.397	24.197	11.407	0.009	0.000	37.061	3.325	25.206	2.064	37.654	2.308	0.349	0.023	12.538	9.150	4.303	3.065
韩国	104.743	47.228	64.378	28.974	0.009	0.002	122.732	42.641	110.682	34.901	104.805	38.146	0.917	0.296	1.382	0.665	1.176	0.403
科威特	65.706	37.761	87.845	29.763	0.010	0.002	79.100	19.443	45.376	11.516	76.069	17.649	0.797	0.260	0.250	0.182	0.225	0.174
黎巴嫩	2.300	2.379	20.932	11.111	0.008	0.001	169.023	25.717	77.880	10.145	213.288	36.933	1.757	0.286	13.712	7.451	25.687	14.787
马来西亚	42.225	13.191	148.100	46.568	0.009	0.001	135.025	14.927	120.703	15.566	129.913	6.815	1.229	0.158	1.808	1.896	2.373	2.673
毛里求斯	2.686	1.050	50.749	20.978	0.010	0.001	93.163	18.386	73.984	19.184	91.687	10.890	0.924	0.213	1.749	1.101	1.496	0.792
墨西哥	8.908	2.438	24.972	5.715	0.011	0.002	33.677	4.129	19.180	3.412	25.813	2.543	0.287	0.051	0.778	0.690	0.218	0.180
黑山	1.414	0.403	81.033	7.771	0.015	0.002	69.130	12.628	65.740	14.796	49.649	2.505	0.730	0.113	0.160	0.055	0.113	0.029
摩洛哥	3.700	1.327	55.213	9.542	0.008	0.000	108.928	3.933	67.558	2.935	116.166	1.802	0.886	0.024	0.849	0.269	0.750	0.230
纳米比亚	0.304	0.233	9.539	4.021	0.012	0.003	47.563	3.957	45.248	3.663	45.375	9.926	0.530	0.056	1.358	3.389	0.718	1.794
新西兰	9.381	7.022	38.129	9.112	0.015	0.001	119.009	20.193	115.134	18.037	81.962	5.540	1.246	0.178	2.479	0.595	3.001	0.355
尼日利亚	2.144	2.698	20.693	11.812	0.010	0.002	19.573	7.483	16.044	7.991	21.842	7.556	0.198	0.039	22.708	21.459	4.332	4.160
挪威	36.679	21.545	48.684	16.064	0.016	0.005	104.824	28.054	92.511	20.648	56.180	3.780	0.928	0.344	0.698	0.850	0.489	0.567
阿曼	7.637	5.575	37.861	12.700	0.011	0.003	38.473	11.078	41.098	11.478	37.440	7.970	0.432	0.174	1.441	1.641	0.666	0.754
巴基斯坦	35.613	41.971	22.590	11.756	0.009	0.001	46.198	4.981	22.514	4.603	49.755	5.186	0.431	0.044	21.082	5.716	9.077	2.441

续表

| 国家 | 金融创新规模 | | | | | | 金融创新效率 | | | | | | | | 金融创新结构 | | | |
| | STV | | SV | | FA/M2 | | DC | | BDC | | M2/GDP | | FIR | | CA/FA | | CA | |
	均值	标准差	均值	标准差	均值	标准差	均值	标准差	均值	标准差	均值	标准差	均值	标准差	均值	标准差	均值	标准差
巴拿马	0.809	0.515	25.735	8.609	0.012	0.001	79.110	11.280	76.540	9.267	72.719	7.319	0.899	0.089	15.377	2.279	13.693	1.371
巴布亚新几内亚	0.308	0.180	103.365	27.794	0.007	0.001	21.010	4.440	15.188	2.405	32.043	3.334	0.218	0.042	5.181	3.984	1.058	0.644
巴拉圭	0.203	0.071	4.000	0.219	0.013	0.001	28.180	3.387	25.027	1.661	25.353	0.823	0.329	0.019	23.360	1.239	7.695	0.817
秘鲁	3.528	1.939	35.429	18.082	0.008	0.001	20.917	3.991	23.483	3.683	32.715	3.210	0.265	0.037	0.502	0.576	0.137	0.158
菲律宾	12.086	7.484	57.010	24.786	0.008	0.001	55.659	7.791	36.337	7.425	61.531	6.322	0.513	0.069	8.572	3.509	4.469	2.223
波兰	12.313	3.607	33.220	8.316	0.010	0.006	59.500	12.966	44.446	10.269	53.904	8.310	0.451	0.325	0.017	0.027	0.007	0.010
卡塔尔	23.892	13.523	90.208	18.794	0.017	0.002	88.056	38.861	52.890	17.109	67.274	18.228	1.292	0.344	0.012	0.012	0.017	0.020
罗马尼亚	0.686	0.478	7.657	6.574	0.005	0.000	24.952	12.569	20.525	12.832	32.217	3.429	0.145	0.026	4.558	6.550	0.693	1.024
俄罗斯	20.567	13.490	40.172	16.486	0.009	0.001	41.667	6.632	47.338	5.632	51.709	5.009	0.490	0.067	1.259	0.396	0.601	0.148
塞尔维亚	2.506	2.013	21.623	17.832	0.010	0.001	35.525	13.530	34.225	11.284	33.812	9.328	0.353	0.134	3.271	3.245	0.826	0.578
新加坡	102.050	36.811	208.800	55.392	0.011	0.001	87.641	21.085	105.652	14.627	119.311	10.515	1.295	0.171	2.021	0.665	2.554	0.731
南非	54.570	27.293	204.803	55.738	0.011	0.001	166.987	19.424	67.183	5.942	65.489	10.432	0.735	0.068	2.046	1.283	1.437	0.806
斯里兰卡	3.069	2.080	20.464	8.510	0.009	0.001	48.438	10.341	32.927	4.971	41.597	5.766	0.373	0.068	8.887	3.525	3.189	1.053
瑞典	85.078	34.954	84.665	15.559	0.020	0.003	107.039	1.581	90.666	0.152	46.299	1.170	0.912	0.152	0.197	0.323	0.147	0.237
瑞士	139.363	72.303	207.141	43.719	0.012	0.001	166.615	8.090	154.951	9.911	143.757	24.784	1.652	0.074	0.611	0.443	0.985	0.693
坦桑尼亚	0.039	0.035	2.625	1.077	0.006	0.001	10.246	1.604	4.397	0.456	18.206	2.092	0.101	0.001	29.863	1.431	3.027	0.133

续表

| 国家 | 金融创新规模 | | | | | | 金融创新效率 | | | | | | | | 金融创新结构 | | | |
| | STV | | SV | | FA/M2 | | DC | | BDC | | M2/GDP | | FIR | | CA/FA | | CA | |
	均值	标准差	均值	标准差	均值	标准差	均值	标准差	均值	标准差	均值	标准差	均值	标准差	均值	标准差	均值	标准差
泰国	46.024	23.182	63.349	26.854	0.011	0.003	140.694	22.391	109.865	23.061	109.776	11.858	1.217	0.214	1.850	0.709	2.198	0.874
特立尼达和多巴哥	1.794	0.125	42.996	1.518	0.008	0.000	42.821	3.360	39.598	10.981	47.313	2.041	0.382	0.007	5.905	0.318	2.255	0.078
突尼斯	2.059	1.272	18.252	4.842	0.011	0.001	74.714	10.059	55.151	6.682	58.045	12.269	0.645	0.168	0.739	0.373	0.471	0.302
土耳其	36.607	10.397	25.807	9.400	0.011	0.002	51.505	16.912	31.899	17.519	42.935	8.358	0.469	0.163	6.920	6.845	2.576	2.407
乌克兰	1.404	0.965	22.161	9.104	0.014	0.000	90.724	4.879	59.562	4.251	54.062	1.881	0.748	0.045	8.280	0.792	6.175	0.219
阿拉伯联合酋长国	16.759	9.628	45.845	12.442	0.013	0.001	86.407	15.189	69.442	10.324	72.512	12.469	0.921	0.190	5.495	3.122	5.258	3.079
英国	87.230	24.880	127.222	28.907	0.012	0.000	138.704	27.054	136.437	27.582	112.198	22.282	1.303	0.243	0.448	0.095	0.573	0.098
美国	199.235	66.375	125.270	21.053	0.009	0.000	214.088	25.059	51.126	3.960	77.036	10.645	0.675	0.095	13.445	7.554	9.663	6.828
乌拉圭	0.003	0.000	4.061	3.787	0.009	0.000	31.961	0.579	26.526	0.298	36.127	0.118	0.336	0.002	29.650	1.485	9.975	0.431
委内瑞拉	1.509	1.277	8.701	4.650	0.007	0.000	19.522	7.269	10.752	1.562	20.682	2.314	0.148	0.019	17.833	10.455	2.723	1.844
越南	11.105	5.473	22.976	7.060	0.009	0.001	115.613	15.872	104.445	12.456	118.404	19.492	1.091	0.131	1.537	1.005	1.668	1.094
赞比亚	0.098	0.057	14.658	8.320	0.034	0.013	39.288	16.616	7.121	1.212	17.136	1.358	0.571	0.214	65.963	24.157	42.111	23.759
津巴布韦	2.511	0.929	29.172	10.820	0.000	0.000	51.969	9.809	22.382	4.126	24.660	4.592	0.007	0.002	46.252	5.529	0.312	0.148

注：表中列出了 73 个国家的金融创新规模、金融创新效率和金融创新结构指标在本样本时间范围内的均值和标准差。

从金融创新规模视角看，第一，股票交易额占 GDP 的比重（STV），反映了各国的股票市场流动性，可以看出均值排名前五的分别是美国、瑞士、中国、韩国和新加坡，排名最后的五个国家分别为巴拉圭、厄尔多尔、赞比亚、坦桑尼亚和乌拉圭；第二，国内上市公司市值占 GDP 比重（SV），即为股票市场价值占 GDP 的比重，能够反映国家股票市场的规模，排名前五的国家有新加坡、瑞士、马来西亚、英国和加拿大，排名后五名的国家分别为哥斯达黎加、厄尔多尔、乌拉圭、巴拉圭和坦桑尼亚；第三，金融机构总资产占广义货币供给 M2 的比重（FA/M2），能够反映出金融创新程度，排名前五的国家有赞比亚、瑞典、卡塔尔、厄尔多尔和挪威。

从金融创新效率视角看，第一，金融结构贷款余额占 GDP 比重（DC），可以反映出金融中介机构资源分配的效率，最大均值为日本的 304.259，说明日本的金融中介资金配置效率最高，最小均值为坦桑尼亚的 10.246，两者之间差距较大。第二，银行部门提供的贷款总额占 GDP 的比重（BDC），这一指标最能反映金融杠杆率，指标值越大说明杠杆率越高，反之则越低，可以看出最大均值国家为瑞士（154.951），最小均值国家为坦桑尼亚（4.397），两者之间相差近 35 倍。第三，广义货币供给 M2 占 GDP 的比重，这个指标的大小最能体现金融深化程度，均值最大的国家为日本（2.016），均值最低的国家是津巴布韦（0.007），两者相差较大。

从金融创新结构看，一方面，中央银行资产总额占金融总资产的比重，当指标值越大说明金融集中度越高，均值最大的国家为赞比亚，说明这个国家的金融集中度较高；均值最低的国家为卡塔尔，其金融集中度相对偏低；另一方面，中央银行总资产占 GDP 比重，比重越高说明国家的中央银行占主导作用。

总体看来，在每个金融创新指标的结果下，都存在一个重要的特点，即均值最大值与均值最小值之间的差距都较大，说明国家之间金融创新的差距仍然存在严重不平衡。

（3）金融创新指标的主成分分析结果

本章在分析金融创新指标时，采用的是三个层面的综合指标，分别为金融创新规模（*Fininno_size*）、金融创新效率（*Fininno_eff*）和金融创新结构（*Fininno_stru*）。运用的方法是主成分分析方法（PCA），首先将数据转化为互不相关的新变量（即标准化源数据），其次，进行一系列步骤，分别为构建数据矩阵、变量标准化、计算相关矩阵、确定特征值和特征向量、选出主成分、解释结果（钞小静等，2011）。

这三个层面金融发展指标的特征向量和主成分在表7－3中显示。表7－3分别从金融创新规模、金融创新效率以及金融创新结构三个层面的视角进行主成分分析，首先，选取股票市场交易额占 GDP 比重（*STV*）、国内上市公司股票市值占 GDP 比重（*SV*）和金融机构总资产占广义货币供给的比重（*FA/M2*）来综合衡量金融创新规模指标，根据累计方差的结果选择三个主成分 PC1、PC2、PC3；其次，衡量金融效率创新指标的子指标分别为 *DC*、*BDC*、*M2/GDP* 和 *FIR*，主成分分析结果看应选取前两个主成分 PC1 和 PC2；再次，从金融创新结构看，应该选取两个主成分；最后，当将 9 个主要的二级指标都考虑进来，应选取前四个主成分 PC1、PC2、PC3、PC4，其矩阵成分也已经列在表中。

另外，样本中各国的金融创新综合指标的均值和标准差的结果都在表7－4中。

表7-3　　构建金融发展指数（主成分分析法）

指标名称	项目	主成分								
		PC1	PC2	PC3	PC4	PC5	PC6	PC7	PC8	PC9
金融创新规模综合指数（fininno_size）	特征值	1.6204	0.9976	0.382						
	变化（%）	0.5401	0.3325	0.1273						
	累计（%）	0.5401	0.8727	1						
	STV	0.7062	0.0252	0.7076						
	SV	0.7043	0.0773	-0.7057						
	FA/M2	-0.0725	0.9967	0.0368						
金融创新效率综合指数（fininno_eff）	特征值	3.4788	0.2633	0.1861	0.0718					
	变化（%）	0.8697	0.0658	0.0465	0.0179					
	累计（%）	0.8697	0.9355	0.9821	1					
	DC	0.4916	-0.4875							
	BDC	0.4868	0.783							
	M2/GDP	0.5012	-0.3757							
	FIR	0.5197	0.09							
金融创新结构综合指数（fininno_stru）	特征值	1.7257	0.2743							
	变化（%）	0.8628	0.1372							
	累计（%）	0.8628	1							

续表

指标名称	项目	主成分								
		PC1	PC2	PC3	PC4	PC5	PC6	PC7	PC8	PC9
金融创新结构综合指数（fininno_stru）	CA/FA	0.7071	0.7071							
	CA	0.7071	-0.7071							
金融创新综合指数（结合上述三个层面的总指数（fininno））	特征值	4.3243	2.0259	0.9337	0.8982	0.3747	0.2141	0.1494	0.0544	0.0254
	变化（%）	0.4805	0.2251	0.1037	0.0998	0.0416	0.0238	0.0166	0.006	0.0028
	累计（%）	0.4805	0.7056	0.8093	0.9091	0.9508	0.9745	0.9911	0.9972	1
	STV	0.3201	-0.0356	0.6366	-0.1513					
	SV	0.3277	-0.1173	0.5648	0.0761					
	FA/M2	0.0079	0.4297	0.0923	0.8205					
	DC	0.4372	0.1284	-0.0335	-0.1187					
	BDC	0.4375	-0.0542	-0.155	0.2395					
	M2/GDP	0.4231	0.0879	-0.325	-0.293					
	FIR	0.439	0.1663	-0.2856	0.0983					
	CA/FA	0.0138	0.6587	-0.0142	-0.2553					
	CA	-0.1886	0.5582	0.2339	-0.2567					

资料来源：笔者用软件 stata.15 计算整理而得。

表 7 – 4　　　　样本中各国的金融创新综合指标的均值和标准差

国家名称	金融创新规模综合指标		金融创新效率综合指标		金融创新结构综合指标		金融创新综合指标	
	均值	标准差	均值	标准差	均值	标准差	均值	标准差
阿根廷	4.585	2.490	16.967	2.536	13.158	7.013	11.742	1.809
澳大利亚	53.238	19.189	76.901	17.439	2.958	1.475	55.437	11.994
巴林	20.631	4.904	39.234	8.034	1.460	0.923	28.817	3.470
孟加拉国	2.994	2.596	25.438	7.827	4.354	1.375	12.672	4.585
巴巴多斯	9.570	3.295	39.489	4.727	1.772	1.286	22.674	3.416
巴西	21.928	8.595	46.517	10.662	16.264	2.389	32.032	6.352
保加利亚	6.233	4.944	43.409	7.535	1.114	1.651	20.456	3.128
加拿大	57.277	12.517	86.814	22.301	2.981	0.149	63.558	9.733
智利	24.970	7.357	53.048	9.867	7.386	6.130	38.270	5.733
中国	62.355	46.521	105.296	14.194	2.634	1.088	63.291	18.546
哥伦比亚	12.491	3.404	31.130	4.764	0.507	0.353	20.919	3.142
哥斯达黎加	1.483	0.768	27.097	9.971	6.841	7.901	12.794	2.645
克罗地亚	8.531	5.335	46.648	8.078	0.024	0.032	24.506	5.640
捷克	11.784	4.402	30.996	4.718	1.398	0.963	17.585	2.861
丹麦	22.431	2.985	90.217	2.124	1.061	0.095	50.263	2.085
厄瓜多尔	1.304	0.605	16.607	1.197	6.772	6.820	8.522	1.253
埃及	18.267	15.506	43.955	5.998	21.998	5.256	29.902	8.560
斯威士兰	3.977	4.930	10.940	1.385	0.871	0.474	6.076	1.970
加纳	2.308	1.236	14.763	2.642	25.851	13.332	11.459	2.304
匈牙利	11.075	5.474	40.133	5.714	1.560	1.792	21.430	3.495
印度	40.523	14.237	43.918	4.608	3.955	1.515	35.990	6.091
印度尼西亚	11.710	3.692	28.515	6.171	9.485	6.506	19.066	1.977
伊朗	5.067	3.449	31.819	9.908	10.327	8.528	17.113	3.878
以色列	23.483	10.997	55.803	3.817	1.993	0.857	34.432	5.830
牙买加	7.307	2.661	25.635	3.105	15.095	4.728	17.579	3.506
日本	49.144	21.342	140.602	13.974	16.774	12.633	83.409	9.071

续表

国家名称	金融创新规模综合指标		金融创新效率综合指标		金融创新结构综合指标		金融创新综合指标	
	均值	标准差	均值	标准差	均值	标准差	均值	标准差
约旦	39.003	30.390	71.437	2.900	5.735	1.336	49.397	14.121
哈萨克斯坦	4.526	3.259	27.010	7.126	0.997	1.078	13.833	4.638
肯尼亚	5.354	2.771	23.036	1.630	6.779	4.891	13.785	1.652
韩国	62.730	27.416	81.810	27.428	1.238	0.449	55.831	19.574
科威特	48.384	22.755	45.373	7.974	0.233	0.176	39.712	8.211
黎巴嫩	5.094	3.036	100.358	13.896	22.087	12.572	46.057	7.652
马来西亚	48.535	11.805	92.594	8.141	2.203	2.436	63.205	7.847
毛里求斯	10.955	4.405	61.055	11.988	1.572	0.868	31.877	7.175
墨西哥	10.105	0.787	18.121	2.474	0.386	0.331	12.916	1.072
黑山	16.107	1.363	45.466	7.674	0.127	0.036	29.824	2.854
摩洛哥	12.293	2.436	66.470	1.558	0.780	0.242	34.915	1.315
纳米比亚	1.916	0.777	34.440	3.173	0.910	2.273	14.966	1.248
新西兰	11.781	4.629	78.257	10.881	2.844	0.417	38.409	3.197
尼日利亚	4.974	3.204	13.516	5.248	9.856	9.330	9.935	3.061
挪威	26.946	12.863	62.580	12.888	0.552	0.651	37.681	8.603
阿曼	10.889	4.451	28.841	7.542	0.899	0.976	17.641	3.986
巴基斯坦	21.464	21.666	26.150	2.178	12.686	3.368	20.390	6.732
巴拿马	5.291	1.824	55.665	6.267	14.199	1.543	27.490	3.324
巴布亚新几内亚	19.821	5.312	15.505	1.925	2.297	1.641	20.791	3.990
巴拉圭	0.863	0.058	18.937	1.174	12.404	0.937	9.879	0.650
秘鲁	6.002	1.244	18.574	2.500	0.246	0.283	10.744	0.935
菲律宾	16.676	7.420	35.050	4.444	5.702	2.579	24.344	5.099
波兰	12.405	4.509	30.773	6.247	0.010	0.015	18.706	3.194
卡塔尔	24.606	4.288	55.216	15.373	0.015	0.017	37.932	7.839
罗马尼亚	0.663	0.452	12.318	1.421	1.855	2.677	5.535	0.536
俄罗斯	17.559	9.475	34.451	4.049	0.799	0.219	21.519	3.105

续表

国家名称	金融创新规模综合指标		金融创新效率综合指标		金融创新结构综合指标		金融创新综合指标	
	均值	标准差	均值	标准差	均值	标准差	均值	标准差
斯里兰卡	5.326	4.271	25.162	8.157	1.561	1.376	13.444	3.666
新加坡	88.916	24.553	76.764	10.370	2.394	0.701	72.032	10.976
南非	65.275	22.573	66.598	6.999	1.620	0.948	67.117	13.482
塞尔维亚	5.376	2.422	28.565	4.653	4.902	1.777	15.610	2.557
瑞典	57.117	18.961	60.362	0.607	0.162	0.263	48.766	6.154
瑞士	106.582	36.488	113.113	9.569	0.873	0.618	92.800	11.770
坦桑尼亚	0.520	0.220	7.017	0.305	11.094	0.523	4.722	0.057
泰国	34.238	15.698	85.801	11.579	2.093	0.806	50.185	8.074
特立尼达和多巴哥	9.049	0.349	31.040	3.658	3.352	0.150	18.771	1.161
突尼斯	4.469	1.454	44.394	6.501	0.552	0.315	21.017	3.080
土耳其	22.556	6.044	29.045	10.563	3.882	3.680	21.067	5.051
乌克兰	4.899	2.198	48.037	2.748	6.808	0.391	24.535	2.511
阿拉伯联合酋长国	16.805	6.213	54.444	8.461	5.329	3.073	31.304	5.271
英国	66.250	14.039	95.269	18.969	0.535	0.088	67.430	7.816
美国	119.853	32.651	71.657	7.312	10.800	7.040	81.041	13.137
乌拉圭	0.777	0.721	22.281	0.025	15.889	0.748	11.531	0.670
委内瑞拉	2.386	1.451	11.407	1.560	7.265	4.395	7.117	1.753
越南	9.727	3.454	81.101	10.590	1.628	1.065	36.592	5.360
赞比亚	2.848	1.579	13.074	2.772	49.281	23.684	15.332	4.154
津巴布韦	6.761	2.272	22.033	3.966	14.122	1.759	16.598	1.331
阿根廷	26.044	31.631	51.080	31.816	6.125	9.217	34.001	23.620

注：主成分分析法确定的综合指标。

7.1.2 金融创新对经济增长关系的不确定性

控制变量包括教育程度（*Edu*）、政府规模（*Gov*）、通货膨胀率

（π）、贸易开放度（$Trade$）和资本市场开放度（$Caopen$）和资本形成总额（$Invest$）。教育程度用1990年时超过25岁人口的平均受教育年限，政府规模以政府支出占GDP的比重来衡量，π是通货膨胀率，用1995～2017年的消费者价格指数的对数差来衡量，贸易开放度以实际进出口总额占实际GDP的比重来衡量，资本市场开放度能够反映国家金融自由化的程度，这里用对外直接投资净流出占GDP比重。这些数据都是来源于世界发展指标（WDI）。

这里要考察单纯的金融创新对经济增长的影响，这里考察金融创新总指标$Fininnov$，经济增长用的是人均实际GDP增长率。因此回归如模型（7－1）：

$$RGDP_{it} = \alpha_0 + \alpha_1 Fininnov_{it} + \alpha_2 \sum X_{it} + \eta_i + \mu_t + \varepsilon_{it} \quad (7-1)$$

估计结果见表7－5，被解释变量为人均实际GDP增长率（$PGDP_{it}$），可以看出无论控制变量如何变化，金融创新综合指标的估计系数都不显著，且符号都为负数，这个结论表明了金融创新对经济增长作用的不确定性。这一检验过程为下文作了铺垫。内生增长理论认为金融创新与经济增长之间的关系是存在矛盾的，金融创新对经济增长的影响机制不是简单的因果关系，因为其中存在"内生性问题"，金融创新需要通过"一座桥梁"来影响经济，下一节将从金融创新与技术创新的耦合关系，找出这座桥梁——技术创新。

表7－5　　　金融创新综合指标对经济增长作用的不确定性

（被解释变量：人均GDP增长率$RGDP_{it}$）

变量	(1)	(2)	(3)	(4)	(5)	(6)	(7)
$Fininno_{it}$	-0.00432 (0.0162)	-0.00155 (0.0159)	-0.00199 (0.0160)	-0.00917 (0.0159)	-0.0112 (0.0163)	-0.0180 (0.0163)	-0.0171 (0.0166)
Gov_{it}		-0.378*** (0.0712)	-0.374*** (0.0729)	-0.307*** (0.0735)	-0.304*** (0.0738)	-0.357*** (0.0759)	-0.360*** (0.0761)

变量	（1）	（2）	（3）	（4）	（5）	（6）	（7）
Edu_{it}			0.167 (0.692)	0.299 (0.684)	0.296 (0.684)	−0.0376 (0.743)	−0.0444 (0.744)
$Invest_{it}$				0.151 *** (0.0345)	0.151 *** (0.0345)	0.155 *** (0.0357)	0.156 *** (0.0358)
$Trade_{it}$					0.00567 (0.0101)	0.00729 (0.0104)	0.00791 (0.0106)
π_{it}						−0.0602 *** (0.0143)	−0.0620 *** (0.0146)
$Caopen_{it}$							−0.138 (0.206)
$Constant$	4.109 *** (0.575)	9.527 *** (1.167)	8.530 ** (4.306)	3.384 (4.409)	2.976 (4.470)	6.108 (4.769)	6.205 (4.775)
观测值	1679	1679	1679	1679	1679	1679	1679
R^2	0.403	0.440	0.340	0.467	0.568	0.394	0.594

注：（1）括号内的数为稳健性标准误；（2） ***、** 和 * 分别代表 1%、5% 和 10% 的显著性水平；（3）式（1）~式（7）的区别是控制变量不同。

7.2　金融创新的技术创新效应：经济增长视角

通过前文对金融创新与技术创新的耦合关系的讨论，两者之间耦合度较强可以说明金融创新对技术创新的作用较强，金融创新对经济增长的关系不明确的一个重要原因是没有中介机制，耦合关系为技术创新的中介作用提供了坚实的基础，本节将分析基于经济增长视角的金融创新的技术创新效应，即考察金融创新是如何通过技术创新来作用于经济的。

7.2.1　基于经济增长视角下金融创新的技术创新效应机制分析

目前经济学家尚未开发出金融与技术协同发展的模型。以往文献中的模型基本都对模型进行了一些设定：忽略金融体系；假设经济体是固定的；假设金融系统不变等。这里我们将金融和技术两者同时加入模型中进行讨论，考察金融和技术的共同作用，探讨金融创新通过技术创新作用于经济增长的机制。由于前面已经证明了两点理论：一是单独的金融创新对经济增长的作用不明确；二是金融创新与技术创新系统之间存在中高度以上的协调性，金融创新对技术创新产生较强的作用。因此这里我们结合金融创新和技术创新两大体系考察金融创新通过影响技术创新进而作用于经济增长的机制。

这里的理论核心包括：第一，由耦合性分析结果得知，技术与金融创新之间呈正相关；第二，除非金融企业家创新，否则经济增长最终会停滞不前；第三，就技术创新和金融创新协同发展而言，技术变革会增加金融创新的回报率，随着技术的进步，金融企业家充当着筛选有能力的技术创新企业家的职能，金融创新有利于提升这种筛选的能力，可以提高投资技术创新的利润率，并且随着世界前沿技术水平的提升，现有的企业家筛选方法不足以很好地确定有能力的技术创新企业家，因此，需要金融企业家创新并改进筛选技术，否则寻找有能力企业家的可能性会下降，会对经济产生一定的抑制作用。下面将从阿吉翁等（Aghion et al.，2005）开发的熊彼特增长模型开始，构建同时考虑金融创新通过影响技术创新作用于经济增长的模型。

（1）基本模型

假定经济活动发生在 k 个国家，这些国家不发生要素转移和商品交易，但是互相共享技术水平，且每个国家都有一个连续的经济体，且存在固定的劳动人口 N，在构建理论模型时将其标准化为 1，以至于总数和人数指标一致。每个人生命分为两个时期：在第一期有三个单位的劳动输出，第二期没有劳动力提供，假定效用函数为线性形式：$U = c_1 + \beta c_2$，其中，c_1 表示的是第一生命周期的消费，c_2 表示的是第二生命周期的消费，$\beta \in (0, 1)$ 是个体在生命周期第二阶段相对于第一阶段的贴现率。

①最终产品。在每个阶段，一国的经济体将劳动投入和一系列连续的特定中间产品结合起来，按照式（7-2）的生产函数生产：

$$Z_t = N^{1-\alpha} \int_0^1 A_{it}^{1-\alpha} x_{it}^\alpha di \, ; \ \alpha \in (0, 1) \qquad (7-2)$$

其中，x_{it} 为 t 时期中间产品 i 的数量；A_{it} 为技术水平，N 是劳动力数量，最终产品 Z_t 用于消费，作为企业创新和金融创新的投入，以及对中间产品生产的投入。假定经济体处于完全竞争的市场环境下，根据市场出清条件，中间产品价格应等于其边际产出，如式（7-3）所示：

$$p_{i,t} = \alpha \left(\frac{A_{it}}{x_{it}} \right)^{1-\alpha} \qquad (7-3)$$

②中间产品。假定在每个中间产品部门，每一个连续经济体在 $t-1$ 时期都会有一个创新的理念，并且一个部门只有一个企业家有创新能力，也就是说存在 t 时期成功创新的概率。无论是对于企业家还是想要投资于创新项目的金融投资者而言，每个创新理念的质量都是未知的，因此在此之前需要进行"筛选"，具体描述为：在一个特定的产品部门 i 中进行筛选，要么是由具有这项能力的个人进行筛选，要么由专业的金融家进行筛选，同时该金融体系企业家可以成功地通过金融创新来改进筛选技术。另外，金融体系企业家评估创新项目的资金来自居民储蓄。假设有能力的企业家成功创新的概率为 μ_{it}^e，这样就有中间产品 i 的部门在 t 时期的技术水平为式（7-4）：

$$A_{i,t} = \begin{cases} \bar{A}_{i,t} & \text{成功创新的概率为 } \mu_{it}^e \\ A_{i,t-1} & \text{不成功创新的概率为 } 1 - \mu_{it}^e \end{cases} \qquad (7-4)$$

这里，$\bar{A}_{i,t}$ 反映的是世界前沿技术水平，根据内生增长理论的文献可知，技术创新或者说技术转移是国内经济不断适应世界技术前沿水平的过程，这个过程代价很高且存在高度不确定性，越接近前沿水平代价最高、成功的概率越小。创新是技术转移的必要条件，技术水平具有特定的国家属性，因此，当有能力的企业家成功创新时，技术水平就会上升到世界前沿水平 $\bar{A}_{i,t}$，并且世界技术前沿水平会以 g 的速率增长。

成功的技术创新企业家比没有成功创新的企业家享有降低生产成本的优势，也就是说，成功创新的企业家可以将每一单位最终产品中的一单位中间产品作为投入进行生产，而创新不成功的企业则是将在 $\sigma(\sigma >$ 1） 单位最终产品中一单位中间产品作为投入进行生产。在中间部门中，都有无限数量的人——竞争边缘——能够以每 χ 单位最终产品作为投入产出一单位中间产品的速度生产。因此，成功的创新者可以成为各自中间部门的唯一生产者，他们收取的价格等于竞争边缘 （σ） 的单位成本，并在一个时期内获得垄断利润。在企业创新失败的中间产品部门，生产是在完全竞争的条件下进行的，因此价格等于也竞争边缘 （σ） 的单位成本，而不成功创新的企业赚取零利润。因此，在所有中间产品部门中，价格 p_{it} 等于 σ。

成功的创新者在一个时期内获得垄断利润，在此之后，现任的垄断者消失，其技术可以在国内无代价地模仿。正如内生增长理论中所强调的，我们假设将技术从世界技术前沿转移到某个特定国家的成本很高。利用式 （7 - 3） 中的中间产品需求函数，中间产品 i 的需求量等于：$x_{it} =$ $\left(\dfrac{\alpha}{\sigma}\right)^{\frac{1}{1-\alpha}} A_{it}$，假设每一个中间产品的利润为，那么一个成功的创新者的利润为式 （7 - 5）：

$$\pi_{it} = \pi \bar{A}_{it}，\text{其中 } \pi = (\sigma - 1)\left(\frac{\alpha}{\sigma}\right)^{\frac{1}{1-\alpha}} \qquad (7 - 5)$$

③金融部门。假设每个部门都有一个而单独的金融企业家负责筛选有能力的企业家，作为他们筛选服务的回报，金融家获得了企业利润的一部分。具体描述如下：金融家向家庭和企业家提供他们的评估，他们利用这些信息做出投资决策。在模型中，金融家不是以任何特定的机构

或法律形式组织的，例如，商业银行、评级机构或私人股本公司；金融家只是筛选创新理念的代理人。这既适用于金融家以各种形式组织的现实世界，也适用于我们对金融创新的广泛概念，即金融家创建和修改其制度和法律形式，以更有效地筛选企业家。

对于每一个中间部门 i 而言，在 $t-1$ 时期都有一个金融家出生。为了提高下一阶段的筛选技术，该金融家可能会进行金融创新。成功的金融创新可以使金融家在中间产品部门 i 中识别有能力的企业家的概率上升至 1。在缺乏成功的金融创新的情况下，家庭使用现有的、不完善的筛选技术（下文定义的"标准筛选技术"）来选择有能力的企业家。这里假设成功的金融创新能够改进其在中间部门中筛选技术的概率为 μ_{it}^{f}，那么 t 时期中间产品部门的筛选技术水平如式（7-6）：

$$scr_{it} = \begin{cases} \bar{A}_t, & \text{概率为 } \mu_{it}^{f} \\ scr_{i,t-1}, & \text{概率为 } 1-\mu_{it}^{f} \end{cases} \tag{7-6}$$

这里用世界技术前沿 $\bar{A}_t$ 表示金融家筛选能力的前沿水平，随着技术前沿的进步，前沿筛选技术也在不断进步，虽然实际的筛选技术水平 scr_{it} 可能落后于前沿筛选技术 $\bar{A}_t$。与技术创新一样，金融创新将筛选技术从世界前沿转移到特定国家的成本高昂且风险巨大的过程。与中间产品技术一样，筛选和金融专业知识具有默契的、特定于国家的特质，在使用前沿筛选技术适应任何特定国家时必须解决这些特质。在第 i 部门成功创新的金融家用概率 1 来识别出有能力的企业家，并且是前沿筛选技术的垄断供应商。如果不成功，家庭可以在第 t 阶段仍使用第 $t-1$ 期的标准筛选技术 $scr_{i,t-1}$ 筛选第 i 部门的创新理念。与技术企业家一样，我们假设一个国家模仿上一个时期的筛选技术是无成本的，这样一个成功的金融创新者只维持一个时期的垄断地位。

这里假定标准筛选技术等于 $t-1$ 期所有中间部门 i 的筛选技术的平均值 scr_{t-1}，这个假设意味着不需要追踪每个部门 i 与筛选前沿技术水平的距离，只需要追踪一个国家所有部门与前沿筛选技术水平的平均距离。这样部门 i 有能力的企业家的概率 λ_{it} 被定义为产品前沿技术水平与筛选技术水平之间的距离，如果金融家能成功创新（概率为 μ_{it}^{f}），则两者没有距离，如果不能成功创新（概率为 $1-\mu_{it}^{f}$），那么 t 时期产品技术前沿与上一期的筛选技术之间存在差异，这样家庭储户识别有能力企业家的概率小于1，如式（7－7）所示：

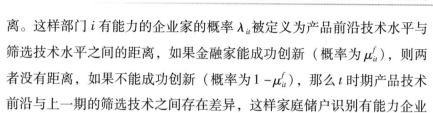

$$\lambda_{it} = m_{it}/\overline{A}_t = \begin{cases} \overline{A}_t/\overline{A}_t = 1，概率为 \mu_{it}^{f} \\ m_{it-1}/\overline{A}_t = \dfrac{\lambda_{i,t-1}}{1+g}，概率为 1-\mu_{it}^{f} \end{cases} \qquad (7-7)$$

这里的 g 就是世界前沿技术水平的增长率，要注意的是，在一个行业内，家庭拥有相同的筛选技术，因此筛选出相同的有能力的企业家。这样家庭只为每个部门的一位企业家提供资金。在金融家未能成功创新的各个行业中，家庭在 λ_t 行业中能正确识别出中有能力的企业家，而在 $1-\lambda_t$ 行业中，家庭为没有创新能力的企业家提供资金。从形式上讲，家庭筛选项目在一个部门内是确定的，但在各个部门之间是随机的。在技术创新出现在世界前沿但缺乏国内金融创新的情况下，筛选技术在识别有能力的企业家方面变得越来越无效。这种不断增长的金融缺口降低了社会投资于最佳创新理念的可能性，并对技术变革产生不利影响。更正式地说，随着技术的进步（如 $\overline{A}_t$ 的增加），在筛选技术上没有伴随的进步（scr_{it} 不变），家庭成功识别和资助有能力的企业家的概率 $\lambda_{it} = m_{it}/\overline{A}_t$ 将会逐渐下降。

金融企业家享有企业利润的份额为 δ_{it}。为了简单但不失一般性，我们假设，尽管所有企业家在筛选之前都签署了一份完全可执行的合同，但只有一个行业的企业家在融资人成功创新时被指定为有能力的企业家。因此，被指定的企业家是这个行业中唯一从家庭获得这个份额资金的人。

④经济体行为的逻辑顺序。在第 $t-1$ 期开始时，金融家向家庭借款，并投资于金融创新。如果金融家成功地进行了创新，那么这项新的筛选技术将在 t 期内以概率来确定行业中有能力的企业家。在这种情况

下，技术企业家与之签订合同，成为行业中筛选服务的唯一供给方。如果金融企业家没有创新，那么家庭将使用第 $t-1$ 时期的旧筛选技术筛选项目，该技术是零成本提供的，而被指定为有能力的企业家则向家庭借款并投资于创新。具体的如图 7 − 1 所示。

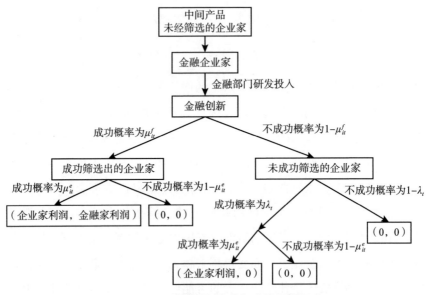

图 7 − 1 理论模型经济体行为的逻辑顺序

（2）创新与总体经济增长

①技术创新。在 t 时期有能力的企业家成功创新的概率为 μ_{it}^e，正向决定了在 $t-1$ 时期投资于企业创新的资源数量 $N_{i,t-1}^e$，其中 $N_{i,t-1}^e = (\theta\mu_{it}^e)^\gamma \bar{A}_t$，$(\gamma > 1)$。正如阿吉翁和豪伊特（Aghion and Howitt, 2009）所述，最终产品投入方面的企业创新成本与世界技术前沿成比例增长，因此随着技术前沿的进步，保持 μ_{it}^e 的创新率会变得更加昂贵。此外，θ 不断地对制度和其他特性进行经济上的改进，这些特性会在技术成熟度的各个层面上影响创新成本。在均衡中，每个有能力的企业家选择 $N_{i,t-1}^e$ 来最大化预期收益，在给定的企业家和金融家之间的契约协议下，有能力

的企业家保留了 $1 - \delta_{i,t}$ 份额的预期利润 $\pi^e_{i,t}$，即可得式（7-8）：

$$\prod^e_{i,t} = (1 - \delta_{i,t})(\beta\mu^e_{it}\pi\bar{A}_t - N^e_{i,t-1}) \tag{7-8}$$

在生命的第一阶段，风险中立的个人向被金融家指定为有能力的企业家提供资源。它们以特定行业的利率向企业家提供资源，这是该行业筛选技术质量的反函数。假定无风险利率 $r = 1/\beta - 1$，被成功的金融家评为有能力的企业家所收取的利率是 $R^e_{it} = \dfrac{1+r}{\mu^e_{it}}$。从上一个时期开始，家庭向全经济筛选技术选择的企业家收取再投资利率 $R^e_{it} = \dfrac{1+r}{\lambda_{it}\mu^e_{it}}$，若金融家成功创新，那么 $\lambda_{it} = 1$，这样这两个概率变成一致。

被成功金融家筛选出来的第一批企业家，被筛选出来的企业家以概率 1 知道其是有能力的企业家。根据利润最大化条件，结合式（7-8），可得式（7-9）：

$$\mu^{e*}_{it} = \left(\frac{\beta\pi}{\gamma\theta^\gamma}\right)^{1/(\gamma-1)} \tag{7-9}$$

这里，在最优金融家筛选下，为了确保 $\mu^{e*}_{it} < 1$，则有 $\beta\pi < \gamma\theta^\gamma$。因为企业家只有在他们成功创新的时候才会回报金融家。可以看出，$\delta_{i,t}$ 不影响企业创新成功的概率。金融家成功创新的比较静态是直观的。企业家创新投入越多，每单位中间产品的净利润 π 增加或者企业家创新的成本 θ 下降，都会促进企业创新成功的概率。如果 π 和 θ 在不同部门是相同的，则会有 $\mu^{e*}_{it} = \mu^{e*}$。

再将式（7-9）代入式（7-8）中，得到成功的金融家筛选出的企业家的净预期利润收益率，如式（7-10）所示：

$$\prod^{e*}_{i,t} = (1 - \delta_{i,t})\mu^e_{it}[\beta\pi(1 - 1/\gamma)]\bar{A}_t \tag{7-10}$$

现在，我们来考虑一下，使用不完善的旧筛选技术 scr_{t-1}，由家庭筛选的企业家创新活动。在这种情况下，企业家保留了所有的利润，因此，不完全筛选企业家的预期利润，即使用旧筛选技术筛选的企业家的预期利润为式（7－11）：

$$\prod_{it}^{e'} = \beta\lambda_{it}\mu_{it}^e\pi\bar{A}_t - N_{t-1}^e \qquad (7-11)$$

因此，对于不能被成功筛选的企业家来说，利润最大化的企业家创新的概率为式（7－12）：

$$\mu_{it}^{e'} = (\lambda_{it})^{1/(\gamma-1)}\mu^{e*} = (\lambda_{it})^{1/(\gamma-1)}\left(\frac{\beta\pi}{\gamma\theta^\gamma}\right)^{1/(\gamma-1)} \qquad (7-12)$$

再将式（7－11）代入式（7－12），得到式（7－13）：

$$\prod_{it}^{e'} = (\lambda_{it})^{\gamma/(\gamma-1)}\mu^{e*}[\beta\pi(1-1/\gamma)]\bar{A}_t \qquad (7-13)$$

根据上述公式，存在以下结论：

结论 1：企业家创新投入越多，每单位中间产品的净利润 π 增加或者企业家创新的成本 θ 下降，都会促进企业创新成功的概率，即可得式（7－14）：

$$\frac{\partial\mu_{it}^e}{\partial\pi} > 0, \ \frac{\partial\mu_{it}^e}{\partial\theta} < 0 \qquad (7-14)$$

结论 2：企业家的创新对筛选技术的提升有正向积极作用，可用式（7－15）来表示：

$$\frac{\partial\mu_{it}^e}{\partial\lambda_{it}} > 0 \qquad (7-15)$$

我们现在可以计算出企业家（$1-\delta_{it}$）和金融家 δ_{it} 所获得的企业利润的比例。对于在第 $t-1$ 期未被筛选的企业家来说，在选择与金融家签订的合同或使用家庭提供的全经济筛选技术时，这两种选择必须产生相同的预期利润。即式（7－10）必须等于式（7－11），可得式（7－16）：

$$\delta_{it} = 1 - (\lambda_{it})^{\gamma/(\gamma-1)} \qquad (7-16)$$

式（7－16）表明，经济的金融筛选能力越强（λ_{it} 越大），成功的金融家所能要求的创业利润 δ_{it} 的比例越低。这是因为，如果标准筛选技术接近前沿筛选技术，那么家庭提供了一个相关的替代品。此外，如果可用的筛选技术不能很好地替代新开发的筛选能力，那么金融家可以获得预期企业利润的较大比例。

②金融创新。金融创新就是金融企业家的创新，和企业技术创新相似。第 i 部门的融资人在第 $t-1$ 期间成功创新并确定第 t 期有能力创新的企业家的概率 μ_{it}^{f}，正向决定了在 $t-1$ 时期投资于企业创新的资源数量 $N_{i,t-1}^{f}$，其中，$N_{i,t-1}^{f} = (\theta\mu_{it}^{f})^{\gamma}\bar{A}_{t}$，$(\gamma > 1)$。如果金融创新的最终产品投入成本与世界技术前沿成比例增加，则为 $\bar{A}_{t}$。因此，如果要保持与技术前沿发展相同的金融创新率 μ_{it}^{f}，就变得更加昂贵，因为经金融家筛选的企业家正努力达到世界技术前沿。金融家可以选择最优的 $N_{i,t-1}^{f}$ 以最大化预期利润 $\prod_{i,t}^{f}$。由于成功创新的金融家保持了预期企业利润的份额 δ_{it}，因此金融家的预期利润如式（7-17）所示：

$$\prod_{i,t}^{f} = \beta\mu_{it}^{f}\delta_{it}\prod_{it}^{e*} - N_{i,t-1}^{f} \qquad (7-17)$$

金融家通过借用价值为 $N_{i,t-1}^{f}$ 的最终产品并将这些资源投资于金融创新来实现利润最大化。风险中性的个人向寻求创新的金融家提供贷款，利率为 $R_{it}^{f} = \dfrac{1+r}{\mu_{it}^{f}\mu_{it}^{e}}$，是无风险利率 r、金融家成功创新的概率以及金融家筛选出来的企业家成功创新。再将式（7-16）替换为式（7-17）之后，金融家选择借贷和投资金融创新，以便在 t 期间第一部门成功金融创新的利润最大化概率为式（7-18）：

$$\mu_{it}^{f*} = \left(\frac{\beta\mu_{t}^{e*}\varphi(1-(\lambda_{it})^{\gamma/(\gamma-1)})}{\gamma\theta_{f}^{\gamma}}\right)^{1/(\gamma-1)} \qquad (7-18)$$

③金融体系整体运作效率。为了检验一个国家金融体系的效率，我们对各个部门进行了汇总，以集中于确定有能力的企业家的平均或代表性概率。如式（7-19）所示：

$$\lambda_{t} = \int_{0}^{1}\lambda_{it}di \qquad (7-19)$$

其中，λ_{it} 表示金融部门在 t 时期成功筛选出第 i 部门中有能力的企业家的概率。

再由方程（7 - 7）得知金融效率演化的平均水平为式（7 - 20）：

$$\lambda_t = \mu_t^f + (1 - \mu_t^f)\frac{\lambda_{t-1}}{1+g} \qquad (7-20)$$

其中，g 为世界前沿技术水平的增长率。

金融企业家认为，金融创新成功筛选出来的有能力的企业家很可能在中只占 μ_t^f 部分。由于我们对各部门的金融筛选质量进行了汇总，因此我们忽略了可忽略的相对规模差异。在剩余的 $1 - \mu_t^f$ 中，家庭可以识别出有能力的企业家的概率为 $\frac{\lambda_{t-1}}{1+g} < 1$。为了获得平均财务筛选的稳态水平，可以使 $\lambda_t = \lambda_{t-1} = \lambda^*$ 和 $\mu_t^f = \mu^{f*}$，这样可以得到金融部门平均的筛选水平的稳态值为式（7 - 21）：

$$\lambda^* = \frac{\mu^{f*}}{g + \mu^{f*}} \qquad (7-21)$$

根据式（7 - 21）可以得出：

金融创新的稳态成功率越高，金融体系在稳态中识别有能力的企业家的效率就越高 $\left(\frac{\partial \lambda^*}{\partial \mu^{f*}} > 0\right)$。将式（7 - 21）中稳态值 λ^* 代入式（7 - 18）中，得到式（7 - 22）：

$$\mu_{it}^{f*} = \left(\frac{\beta \mu_t^{e*} \varphi (1 - (\lambda^*)^{\gamma/(\gamma-1)})}{\gamma \theta_f^{\gamma}}\right)^{1/(\gamma-1)} \qquad (7-22)$$

这里假设 $\theta_f > 0$，以确保金融创新率小于 1。

这里分析的重点是金融体系的均衡创新率。下面的结论总结了一个经济体金融创新率的特性：

结论 3：金融创新成功率是企业家创新成功率的一个递增函数 $\left(\frac{\partial \mu^{f*}}{\partial \mu^{e*}} > 0\right)$；

结论 4：金融创新是金融创新成本的递减函数 $\left(\frac{\partial \mu^{f*}}{\partial \theta_f} < 0\right)$；

结论 5：金融创新是世界技术前沿进步速度 g 的一个日益增长的函数 $\left(\dfrac{\partial \mu^{f*}}{\partial g} > 0\right)$。

④总体经济活动。接下来要分析经济体的经济活动，同时引入金融创新系统和技术创新系统。这里将经济的平均技术生产率定义为：$A_t = \int_0^1 A_t(i)\,\mathrm{d}i$

为了推导技术生产力平均水平的运动规律，在平衡状态下，各部门的创业和金融创新预期率是相同的（即 $\mu_{it}^f = \mu_t^f$、$\mu_{it}^e = \mu_t^e$）。然后，结合式（7–21）和式（7–22）得到的金融系统的隐性生产函数 $F(\mu^{e*}, \mu^{f*}, \theta_f) \equiv 0$，推导平均生产率的规律为式（7–23）：

$$A_{t+1} = [\mu_{t+1}^f \mu_{t+1}^e + (1 - \mu_{t+1}^f)\lambda_{t+1}^{1/(\gamma-1)}\mu_{t+1}^e]\bar{A}_{t+1}$$
$$+ [(1 - \lambda_{t+1}^{1/(\gamma-1)})\mu_{t+1}^e - \mu_{t+1}^f \mu_{t+1}^e + \mu_{t+1}^f \lambda_{t+1}^{1/(\gamma-1)}\mu_{t+1}^e]A_t \qquad (7-23)$$

式（7–23）揭示了一个国家在 $t+1$ 期的平均技术生产率是实施前沿技术的部门 $\bar{A}_{t+1}$ 和使用 t 时期平均技术的部门 A_t 的加权平均数。方程的权重是（a）金融创新率 μ_{t+1}^f；（b）金融筛选技术质量 λ_{t+1}；（c）成功创业创新的概率 μ_{t+1}^e 的函数。特别是，无论是在金融家和企业家成功创新的部门，还是在金融家没有创新但被资金支持的企业家成功创新的部门，生产率参数都将等于 $\bar{A}_{t+1}$。

要计算一个国家的人均国内生产总值，它由最终货物部门的工资和中间货物和金融部门的利润组成。从工资方面看，最终的产品生产可以用 $Z_t = \xi A_t$ 表示，其中 $\xi = (\alpha/\sigma)^{\alpha/(1-\alpha)}$，可以通过将 $x_{it} = \left(\dfrac{\alpha}{\sigma}\right)^{\frac{1}{1-\alpha}} A_{it}$ 代入式（7–2）得出。由于假设最终产品部门具有竞争性，工资率是最终产品生产中劳动力的主要产物，因此有 $w_t = (1-\alpha)Z_t = (1-\alpha)\xi A_t$。从利润的角度来看，成功的企业家可以获得收益 $\pi \bar{A}_t$，其中 $\pi = (\sigma-1)\left(\dfrac{\alpha}{\sigma}\right)^{1/(1-\alpha)}$。因此，人均国内生产总值是各部门增加值之和：$Y_t = w_t + \mu_t \pi_t = (1-\alpha)\xi A_t + \mu_t \pi \bar{A}_t$。

⑤各国经济运行平衡。我们现在将 Y_t 的增长率描述为模型经济基本参数的函数。将其描述为与世界前沿水平的距离，即 $a_t = A_t / \bar{A}_t$。每一个经济体都按照给定的技术差距的演变依据如式（7-24）所示：

$$a_{t+1} = \mu_{t+1}^f \mu_{t+1}^e + (1 - \mu_{t+1}^f) \lambda_{t+1}^{1/(\gamma-1)} \mu_{t+1}^e$$

$$+ \left[\frac{(1 - \lambda_{t+1}^{1/(\gamma-1)}) \mu_{t+1}^e - \mu_{t+1}^f \mu_{t+1}^e + \mu_{t+1}^f \lambda_{t+1}^{1/(\gamma-1)} \mu_{t+1}^e}{1+g} \right] a_t \equiv H(a_t)$$

$$(7-24)$$

从长远来看，这会收敛到稳态值如式（7-25）所示：

$$a_s = \frac{(1+g) \left[\mu^{f*} \mu^{e*} + (1 - \mu^{f*})(\lambda^*)^{1/(\gamma-1)} \mu^{e*} \right]}{g + \left[\mu^{f*} \mu^{e*} + (1 - \mu^{f*})(\lambda^*)^{1/(\gamma-1)} \mu^{e*} \right]} \quad (7-25)$$

与其他多国熊彼特模式一样，技术前沿的增长率由领先国家的企业家创新均衡率 μ_1^{e*} 决定，如式（7-26）所示：

$$g = \mu_1^{f*} \mu_1^{e*} + (1 - \mu_1^{f*})(\lambda_1^*)^{1/(\gamma-1)} \mu_1^{e*} \quad (7-26)$$

根据式（7-26）有以下结论：

结论 6：稳态技术差距正在缩小金融创新成本 θ_f，即 $\left(\dfrac{\partial a_s}{\partial \mu^{f*}} \dfrac{\partial \mu^{f*}}{\partial \theta_f} < 0 \right)$；

结论 7：随着企业创新成功率的加快，稳态的技术差距也在增大，即 $\left(\dfrac{\partial a_s}{\partial \mu^{e*}} \dfrac{\partial \mu^{e*}}{\partial \theta} < 0, \dfrac{\partial a_s}{\partial \mu^{e*}} \dfrac{\partial \mu^{e*}}{\partial \pi} > 0 \right)$。

7.2.2 数据说明和模型设计

（1）数据说明

和前面相同，选取的是 1995 ~ 2017 年 73 个国家的样本①。这里构建金融创新指标体系的数据来源于世界银行数据库、世界发展指标，金

---

① 这里部分国家金融统计数据存在缺少值，和前文保持一致，为保证样本国家数据的完整性，能更好地将不同发展程度国家纳入研究中，这里跨国样本时间选择的是 1995 ~ 2017 年。

融创新能力也是表现为金融发展，这里包括金融创新规模指标（*Fininno_size*）[①]、金融创新效率指标（*Fininno_eff*）[②] 和金融创新结构指标（*Fininno_stru*）[③]。中央银行总资产占 GDP 比重（*CA/FA*）和中央银行的资产总额占金融总资产的比重（*CA*）的数据来自世界银行的报告 *Financial Structure and Development Dataset*（2018）。

控制变量包括受教育程度（*Edu*）、政府规模（*Gov*）、通货膨胀率（π）、贸易开放度（*Trade*）和资本市场开放度（*Caopen*）和资本形成总额（*Invest*）。教育程度用 1960 年人口超过 25 岁的平均受教育年限，政府规模以政府支出占 GDP 的比重来衡量，π 是通货膨胀率，用 1995~2015 年的消费者价格指数的对数差来衡量，贸易开放度以实际进出口总额占实际 GDP 的比重来衡量，资本市场开放度能够反映国家金融自由化的程度，这里用对外直接投资净流出占 GDP 比重。这些数据都是来源于世界发展指标（*WDI*）。经济增长用的是人均实际 GDP 增长率。同时，企业技术创新指标用研发支出占 GDP 比重和专利申请数对数来表示。

（2）模型设定和描述性统计

从理论模型可知，一国的经济增长率与该国的技术创新以及金融创新密切相关。一国的金融创新与技术创新也存在耦合关系，因此在模型中引入金融创新指标与技术创新指标的交叉项，考察基于经济增长视角的金融创新的技术创新效应，这样模型可以设定为式（7-27）：

$$RGDP_{i,t} = \lambda_0 + \lambda_1 Fininnov_{i,t} + \lambda_2 Techinnov_{i,t} + \lambda_3 Fininnov_{i,t}$$
$$\times Techinnov_{i,t} + \lambda_4 X_{i,t} + \varepsilon_{it} \qquad (7-27)$$

[①] 金融创新规模指标包括：股票交易额占 GDP 比重（*STV*）、国内上市公司市值占 GDP 比重（*STV*）、金融机构总资产占 M2 比重（*FA/M2*）。

[②] 金融创新效率指标包括：金融机构提供的国内信贷占 GDP 比重（*DC*）、银行贷款总额占 GDP 比重（*BDC*）、广义货币供给 M2 占 GDP 比重（*M2/GDP*）、金融资产总额占 GDP 比重（FIR）。

[③] 金融创新结构指标包括：中央银行资产总额占金融总资产的比重（*CA/FA*）、中央银行总资产占 GDP 比重（*CA*）。

其中，$RGDP_{i,t}$ 反映是 i 国在 t 时期人均 GDP；$Fininnov_{i,t}$ 是金融创新指标，包括金融创新规模、金融创新效率和金融创新结构；$Techinnov_{i,t}$ 是技术创新，用研发支出占 GDP 的比重和专利申请数的对数表示；$Fininnov_{i,t} \times Techinnov_{i,t}$ 是金融搞创新指标和技术创新指标的交叉项；$X_{i,t}$ 是控制变量；这里重点考察 $\lambda_i (i = 1, 2, 3, 4)$ 的系数，预期符号为 $\lambda_1 < 0$、$\lambda_2 > 0$ 以及 $\lambda_3 > 0$。表 7-6 展示的是样本中各变量的描述性统计结果。

表 7-6   模型中各变量的描述性统计

总指标	子指标	样本量	均值	标准误	最小值	最大值
技术创新	rd	1 679	0.6404	0.9750	0	4.4286
	Lnpatent	1 679	8.020	2.200	0.000	13.741
金融创新规模综合指标	Fininnov_size	1 679	27.824	32.730	0.268	176.996
金融创新效率综合指标	Fininnov_eff	1 679	51.078	32.573	6.780	166.880
金融创新结构综合指标	Fininnov_stru	1679	6.058	7.576	0.000	53.835
金融创新总指标	Fininnov	1 679	34.664	24.349	3.935	117.179
受教育程度	Edu	1 679	5.763	0.745	4.000	8.000
政府规模	Gov	1 679	14.576	4.682	4.630	32.191
通货膨胀率	pi	1 679	7.532	11.657	-1.353	99.877
贸易开放度	Trade	1 679	78.668	58.462	16.679	441.604
资本市场开放度	Caopen	1 679	0.704	1.472	-1.895	2.389
资本形成总额	Invest	1 679	24.231	6.835	5.467	47.686

7.2.3 实证结果分析

在前面分析包含金融创新的增长理论中，检验内生性是模型检验的必要工作。考虑到金融创新与技术创新之间存在很强的内生性，即金融体系为技术创新提供资金支持的同时，技术创新带来的信息技术的提高也会影响金融体系提供的金融服务。为了解决内生性问题，采用两阶段最小二乘法（2SLS）模型，和常见的系统 GMM 方法相比，2SLS 方法更能全面准确地识别工具变量。分别估计内生性的四种情况：不考虑内生性的估计；只考虑技术创新的内生性问题；只考虑金融创新的内生性问题；考虑金融创新和技术创新两者的内生性，都是以内生变量的之后一期作为工具变量。

由表 7-7 可知，第一，当技术创新指标用研发支出占比来表示时，列（1）~列（4）分别是估计内生性的四种情况的结果。结果发现，研发支出占比对人均 GDP 存在正向积极的作用，单纯的金融创新规模对经济增长的作用是负向的，甚至还比较显著；但是金融创新规模和技术创新的交叉项的估计系数为正数，在列（2）和列（3）的系数在通过5% 的显著性水平，说明单一的金融创新对经济增长的作用不确定，甚至是抑制作用，但考虑金融创新通过技术创新从而对经济增长的作用是积极的。第二，当用专利申请数来表示技术创新指标时，列（5）~列（8）是考虑内生性的四种情形，专利申请数的对数能够促进经济的发展，同时除了列（8）其他模型中单纯的金融创新规模对经济增长都存在负向效应；但是考虑金融创新与技术创新的协同作用时，其交叉项的系数为正数，说明金融创新规模的扩大会促进技术创新，并进一步给经济带来更快的增长率。

表 7-7　金融创新规模指标通过影响技术创新进而作用于经济
增长的回归结果（被解释变量 *RGDP*）

变量	技术创新指标为 Rd				技术创新指标为 Lnpatent			
	（1）	（2）	（3）	（4）	（5）	（6）	（7）	（8）
Rd	0.215 (0.220)	0.472 (0.363)	0.331 (0.216)	0.165 (0.285)				
Lnpatent					0.0987 (0.0826)	0.109 (0.0985)	0.157 (0.127)	0.511** (0.204)
Fininnov_size	−0.00489 (0.00474)	−0.0112* (0.00602)	−0.0132** (0.00518)	−0.000320 (0.00543)	−0.0134 (0.0151)	−0.0161 (0.0164)	−0.0517* (0.0290)	0.109** (0.0434)

变量	技术创新指标为 Rd				技术创新指标为 Lnpatent			
	(1)	(2)	(3)	(4)	(5)	(6)	(7)	(8)
$Fininnov\_size \times Rd$	0.00532 (0.00452)	0.00983 ** (0.00112)	0.00947 ** (0.00446)	0.00407 (0.00664)				
$Fininnov\_size \times Lnpatent$					0.00216 (0.00183)	0.00259 *** (0.00093)	0.00533 (0.00343)	0.0142 *** (0.00541)
Edu	−0.116 (0.163)	−0.0783 (0.184)	−0.0536 (0.161)	−0.0953 (0.161)	0.0641 (0.182)	0.168 (0.197)	0.0297 (0.195)	0.397 * (0.227)
Gov	−0.118 *** (0.0321)	−0.107 ** (0.0486)	−0.101 *** (0.0325)	−0.120 *** (0.0335)	−0.0893 *** (0.0296)	−0.0946 *** (0.0325)	−0.111 *** (0.0325)	−0.0696 ** (0.0353)
π	−0.0582 *** (0.0112)	−0.110 *** (0.0300)	−0.0671 *** (0.0118)	−0.0617 *** (0.0119)	−0.0560 *** (0.0119)	−0.0617 *** (0.0135)	−0.0664 *** (0.0132)	−0.0616 *** (0.0139)
$Trade$	0.00514 ** (0.00215)	0.00569 ** (0.00230)	0.00472 ** (0.00208)	0.00562 *** (0.00213)	0.00500 (0.00329)	0.00540 (0.00374)	0.00436 (0.00346)	0.00688 * (0.00392)
$Caopen$	−0.553 *** (0.0934)	−0.693 *** (0.115)	−0.541 *** (0.0911)	−0.536 *** (0.0917)	−0.548 *** (0.0998)	−0.565 *** (0.108)	−0.509 *** (0.108)	−0.612 *** (0.113)
$Invest$	0.0898 *** (0.0179)	0.144 *** (0.0220)	0.105 *** (0.0175)	0.102 *** (0.0175)	0.121 *** (0.0192)	0.125 *** (0.0202)	0.121 *** (0.0200)	0.126 *** (0.0210)
Constant	4.737 *** (1.208)	3.664 ** (1.473)	3.999 *** (1.178)	4.091 *** (1.179)	1.616 (1.507)	0.927 (1.688)	4.284 ** (1.877)	−3.882 (2.732)
N	708	400	644	644	555	489	506	489
R^2	0.167	0.276	0.186	0.183	0.199	0.210	0.182	0.152

注：（1）括号内的数值为稳健性标准误；（2）***、** 和 * 分别代表 1%、5% 和 10% 的显著性水平。

表 7 - 8 中的金融创新是用金融创新效率指标表示的，无论是研发支出占比还是专利申请数对数，都发现有以下几个规律：第一，技术创新能够带动技术进步，更进一步促进经济增长；第二，不考虑其他因素时，单纯的金融创新效率对经济增长的作用不明确，甚至显著抑制；第三，金融创新效率体系与技术创新体系的协同作用下，能更好地促进经济增长。

表 7 − 8　金融创新效率指标通过影响技术创新进而作用于经济

增长的回归结果（被解释变量 $RGDP$）

变量	技术创新指标为 Rd				技术创新指标为 $Lnpatent$			
	（1）	（2）	（3）	（4）	（5）	（6）	（7）	（8）
Rd	0.117 (0.278)	0.0191 (0.582)	0.241 (0.267)	0.276 (0.654)				
$Lnpatent$					0.191* (0.114)	0.225 (0.138)	0.236* (0.135)	0.0427 (0.166)
$Fininnov\_eff$	− 0.0207*** (0.00589)	− 0.0372*** (0.00998)	− 0.0193*** (0.00587)	− 0.0292*** (0.0110)	− 0.00685 (0.0175)	− 0.00495 (0.0194)	0.00361 (0.0209)	− 0.0319 (0.0247)
$Fininnov\_eff \times Rd$	0.000645 (0.00340)	0.00384 (0.00632)	0.000805 (0.00326)	0.00677 (0.00911)				
$Fininnov\_eff \times Lnpatent$					0.00179 (0.00196)	0.00222 (0.00218)	0.00302 (0.00232)	0.000941 (0.00280)
Edu	0.00902 (0.162)	0.194 (0.185)	0.0286 (0.159)	0.0739 (0.164)	0.190 (0.177)	0.312 (0.191)	0.254 (0.185)	0.291 (0.192)
Gov	− 0.124*** (0.0317)	− 0.137*** (0.0505)	− 0.117*** (0.0320)	− 0.100*** (0.0372)	− 0.0711** (0.0293)	− 0.0738** (0.0320)	− 0.0780** (0.0310)	− 0.0740** (0.0320)
π	− 0.0685*** (0.0113)	− 0.156*** (0.0305)	− 0.0744*** (0.0119)	− 0.0796*** (0.0128)	− 0.0662*** (0.0119)	− 0.0716*** (0.0134)	− 0.0738*** (0.0131)	− 0.0737*** (0.0135)
$Trade$	0.00542** (0.00219)	0.00545** (0.00266)	0.00478** (0.00213)	0.00640** (0.00282)	0.00460 (0.00324)	0.00437 (0.00364)	0.00394 (0.00337)	0.00474 (0.00365)
$Caopen$	− 0.447*** (0.0943)	− 0.546*** (0.114)	− 0.442*** (0.0915)	− 0.461*** (0.0968)	− 0.415*** (0.0999)	− 0.400*** (0.109)	− 0.419*** (0.105)	− 0.424*** (0.109)
$Invest$	0.115*** (0.0187)	0.182*** (0.0224)	0.127*** (0.0182)	0.133*** (0.0186)	0.145*** (0.0198)	0.151*** (0.0208)	0.143*** (0.0202)	0.153*** (0.0208)
Constant	4.274*** (1.198)	3.176** (1.441)	3.684*** (1.161)	3.471*** (1.181)	0.270 (1.581)	− 0.715 (1.793)	− 0.235 (1.705)	0.832 (1.961)
N	708	400	644	644	555	489	506	489
R^2	0.186	0.324	0.215	0.210	0.227	0.241	0.237	0.239

注：（1）括号内的数值为稳健性标准误；（2）*** 、** 和 * 分别代表 1%、5% 和 10% 的显著性水平。

表7-9是加入金融创新结构指标与技术创新的交叉项，考察其对经济增长的作用。由于金融创新结构描述的是中央银行在整个金融体系中的重要程度，能很好地反映金融集中度的问题。由表可知，研发支出和专利申请数对数对经济增长基本都存在积极的促进作用；只考虑金融创新结构时，对经济增长是抑制作用；但是综合考虑金融创新结构与企业技术创新的共同作用时，会对经济增长呈现明显的促进作用，金融创新结构能更好地促进企业技术创新，进一步带动经济增长。

表7-9　　金融创新结构指标通过影响技术创新进而作用于经济增长的回归结果（被解释变量 *RGDP*）

变量	技术创新指标为 *Rd*				技术创新指标为 *Lnpatent*			
	（1）	（2）	（3）	（4）	（5）	（6）	（7）	（8）
Rd	0.0965 (0.171)	0.171 (0.246)	0.213 (0.165)	0.103 (0.169)				
Lnpatent					−0.0789 (0.0720)	0.111 (0.0796)	0.195* (0.119)	0.406*** (0.121)
Fininnov_stru	−0.0166 (0.0199)	−0.0101 (0.0197)	0.0157 (0.0203)	−0.0162 (0.0196)	−0.250** (0.105)	−0.303*** (0.117)	0.547** (0.270)	−1.061*** (0.264)
Fininnov_stru × *Rd*	−0.0298 (0.0192)	−0.0347* (0.0210)	−0.0453** (0.0182)	−0.0221 (0.0194)				
Fininnov_stru × *Lnpatent*					0.0257** (0.0120)	0.0312** (0.0134)	0.0640** (0.0304)	0.119*** (0.0304)
Edu	−0.130 (0.165)	−0.134 (0.162)	−0.142 (0.161)	−0.119 (0.161)	0.00156 (0.180)	0.0743 (0.192)	0.185 (0.202)	−0.0643 (0.204)
Gov	−0.149*** (0.0321)	−0.141*** (0.0353)	−0.134*** (0.0324)	−0.140*** (0.0323)	−0.126*** (0.0305)	−0.138*** (0.0331)	−0.112*** (0.0344)	−0.154*** (0.0348)
π	−0.0526*** (0.0114)	−0.0599*** (0.0118)	−0.0623*** (0.0118)	−0.0592*** (0.0118)	−0.0496*** (0.0122)	−0.0561*** (0.0135)	−0.0571*** (0.0138)	−0.0603*** (0.0141)
Trade	0.00368* (0.00211)	0.00319 (0.00222)	0.00327 (0.00213)	0.00351* (0.00204)	0.00206 (0.00346)	0.00171 (0.00388)	0.00849** (0.00433)	−0.00522 (0.00457)

续表

变量	技术创新指标为 Rd				技术创新指标为 Lnpatent			
	(1)	(2)	(3)	(4)	(5)	(6)	(7)	(8)
Caopen	-0.455 *** (0.0925)	-0.466 *** (0.0893)	-0.454 *** (0.0894)	-0.476 *** (0.0894)	-0.444 *** (0.0980)	-0.479 *** (0.104)	-0.561 *** (0.110)	-0.384 *** (0.113)
Invest	0.101 *** (0.0182)	0.107 *** (0.0177)	0.111 *** (0.0178)	0.106 *** (0.0177)	0.133 *** (0.0196)	0.128 *** (0.0205)	0.132 *** (0.0212)	0.124 *** (0.0213)
Constant	5.030 *** (1.253)	4.730 *** (1.249)	4.433 *** (1.222)	4.663 *** (1.219)	3.896 *** (1.511)	4.131 ** (1.611)	-0.317 (2.172)	8.358 *** (2.115)
N	722	657	657	657	568	500	518	500
R^2	0.168	0.188	0.186	0.188	0.202	0.213	0.123	0.147

注：（1）括号内的数值是稳健性标准误；（2）***、**、*分别代表1%、5%和10%的显著性水平。

当考虑所有能表明金融创新的指标时，通过前面的主成分分析将九项金融创新的二级指标转化成金融创新综合指标。发现结果和金融创新规模指标、金融创新效率指标和金融创新结构指标相似（见表7 - 10），第一，研发支出占 GDP 比重以及专利申请数的对数对经济增长都存在正向积极作用，且专利申请数对经济增长的作用显著性大于研发支出，因为专利申请数更能体现出技术自主创新能力；第二，金融创新综合指标对经济增长的作用是不确定的，甚至出现显著的抑制作用（见列（1）～列（4）系数分别为 -0.0146、 -0.0155、 -0.0185 和 -0.0130，且显著性都通过10%的显著性水平检验）；第三，金融创新综合指标与企业技术创新的交叉项的系数显著为正，很明显金融创新能够促进技术创新，金融体系创新程度的提升会改进金融机构对潜在有能力企业家的筛选机制，从而能够促进技术进步，并给经济增长带来无尽的动力。

表 7 – 10　　加入金融创新综合指标与技术创新的交叉项对经济

增长的回归结果（被解释变量 RGDP）

变量	技术创新指标为 Rd				技术创新指标为 Lnpatent			
	(1)	(2)	(3)	(4)	(5)	(6)	(7)	(8)
Rd	0.0353 (0.275)	0.134 (0.664)	0.0486 (0.264)	0.257 (0.354)				
Lnpatent					0.198* (0.105)	0.235* (0.128)	0.0941 (0.137)	0.303* (0.174)
Fininnov	−0.0146** (0.007)	−0.0155* (0.009)	−0.0184*** (0.0071)	−0.0130* (0.0078)	0.0105 (0.0211)	0.0156 (0.0235)	−0.0135 (0.0297)	0.0326 (0.0348)
Fininnov × Rd	0.0003 (0.005)	−0.0009 (0.0104)	0.0008 (0.0048)	−0.0038 (0.0069)				
Fininnov × Lnpatent					−0.0035 (0.0025)	−0.0044 (0.0028)	−0.001 (0.0034)	−0.0064 (0.0042)
Edu	−0.0318 (0.165)	−0.00308 (0.164)	0.0134 (0.162)	−0.00919 (0.162)	0.193 (0.183)	0.320 (0.199)	0.247 (0.192)	0.346* (0.204)
Gov	−0.126*** (0.0321)	−0.118*** (0.0456)	−0.115*** (0.0325)	−0.122*** (0.0334)	−0.0811*** (0.0294)	−0.0846*** (0.0323)	−0.0899*** (0.0313)	−0.0816** (0.0326)
π	−0.0626*** (0.0113)	−0.0689*** (0.0122)	−0.0703*** (0.0119)	−0.0682*** (0.0120)	−0.0614*** (0.0119)	−0.0671*** (0.0135)	−0.0718*** (0.0131)	−0.0666*** (0.0135)
Trade	0.0058*** (0.0021)	0.0054** (0.0023)	0.0055*** (0.0021)	0.0052** (0.0021)	0.0046 (0.0033)	0.0046 (0.0037)	0.0044 (0.0034)	0.0046 (0.0037)
Caopen	−0.497*** (0.0947)	−0.491*** (0.0958)	−0.489*** (0.0921)	−0.482*** (0.0933)	−0.478*** (0.0999)	−0.478*** (0.108)	−0.479*** (0.105)	−0.482*** (0.108)
Invest	0.0969*** (0.0181)	0.111*** (0.0176)	0.112*** (0.0176)	0.110*** (0.0176)	0.126*** (0.0192)	0.131*** (0.0202)	0.128*** (0.0197)	0.130*** (0.0202)
Constant	4.473*** (1.208)	3.858*** (1.221)	3.787*** (1.173)	3.870*** (1.174)	0.396 (1.607)	−0.626 (1.837)	1.161 (1.830)	−1.343 (2.195)
N	1679	1679	1679	1679	1679	1679	1679	1679
R²	0.172	0.197	0.197	0.196	0.212	0.225	0.221	0.223

注：（1）括号内的数值为稳健性标准误；（2）***、** 和 * 分别代表 1%、5% 和 10% 的显著性水平。

7.3　本章小结

金融企业家的创新对经济增长的作用机制比金融发展对经济增长的作用要复杂得多，本章主要是在熊彼特简单离散时间范围的内生增长理论基础上，基于耦合的视角，将金融企业家的创新和企业技术的创新体系放进模型中分析金融创新如何通过技术创新对经济产生作用。

本章主要的内容包括：

（1）通过理论分析和实证检验得出金融创新对经济增长的作用不明确，甚至出现了显著的负向作用，说明在不考虑技术创新的中介机制时，单纯的金融创新对经济增长并没有表现出促进作用。

（2）根据前面分析金融创新和技术创新之间的耦合关系，通过耦合关系形成和耦合机制分析，金融创新规模、金融创新效率、金融创新结构以及金融创新总体指标都与企业技术创新产出存在中高程度的协调性，为下面将金融创新和技术创新结合在一起，考虑金融创新通过技术创新作用于经济增长的分析作了基础性的铺垫。

（3）采用较好处理内生性方法的两阶段最小二乘法（2SLS），设定计量模型，加入金融创新指标、技术创新指标以及金融创新与技术创新指标的交叉项，考察在技术创新视角下，金融创新是如何影响经济的。结果发现：第一，企业技术创新对经济增长都存在正向促进作用，并且对专利申请数变化的影响更大，显著性更高，说明企业自主技术创新能力的提升能够更好地带动经济发展；第二，金融创新指标对经济增长的作用是不确定的，甚至出现显著的抑制作用；第三，无论金融创新是用金融创新规模、金融创新效率或金融创新结构中的哪个表示，金融创新指标与技术创新指标的交叉项系数都存在正向积极作用，说明金融创新系统内的各个因素的提升都可以促进金融企业家对有能力技术企业家的筛选能力，以至于能更好地促进技术创新能力的提升，进而共同作用于经济增长。

第8章

结论、政策建议与研究展望

任何事物都是在发展中不断变化的，研究也是一样，学者对一个问题的认识发展也是永无止境的。伴随着金融体系的不断发展，对金融发展的认识也在不断变化，同时对金融的研究逐渐由单一化向多层次转变。基于已有的研究，本书开展了更深层次的探究，分别从金融综合发展、金融结构以及金融创新三个方面，重点探讨金融发展对技术创新的影响。

随着金融深化程度的加深，金融结构和资本开放带来的作用愈加突出，基于金融体制改革的背景，立足以提高企业技术水平为目标，本书以"金融—技术"为分析范式，对金融发展、技术创新以及金融发展对技术创新的影响的现状进行分析，构建理论模型以及运用实证方法对金融整体发展、金融内部结构、资本账户开放结构以及金融创新对企业技术创新的潜在关联性进行了全面的检验和分析。

结果表明，金融综合发展水平、市场主导型金融结构和资本开放结构、金融创新对于企业技术创新具有一定的关联性，并据此提出如何有效推进金融体制改革、促进技术进步，提高经济增长的政策建议。基于此，指出本书研究不足，并提出对下一步研究的展望。

8.1 主要结论

本书的研究主要是按照"一般理论模型—事实分析—实证分析"路径展开。一般理论模型就是建立在熊彼特创新理论的基础上，借鉴罗默（Romer，1990）、格罗斯曼和赫尔普曼（Grossman and Helpman，1991）以及阿吉翁和霍伊特（Aghion and Howitt，1992），构建一个内生增长模型分析金融发展对技术创新的影响机制，在此基础上探讨金融发展如何通过技术创新进而影响经济增长的内在机制，为本书打下坚实的理论基础。事实分析是分别从中国金融发展事实状况、中国金融结构的事实、企业技术创新情况和技术创新的金融支持四个视角考察了中国金融和技术的发展现状。随后，实证分析是通过构建相应的计量模型，采取合适的计量估计方法，分别从金融综合发展、金融结构和金融创新三个层面，分析金融发展对技术创新的作用。

第一，我国金融体系仍然是以银行部门间接融资为主导，资本市场等直接融资为辅的局面。从开放角度看，整体上国际资本流动总额呈现上升趋势，资本账户开放度指标反映了中国渐进式的资本账户自由化开放战略。无论是基于法定规则下还是基于事实情况下，我国资本账户开放程度均呈现不断提升的状态。但相比于发达经济体，甚至是很多新兴经济体，我国的开放程度仍处在较低水平。企业技术创新方面，通过定量统计分析发现，中国企业创新呈现自主创新能力不足，模仿创新为主的局面，但近些年中国各地区模仿创新在不断下降，自主创新活动逐渐提升，企业技术创新开始从模仿创新走向自主创新模式。鉴于上述事实分析，接下来要讨论金融发展是如何影响技术创新的，首先，金融发展可以通过缓解企业面临的融资约束问题，进而影响企业的生产率，阻碍经济增长；其次，银行业可能对企业创新存在的负向影响，主要是因为银行业为主的间接融资存在厌恶风险的特征，而企业创新活动通常是风险较高的项目，因此会存在一定的消极作用；再次，区域金融差异化是企业创新异质性的重要原因，金融发展越好，市场化程度越高，处理和防范风险的能力较强；最后，构建耦合模型考察金融创新与技术创新的关系，发现金融创新与技术创新之间存在较高的协调性。

第二，在企业层面，地区金融支持可以通过缓解企业投资融资约束，进而推动技术创新；考虑金融支持对融资约束的缓解作用，企业投资行为对生产率具有显著的促进作用。基于产权结构差异分析，金融支持在缓解国有企业和私营企业融资约束进而刺激创新、提升生产率的过程中作用都显著，国有上市企业显著性稍强。金融发展通过缓解融资约束促进技术创新的效应在东部最为显著，在西部最弱；在行业层面，除了企业层面能够反映金融发展对技术创新的作用，产业层面亦是如此，基于行业异质性特征分析金融发展对技术创新的效应，为了更好地分析金融子市场职能的不同，本书分析了股票市场和信贷市场发展对行业技术创新的影响，结果发现假设均成立。首先，股票市场发展对外部融资依赖性的行业的技术创新有较大的积极作用；其次，信贷市场的发展对外部融资依赖性行业的技术创新作用相对较小；再次，股票市场的发展将更有利于促进高技术密集型行业的技术创新；最后，信贷市场的发展不能更好地促进高技术密集型行业的技术创新。

第三，在金融内部结构层面，首先，基于简单技术外生增长模型分析最优金融内部结构稳态以及动态演化过程，并构建计量模型探究金融内部结构对企业技术创新的影响，结果发现以银行业指标与金融市场指标的比值表示的金融内部结构对企业技术创新的影响是显著为负，说明市场主导型比银行主导型金融结构更有利于企业进行技术创新；其次，在此基础上运用面板分位数回归方法分析金融内部结构对企业技术创新边际效应的动态演化，发现边际效应的演化轨迹伴随时间呈现明显的上升趋势。在金融开放结构层面，分别讨论基于法定规则下的金融开放结构和基于事实的资本开放对技术创新的作用，结论发现：控制了国家政治风险因素及其他公共因素后，除个别资本账户控制对国家技术创新是正向的，其他资本账户控制会阻碍企业进行技术创新；无论是静态关系分析还是动态影响分析，都发现资本开放结构对技术创新产出和创新决策存在持续的积极作用。

第四，金融企业家的创新对经济增长的作用机制比金融发展对经济增长作用要复杂得多，基于前面对金融创新与技术创新耦合关系的研究结果，将金融企业家的创新和企业技术的创新体系放进模型中分析金融创新如何通过技术创新对经济产生作用是目前的形势要求。结果发现：首先，企业技术创新对经济增长都存在正向促进作用，并且对专利申请数变化的影响更大，显著性更高，说明企业自主技术创新能力的提升能够更好地带动经济发展；其次，金融创新指标对经济增长的作用是不确定的，甚至出现显著的抑制作用；最后，无论金融创新是用金融创新规模、金融创新效率和金融创新结构中的任何一个表示，金融创新与技术创新的交叉项系数都存在正向积极作用，说明金融创新系统内的各个因素的提升都可以促进金融企业家对有能力技术企业家的筛选能力，以至于能更好地促进技术创新能力的提升，进而共同作用于经济增长。总而言之，企业技术创新能够带动技术进步，推动经济增长；单纯的金融创新（包括金融创新规模、金融创新效率和金融创新结构）对经济增长的作用不明确，甚至是显著抑制作用；金融创新效率体系与技术创新体系的协同作用下，即金融创新能够通过影响技术创新进而能更好地促进经济增长。

8.2 政策建议

根据上述得到的结论，金融整体水平、金融结构和金融创新与技术创新的作用是多方面的。在"金融—技术"的范式中，技术进步过程中金融支持承担较大的作用，技术创新的成功与否和金融体制改革密切相关。技术进步是新常态背景下推动供给侧结构性改革的核心，"金融"是护卫军，协同创新促进技术创新共同作用于经济社会，促进经济增长"质"和"量"的提升。通过研究结论，本书提出如下政策建议。

第一，完善金融制度，有效发挥金融的资源配置职能，提升金融发展整体水平，为技术创新提供持续的资金支持。首先，优化银行的信贷结构，培育和发展中小融资机构，消除私营企业和国有企业之间的信贷歧视，拓宽私营企业融资渠道，解决私营企业融资难等问题；规范信贷市场，加强信贷市场的竞争力，带动整个信贷市场的发展。其次，建立多层次的资本市场，加强金融市场资源的配置效率，降低融资难度。最后，协调区域的金融发展差异，各地方政府根据区域发展的特征，制定相应的金融支持政策，缩小区域间金融发展差异，促使各地区金融发展整体水平趋于平衡。

第二，重视市场主导型金融内部结构作用，完善多层次的资本市场，加强银行部门以外的金融市场在资金融通过程中的作用，提升资本市场资源配置效率。技术创新过程最重要的是寻找合适的融资渠道，相比于银行业信贷融资，资本市场的股权融资更能促进企业的技术创新，提升技术进步。降低金融机构的转入门槛，扩大民间资本进入金融业。中国目前逐渐从模仿创新向自主创新转化，金融内部结构需要不断优化以适应企业的技术创新活动。金融内部结构的演化存在一定的路径依赖，这种路径与国家发展的不同阶段密切相关，金融结构会逐渐趋向最优金融结构，以更好地适应国家或地区的技术创新及经济增长。

第三，不断促进资本开放，推进金融开放政策的实施，会带动国内资金流动，并为金融创新提供依据和借鉴，不断创新、深化改革，从而强化金融服务实体经济的能力，促进经济高质量发展。高水平的金融开放是推动经济加速发展的引擎，金融开放发展会带动国内资金流动，全方位引进外资，倒逼国内金融机构改进传统的融资服务，深化改革以强化金融服务实体经济的能力。同时，高水平的金融开放有利于促进产业升级，推动中国在全球产业价值链中走向高端。

第四，无论从理论模型还是经验分析看，技术创新促使技术进步，对经济增长的积极作用是众所周知的。政府应进一步鼓励金融机构开展与技术进步、企业创新密切联系的金融创新，避免脱离技术进步的金融创新对经济可能的负向影响，而在创新过程中尽量与技术紧密结合，通过促进技术进步作用于经济增长。响应国家"金融科技、科技金融"的号召方向，建立金融创新和技术创新之间良好的耦合机制，协调好金融创新体系与技术创新体系的关系，并更好地服务于经济社会。

8.3 研究展望

本书从技术创新出发，旨在从金融发展的几个方面解释与技术创新的关系。但本书的研究存在诸多不足之处，围绕这些不足提出未来进一步研究方向。

第一，进一步充实微观经验分析。在本书中虽然从金融整体发展水平、金融结构以及金融创新三个层面说明其与技术创新的作用，但是都是从宏观金融视角出发。金融体系包含的微观内容较多，为了进一步分析内在机制，可以向微观金融层面拓展研究。例如，考察公司金融层面的发展与企业创新的内在机制，因为公司金融涉及公司制度问题，可以考察企业如何有效地利用各种融资渠道，并形成合适的公司内部资本结构，它还包括利润分配、运营资金管理等微观金融的内容，可以更深层次考察其对技术创新的作用。

第二，进一步拓展理论模型的构建。本书虽然构建了相应的理论模型，但是基本都是建立在前人的模型基础上的模仿创新。未来可以在理论模型构建方面，加深理论知识的梳理，为进一步说明"金融—技术"范式的内在机制，构建更接近经济事实的全新的理论模型。

第三，进一步使用系统模拟分析方法。金融体系对技术创新的影响是动态变化的，静态经验分析的方法不能全面地说明这种动态关系，即使本书构建动态计量模型简单分析其动态演化过程，但是尚未运用一般均衡模型和系统动力模型等更合适的方法。因此在未来的研究过程中，可以构建金融发展对技术创新的影响以及金融创新、技术创新与经济增长关联性的系统动力学（SD）模型，并进行仿真模拟试验，进一步揭示内在动态机制。另外，可以引入家庭部门、企业部门和金融部门，构建一般均衡模型（DSGE），将金融体系各要素和技术纳入DSGE分析框架，从一般均衡的视角出发，审视金融发展对技术创新波动的影响。

参 考 文 献

[1] 爱德华·S·肖. 经济发展中的金融深化 [M]. 上海：上海三联书店，1988.

[2] 蔡卫星. 银行业市场结构对企业生产率的影响——来自工业企业的经验证据 [J]. 金融研究，2019 (4)：39 – 55.

[3] 钞小静，任保平. 中国经济增长质量的时序变化与地区差异分析 [J]. 经济研究，2011，46 (4)：26 – 40.

[4] 陈浪南，逢淑梅. 我国金融开放的测度研究 [J]. 经济学家，2012 (6)：35 – 44.

[5] 陈雨露，罗煜. 金融开放与经济增长：一个述评 [J]. 管理世界，2007 (4)：138 – 147.

[6] 崔光庆，王景武. 中国区域金融差异与政府行为：理论与经验解释 [J]. 金融研究，2006 (6)：79 – 89.

[7] 邓敏，蓝发钦. 金融开放条件的成熟度评估：基于综合效益的门槛模型分析 [J]. 经济研究，2013，48 (12)：120 – 133.

[8] 丁涛，胡汉辉. 金融支持科技创新国际比较及路径设计 [J]. 软科学，2009，23 (3)：50 – 54.

[9] 杜金沛. 高新技术经济发展：技术、制度与资本的耦合 [D]. 重庆：西南财经大学，2003.

[10] 樊纲，王小鲁，朱恒鹏. 中国市场化指数：各地区市场化相对进程年报告 [M]. 北京：经济科学出版社，2011.

[11] 高波，陈健，邹琳华. 区域房价差异、劳动力流动与产业升

级 [J]. 经济研究, 2012, 47 (1): 66-79.

[12] 高波. 发展经济学 [M]. 南京: 南京大学出版社, 2018.

[13] 高波. 全球化时代的经济发展理论创新 [J]. 南京大学学报 (哲学、人文科学、社会科学版), 2013 (1): 13-26, 158-159.

[14] 高明生, 李泽广, 刘欣. 我国金融结构宏微观悖论新解: 融资权约束 [J]. 财经研究, 2004 (12): 130-140.

[15] 葛鹏飞, 黄秀路, 徐璋勇. 金融发展、创新异质性与绿色全要素生产率提升——来自"一带一路"的经验证据 [J]. 财经科学, 2018 (1): 1-14.

[16] 郭庆旺, 贾俊雪. 中国全要素生产率的估算: 1979—2004 [J]. 经济研究, 2005 (6): 51-60.

[17] 韩兆洲, 程学伟. 中国区域专利产出与产业创新效率研究 [J]. 产经评论, 2018, 9 (3): 75-88.

[18] 何兴强, 欧燕等. FDI 技术溢出与中国吸收能力门槛研究 [J]. 世界经济, 2014 (10): 52-76.

[19] 何运信. 中国金融发展的区域差异与区域金融协调发展研究进展与评论 [J]. 经济地理, 2008 (11): 968-972.

[20] 胡杰, 刘思婧. 金融发展对制造业技术创新的影响研究——以制造业技术密集度高的 9 个子行业为样本 [J]. 产经评论, 2015, 6 (2): 28-35.

[21] 姬广林. 中国金融发展对技术创新影响的实证分析 [D]. 吉林: 吉林大学, 2017.

[22] 贾秋然. 金融开放测度方法与指标体系述评 [J]. 经济评论, 2011 (3): 131-142.

[23] 江春, 张秀丽. 金融发展与企业家精神: 基于中国省级面板数据的实证检验 [J]. 广东金融学院学报, 2010, 25 (2): 62-70.

[24] 解维敏, 方红星. 金融发展、融资约束与企业研发投入 [J]. 金融研究, 2011 (5): 171-183.

[25] 黎文靖, 李茫茫. "实体 + 金融": 融资约束、政策迎合还是市场竞争?——基于不同产权性质视角 [J]. 经济研究, 2017 (8): 100 - 114.

[26] 李丛文. 金融创新、技术创新与经济增长——新常态分析视角 [J]. 现代财经 (天津财经大学学报), 2015, 35 (2): 13 - 24.

[27] 李健, 贾玉革. 金融结构的评价标准与分析指标研究 [J]. 金融研究, 2005 (4): 57 - 67.

[28] 李敬, 冉光和, 孙晓铎. 中国区域金融发展差异的度量与变动趋势分析 [J]. 当代财经, 2008 (10): 34 - 40.

[29] 李梅. 金融发展、对外直接投资与母国生产率增长 [J]. 中国软科学, 2014 (11): 170 - 182.

[30] 李梅, 柳士昌. 对外直接投资逆向技术溢出的地区差异和门槛效应——基于中国省际面板数据的门槛回归分析 [J]. 管理世界, 2012 (1): 21 - 32, 66.

[31] 李平. 国际技术扩散对发展中国家技术进步的影响机制、效果和对策分析 [M]. 北京: 三联书店, 2007.

[32] 李巍, 张志超. 不同类型资本账户开放的效应: 实际汇率和经济增长波动 [J]. 世界经济, 2008 (10): 33 - 45.

[33] 李文贵, 余明桂. 民营化企业的股权结构与企业创新 [J]. 管理世界, 2015 (4): 112 - 125.

[34] 林毅夫, 孙希芳, 姜烨. 经济发展中的最优金融结构理论初探 [J]. 经济研究, 2009, 44 (8): 4 - 17.

[35] 蔺鹏, 孟娜娜, 马丽斌, 马英杰. 区域金融创新与科技创新的耦合机理和联动效果评估——基于京津冀协同创新共同体的研究 [J]. 南方金融, 2019 (1): 58 - 68.

[36] 刘贯春. 金融结构影响城乡收入差距的传导机制——基于经济增长和城市化双重视角的研究 [J]. 财贸经济, 2017, 38 (6): 98 - 114.

[37] 刘红忠. 中国对外直接投资的实证研究及国际比较 [M]. 上海：复旦大学出版社，2001.

[38] 刘洪铎. 金融发展、企业研发融资约束缓解与全要素生产率增长——来自中国工业企业层面的经验证据 [J]. 南方金融，2014 (1)：21-27.

[39] 刘培森. 金融发展、创新驱动与长期经济增长 [J]. 金融评论，2018，10 (4)：41-59，119-120.

[40] 刘兴凯，张诚. 中国服务业全要素生产流程增长及其收敛分析 [J]. 数量经济技术经济研究，2010 (3)：55-67，95.

[41] 刘玉忠. 加强科技与金融结合的思考 [J]. 河南金融管理干部学院学报，2003 (4)：26-28.

[42] 鲁晓东，连玉君. 中国工业企业全要素生产率估计：1999-2007 [J]. 经济学季刊，2012，11 (2)：541-558.

[43] 罗纳德·I·麦金农. 经济发展中的货币与资本 [M]. 上海：上海三联书店，1988.

[44] 马勇. 资本账户开放与系统性金融危机 [A]. International Monetary Institute Working Papers（2010-2014 年合辑）[C]. 中国人民大学国际货币研究所，2014：11.

[45] 迈克尔·波特. 国家竞争优势 [M]. 北京：华夏出版社，2003.

[46] 毛其淋，许家云. 中国企业对外直接投资是否促进了企业创新 [J]. 世界经济，2014，37 (8)：98-125.

[47] 米展. 金融发展对企业技术创新模式影响研究——基于中国高技术产业的实证分析 [J]. 审计与经济研究，2016，31 (6)：112-120.

[48] 乔虹. 产业创新能力的测度与评价 [J]. 统计与决策，2016 (23)：127-129.

[49] 青木昌彦等. 经济体制的比较制度分析 [M]. 北京：中国发

展出版社，1999.

[50] 冉光和，鲁钊阳. 金融发展、外商直接投资与城乡收入差距——基于我国省级面板数据的门槛模型分析 [J]. 系统工程，2011，29（7）：19 – 25.

[51] 沈红波，寇宏等. 金融发展、融资约束与企业投资的实证研究 [J]. 中国工业经济，2010（6）：55 – 64.

[52] 单豪杰. 中国资本存量 K 的再估算：1952—2006 [J]. 数量经济技术经济研究，2008（10）：17 – 31.

[53] 沈坤荣，耿强. 外商直接投资、技术外溢与内生经济增长——中国数据的计量检验与实证分析 [J]. 中国社会科学，2001（5）：82 – 93，206.

[54] 史龙祥，马宇. 金融发展对中国制造业出口结构优化影响的实证分析 [J]. 世界经济研究，2008（3）：37 – 41，88.

[55] 孙浦阳，张蕊. 金融创新是促进还是阻碍了经济增长——基于技术进步视角的面板分析 [J]. 当代经济科学，2012，34（3）：26 – 34.

[56] 孙晓华，王昀，徐冉. 金融发展、融资约束缓解与企业研发投资 [J]. 科研管理，2015，36（5）：47 – 54.

[57] 孙竹. 基于系统动力理论的经济增长与金融创新的关联性研究 [D]. 武汉：武汉理工大学，2007.

[58] 谭伟. 社会保障与区域经济互动机理及协调度研究 [J]. 技术经济与管理研究，2011（5）：117 – 120.

[59] 唐智鑫，管勇. 物联网技术与我国银行业的金融创新 [J]. 金融科技时代，2011，19（9）：80 – 81.

[60] 滕泽伟，胡宗彪，蒋西艳. 中国服务业碳生产率变动的差异及收敛性研究 [J]. 数量经济技术经济研究，2017（3）：78 – 94.

[61] 田霖. 区域金融成长差异——金融地理视角 [M]. 北京：经济科学出版社，2006.

[62] 童藤. 金融创新与科技创新的耦合研究 [D]. 武汉：武汉理

工大学，2013.

[63] 王广谦. 金融市场效率的衡量及中国金融市场发展的重点选择 [J]. 金融研究，1996 (2)：42-45.

[64] 王洪庆，郝雯雯. 高新技术产业集聚对我国绿色创新效率的影响研究 [J]. 中国软科学，2022 (8)：172-183.

[65] 王晋斌. 金融控制政策下的金融发展与经济增长 [J]. 经济研究，2007 (10)：95-104.

[66] 王小鲁，樊纲. 中国地区差距的变动趋势和影响因素 [J]. 经济研究，2004 (1)：33-44.

[67] 王修华. 我国区域金融发展差异的比较 [J]. 经济地理，2007 (2)：183-186.

[68] 魏峰，孔煜. 融资约束、不确定性与公司投资行为——基于我国制造业上市公司的实证分析 [J]. 中国软科学，2005 (3)：43-49.

[69] 魏守华，陈扬科，陆思桦. 城市蔓延、多中心集聚与生产率 [J]. 中国工业经济，2016 (8)：58-75.

[70] 魏守华，吴贵生，吕新雷. 区域创新能力的影响因素——兼评我国创新能力的地区差距 [J]. 中国软科学，2010 (9)：76-85.

[71] 魏志华，曾爱民，李博. 金融生态环境与企业融资约束——基于中国上市公司的实证研究 [J]. 会计研究，2014 (5)：73-80.

[72] 吴献金，苏学文. 金融创新与金融产业升级指标体系及效用分析 [J]. 湖南大学学报（自然科学版），2003 (3)：108-112.

[73] 肖磊，鲍张蓬，田毕飞. 我国服务业发展指数测度与空间收敛性分析 [J]. 数量经济技术经济研究，2017 (3)：111-127.

[74] 徐明，刘金山. 何种金融结构有利于技术创新——理论解构、实践导向与启示 [J]. 经济学家，2017 (10)：54-64.

[75] 许梦楠，周新苗. 金融发展与创新效率——基于随机前沿模型的实证分析 [J]. 金融与经济，2018 (9)：46-51.

[76] 姚耀军. 金融发展与全要素生产率增长区域差异重要

吗？——来自中国省级面板数据的经验证据 [J]. 当代财经，2012 (3)：43 - 53.

[77] 衣长军，李赛，张吉鹏. 制度环境、吸收能力与新兴经济体 OFDI 逆向技术溢出效 [J]. 财经研究，2015，41 (11)：4 - 19.

[78] 易纲，宋旺. 中国金融资产结构演进：1991—2007 [J]. 经济研究，2008 (8)：4 - 15.

[79] 余明桂，钟慧洁，范蕊. 民营化、融资约束与企业创新——来自中国工业企业的证据 [J]. 金融研究，2019 (4)：75 - 91.

[80] 余泳泽. FDI 技术外溢是否存在"门槛条件"——来自我国高技术产业的面板门限回归分析 [J]. 数量经济技术经济研究，2012 (8)：49 - 63.

[81] 喻海燕，范晨晨. 资本账户开放、制度质量与资本外逃：基于"金砖五国"的研究 [J]. 国际金融研究，2018 (10)：45 - 54.

[82] 喻平. 金融创新与经济增长的关联性研究 [D]. 武汉理工大学，2004.

[83] 张成思，刘贯春. 经济增长进程中金融结构的边际效应演化分析 [J]. 经济研究，2015，50 (12)：84 - 99.

[84] 张化尧，王赐玉. 国际技术扩散：基于 TFP 的多渠道外溢分析 [J]. 科研管理，2012 (10)：17 - 25.

[85] 张杰，高德步. 金融发展与创新：来自中国的证据与解释 [J]. 产业经济研究，2017 (3)：43 - 57.

[86] 张杰，芦哲，郑文平. 融资约束、融资渠道与企业 R&D 投入 [J]. 世界经济，2012，35 (10)：66 - 90.

[87] 张军，金煜. 中国的金融深化和生产率关系的再检测：1987—2001 [J]. 经济研究，2005 (11)：34 - 45.

[88] 张首魁，党兴华. 技术创新网络组织绩效研究：基于结点耦合关系的视角 [J]. 软科学，2009，23 (9)：84 - 87.

[89] 张小波. 金融开放与宏观经济波动——基于修正的"三元悖

论"框架的分析 [J]. 西南政法大学学报, 2017, 19 (4): 103 - 112.

[90] 张晓晶. 金融结构与经济增长: 一个理论综述 [J]. 世界经济, 2001 (2): 61 - 62.

[91] 张颖. 金融创新与技术创新关系的研究 [D]. 天津: 天津大学, 2007.

[92] 张玉明, 迟冬梅. 互联网金融、企业家异质性与小微企业创新 [J]. 外国经济与管理, 2018, 40 (9): 42 - 54.

[93] 张元萍, 杨哲, 赵仡. 金融发展与技术创新系统耦合的时空分异特征研究 [J]. 河北经贸大学学报, 2016, 37 (6): 68 - 73, 90.

[94] 赵伟, 古广东, 何元庆. 外向 FDI 与中国技术进步: 机理分析与尝试性实证 [J]. 管理世界, 2006 (7): 53 - 60.

[95] 赵伟, 马瑞永. 中国区域金融增长的差异——基于泰尔指数的测度 [J]. 经济地理, 2006 (1): 11 - 15.

[96] 赵勇, 雷达. 金融发展与经济增长: 生产率促进抑或资本形成 [J]. 世界经济, 2010, 33 (2): 37 - 50.

[97] 郑婧渊. 我国高科技产业发展的金融支持研究 [J]. 科学管理研究, 2009, 27 (5): 101 - 103.

[98] 郑强. 对外直接投资促进了母国全要素生产率增长吗——基于金融发展门槛模型的实证检验 [J]. 国际贸易问题, 2017 (7): 131 - 141.

[99] 钟腾, 汪昌云. 金融发展与企业创新产出——基于不同融资模式对比视角 [J]. 金融研究, 2017 (12): 127 - 142.

[100] 周传豹, 吴方卫, 张锦华. 我国城乡要素收入的隐性转移及其测度 [J]. 统计研究, 2017, 34 (12): 63 - 74.

[101] 周立, 胡鞍钢. 中国金融发展的地区差距状况分析 (1978—1999) [J]. 清华大学学报 (哲学社会科学版), 2002 (2): 60 - 74.

[102] 邹林全. 科技创新政策绩效评估指标体系的设计 [J]. 中国

管理信息化, 2010, 13 (1): 50 –53.

[103] 左志刚. 金融结构与国家创新能力提升: 影响机理与经验证据 [J]. 财经研究, 2012, 38 (6): 48 –58, 79.

[104] Acemoglu D, Zilibotti F, Aghion P. Distance to frontier, selection, and economic growth [J]. Journal of the European Economic Association March, 2006, 4 (1): 37 –74.

[105] Acs Z, Braunerhjelm P, Audretsch D, Carlsson B. The knowledge spillover theory of entrepreneurship [J]. Small Bus. Econ. 2009, 32 (1): 15 –30.

[106] Aghion P, Howit P, Mayer – Foulkes D. The effect of financial development on convergence: theory and evidence [J]. Quarterly Journal of Economics, 2005, 120 (1): 173 –222.

[107] Aghion P, Howitt P. A model of growth through creative destruction, Econometrica [J]. 1992, 60 (2): 323 –351.

[108] Aghion P, Howitt P, Mayer F D. The effect of financial development on convergence: theory and evidence [Z]. Working Paper, 2003.

[109] Akinlo A E, Akinlo O O. Stock market development and economic growth: evidence from seven sub – Sahara African countries [J]. Journal of Economics and Business, 2009, 61 (2): 162 –171.

[110] Allen F, Gale D. Financial Contagion [J]. The Journal of Political Economy, 2000, 108 (1): 1 –33.

[111] Amore M D, Schneider C. and ? aldokas A. Credit supply and corporate innovation [J]. Journal of Financial Economics, 2013, 109 (3): 835 –855.

[112] Andrea F, Massimo M. Multinationals without Advantages [J]. Scandinavian Journal of Economics, 1999, 101 (4): 617 –630.

[113] Ang J B, McKibbin. Financial liberalization, financial sector development and growth: Evidence from Malaysia [J]. Journal of Develop-

ment Economics, 2007, 84 (1): 215 –233.

［114］Arrow K J. The economic implications of learning by doing ［J］. The Review of Economic Studies, 1962 (3): 155 –173.

［115］Ayyagari M, Kosova R. Does FDI facilitate domestic entry? Evidence from the Czech Republic ［J］. Rev. Int. Econ, 2010, 18 (1): 14 –29.

［116］Beck T, Levine R. Industry growth and capital allocation: Does having a market – or bank – based system matter? ［J］. Journal of Financial Economics, 2002, 64 (2): 147 –180.

［117］Beck T, Levine R, Loayza N. Finance and source of growth ［J］. Journal of Financial Economics, 2000, 58 (1 –2): 261 –300.

［118］Bettzüge M O, Hens T. An evolutionary approach to financial innovation ［J］. Review of Economic Studies, 2001, 68 (3): 493 –522.

［119］Blass A A, Yosha O. Financing R&D in mature companies: An empirical analysis ［C］. Working Paper, Bank of Israel, TelAviv University, and CEPR, 2001.

［120］Blomstrom M, Kokko A, Regional integration and foreign direct investment ［R］. NBER Working Paper. No. 9489: 15.

［121］Brown J R, Fazzari S M, Petersen B C. Financing Innovation and Growth Cash Flow, External Equity, and the 1990s R&D Boom ［J］. Journal of Finance, 2009, 64 (1): 151 –185.

［122］Bruton G D, Ahlstrom D, Obloj K. Entrepreneurship in emerging economies: where are we today and where should the research go in the future ［J］. Entrepreneurship Theory Pract, 2008: 1 –14.

［123］Buffie E F. Labor market distortions, the structure of protection and direct foreign investment ［J］. Journal of Development Economics, Elsevier, 1987, 27 (1 –2): 149 –163.

［124］Calderon C. , Liu L. The direction of causality between financial development and economic growth ［J］. Journal of Development Economics, 2003, 72 (1): 321 – 334.

［125］ Carrington J C, George T E. The transformation of saving to investment ［J］. Palgrave Macmillan Books, in: Financing Industrial Investment, 1979 (4): 88 – 154.

［126］ Cheng S. Substitution or complementary effects between banking and stock markets: Evidence from financial openness in Taiwan ［J］. Journal of International Financial Markets, Institutions and Money, 2012, 22 (3): 508 – 520.

［127］ Chen K C W, Chen Z, Wei K C J. Underpricing and long-term performance of IPOs in China ［J］. Corp. Finance, 2009 (15): 273 – 289.

［128］ Chen P F, Lee C C, Lee C F. How does the development of life insurance market affect economic growth? Some international evidence ［J］. Journal of International Development, 2012, 24 (7): 865 – 893.

［129］ Claessens S, Laeven L. Financial development, property rights, and growth ［J］. The Journal of Finance, 2003, 58 (6): 2401 – 2436.

［130］ Coe D T, Helpman E. International R&D spillovers ［J］. European Economic Review, 1995, 39 (5): 859 – 887.

［131］ Cornaggia J, Mao Y, Tian X. and Wolfe, B. Does banking competition affect innovation ［J］? Journal of Financial Economics, 2015, 115 (1): 189 – 209.

［132］ Damijan J P, Mark K. How important is trade and foreign ownership in chosing the technology gap? Evidence from Estonia and Slovenia ［J］. Review of World Economics, 2005, 141 (2): 271 – 295.

［133］ Demirguc-kunt A, Levine R. Finance and inequality: Theory and evidence policy research working paper series, no. 4967 ［R］. Washington DC: The World Bank, 2009.

［134］ Diamond D W. Financial intermediation and delegated monitoring

[J]. Review of Economic Studies, 1984, 51 (2): 393 –414.

[135] Dunning J H. Explaining the international direct investment position countries: towards a dynamic or development approach [J]. Weltwirtschaftliches Archiv, 1981, 117 (1): 30 –64.

[136] Dutta N, Sobel R S. Entrepreneurship and human capital: the role of financial development. Int. Rev. Econ. Finance, 2018 (57): 319 – 332.

[137] Eng Y, Habibullah M S. Financial development and economic growth nexus: Another look at the panel evidence from different geographical regions [J]. Bank and Bank Systems, 2011, 6 (1): 62 –71.

[138] Fazzari S M., Hubbard R G., Petersen B C. Financing constraints and corporate investment [J]. Brookings Papers on Economic Activity, 1988 (1): 141 –206.

[139] Fernandez A, Klein M W, Rebucci A, Schindler M, Uribe M. Capital control measures: A new data set [R]. Working Paper, WP/15/80, International Monetary Fund, 2015.

[140] Fernández A, Rebucci A, Uribe M. Are capital controls countercyclical? [M]. Columbia University. Mimeographed document, NewYork, United States, 2014.

[141] Ferreira H, Ferreira M. Extremal behavior of pMAX processes [J]. Statistics & Probability Letters, 2014 (93): 46 –57.

[142] Feldstein, Martin and Horioka, Charles. Domestic Saving and International Capital Flows [J]. Economic Journal, Royal Economic Society, 1980, 90 (358): 314 –329.

[143] Fink G, Haiss P, Vuksic G. Contribution of financial market segments at different stages of development: Transition, cohesion and mature economies compared [J]. Journal of Financial Stability, 2006, 5 (4): 431 –455.

[144] Flore J. Foreign direct investment spillovers: what can we learn from Portuguese data? [J]. Journal of Development Economics, 2000, 1 (4): 63 – 69.

[145] Franklin A, Douglas G. A welfare comparision of intermediaries and financial markets in Germany and the US [J]. European Economic Review, 1995, 39 (2): 179 – 209.

[146] Franklin A, Douglas G. Financial intermediaries and markets, Wharton School, University of Pennsylvania [R]. Working Paper, 2003 (1).

[147] Fung M K. Financial development and economic growth: Convergence or divergence? [J]. Journal of International Money and Finance, 2009, 28 (1): 56 – 67.

[148] Garud R, Jain S, Kumaraswamy A. Institutional entrepreneurship in the sponsorship of common technological standards: the case of sun microsystems and java [J]. Acad. Manage. J, 2002, 45 (1): 196 – 214.

[149] Girma S. Absorptive Capacity and Productivity Spillovers from FDI: A Threshold Regression Analysis [J]. Oxford Bulletin of Economics and Statistics, 2005 (67): 218 – 306.

[150] Goldsmith R W. Financial structure and development [M]. New Haven, CT: Yale University Press, 1969.

[151] Gorg H, Greenaway D. Much ado about nothing? Do domestic firms really benefit from foreign direct investment [J]. World Bank Research Observer, 2004, 1 (19): 171 – 197.

[152] Greenbaum S I, Haywood C F. Secular Change in the Financial Services Industry [J]. Journal of Money, Credit and Banking, Blackwell Publishing, 1971. vol. 3 (2): 571 – 589.

[153] Greenwood J, Jovanovic B. Financial development, growth, and the distribution of income [J]. Journal of Political Economy, 1990, 98 (5): 1076 – 1107.

［154］ Greenwood R, Suddaby R, Hinings B. Theorizing change: the role of professional associations in the transformation of institutionalized fields ［J］. Acad. Manage. J. , 2002, 45 (1): 58 – 80.

［155］ Gregory R P. Financial openness and entrepreneurship ［J］. Research in International Business and Finance, Elsevier, 2019, 48 (C): 48 – 58.

［156］ Görg H, Strobl E. Multinational companies and indigenous development: an empirical analysis ［J］. Eur. Econ. Rev, 2002 (56): 1305 – 1322.

［157］ Grossman G, Helpman E. Innovation and Growth in the World Economy ［M］. MIT Press: Cambridge MA, 1991.

［158］ Gurley J G. Financing the Future ［J］. Challenge, Taylor and Francis Journals, 1958, 7 (1): 45 – 50.

［159］ Hannon J U. Poverty in the Antebellum Northeast: The View from New York State's Poor Relief Rolls ［J］. The Journal of Economic History, Cambridge University Press, 1984, 44 (4): 1007 – 1032.

［160］ Hansen B E. Sample splitting and Threshold Estimation ［J］. Econometrica, 1999, 3 (68).

［161］ Hassan K M, Sanchez B, Yu J. Financial development and economic growth: New evidence from panel data ［J］. The Quarterly Review of Economics and Finance, 2011, 51 (1): 88 – 104.

［162］ Heckman J. Instrumental Variables: A Study of Implicit Behavioral Assumptions Used in Making Program Evaluations ［J］. Journal of Human Resources, University of Wisconsin Press, 1997, 32 (3): 441 – 462.

［163］ Herrera – Echeverri H, Haar J, Estevez – Breton J. Foreign direct investment, institutional quality, economic freedom and entrepreneurship in emerging markets ［J］. Bus. Res, 2014 (67): 1921 – 1932.

［164］ Holmstorm B. The Provisions of Services in a Market Economy, in Inman, R. P [M]. Managing the Service Economy: Prospects and Problems, Cambridge University Press, 1985.

[165] Hsu P H, Tian X, Xu Y. Financial development and innovation: Cross-country evidence [J]. Journal of Financial Economics, 2014, 112 (1): 116 – 135.

[166] Humphrey D B, Pulley L B, Vesala J M. Cash, Paper, and Electronic Payments: A Cross – Country Analysis [J]. Journal of Money, 1996, 28 (4): 914 – 939.

[167] Jensen M, Meckling W. Theory of the Firm: Managerial Behavior, Agency Costs, and Ownership Structure [J]. Journal of Financial Economics, 1976 (3): 305 – 360.

[168] Kaplan S. , Zngales L. Do financing constraints explain why investment is correlated with cash flow [J]. Quarterly Journal of Economics, 1997, 112 (2): 169 – 215.

[169] Kim P H, Li M. Injecting demand through spillovers: foreign direct investment, domestic socio-political conditions, and host-country entrepreneurial activity [J]. J. Bus. Ventur, 2014 (29): 210 – 231.

[170] King R G, Levine R. Finance and growth: Schumpeter Might Be Right [J]. Journal of Economics, 1993, 108 (3): 717 – 737.

[171] King R, Levine R. Finance and growth: Schumpeter might be right [J]. The Quarterly Journal of Economics, 1993, 108 (3): 717 – 737.

[172] Kogut B, Chang S J. Technological capabilities and Japanese foreign direct investment in the United States [J]. Review of Economics and Statistics, 1991, 73 (3): 401 – 413.

[173] Kumbhakar S C, Mavrotas G. Financial sector or development and productivity growth [Z]. Research Paper, 2005.

[174] Laeven L A. Risk and efficiency in East Asian banks [C]. Poli-

cy Research Working Paper Series 2255, The World Bank, 1999.

[175] Lane P R, Milesi – Ferretti G M. A global perspective on external positions [C]. CEPR Discussion Papers, 5234, 2005.

[176] Lawrence T, Winn M I, Jennings P D. The temporal dynamics on institutionalization [J]. Acad. Manage. Rev, 2001, 26 (4): 625 –645.

[177] Levine R. Finance and growth: theory and evidence. Handbook of economic growth [M]. 2005.

[178] Levine R. Financial development and economic growth: Views and agenda [J]. Journal of Economic Literature, 1997: 35 (20): 688 – 726.

[179] Levine R. Stock markets, growth, and tax policy [J]. Journal of Finance, 1991, 46 (4): 1445 –1465.

[180] Levinsohn J A. Petrin. Estimating production functions using inputs to control for unobservables [J]. Review of Economic Studies, 2003, 70 (2): 317 –341.

[181] Levitt M. Father Coughlin and the new deal [J]. American Political Science Review, Cambridge University Press, 1966, 60 (4): 1023 – 1024.

[182] Lichtenberg F, Potterie B V P. International R&D spillovers: a comment [J]. European Economic Review, 1988, 39 (8): 1483 –1491.

[183] Liu X M, Pamela S, Wang C, Wei Y. Productivity spillovers from foreign direct investment: Evidence from UK Industry level panel data [J]. Journal of Intentional Business Studies, 2000, 31 (3): 407 –425.

[184] Lounsbury M. Institutional transformation and status mobility: the professionalization of the field of finance [J]. Acad. Manage. J, 2002, 45 (1): 255 –266.

[185] Love I. Financial development and financing constraints: Internation evidenve from the structural [J]. Review of Financial Studies, 2003,

16 (3): 759 –771.

［186］Manso G. Motivating innovation ［J］. The Journal of Finance, 2011, 66 (5): 1823 – 1860.

［187］Matei I. Empirical analysis of the links between sovereign bond markets and economic growth for European non – EMU countries ［J］. Banks and Bank Systems, 2013, 8 (3): 58 –71.

［188］Mckinnon R. Money and capital in economic development ［M］. Washington, D. C. : Brookings Institution, 1973.

［189］Michalopoulos S, Levine R, Laeven L A. Financial innovation and endogenous growth ［J］. Journal of Financial Intermediation, 2015, 28 (4): 1 –24.

［190］Modigliani F, Miller M H. The cost of capital, corporation fi-nance and the theory of investment ［J］. Amer. Econ, 1959 (26): 1 –297.

［191］Mowery D, Rosenberg N. The influence of market demand upon innovation: a critical review of some recent empirical studies ［J］. Research Policy, 1979, 8 (2): 102 – 153.

［192］Myers C, Majluf N S. Corporate financing and investment deci-sions when firms have information that investors do not have ［J］. Journal of Financial Economics, 1984, 13 (2): 187 –221.

［193］Nanda R, Nicholas T. Did bank distress stifle innovation during the Great Depression ［J］? Journal of Financial Economics, Elsevier, 2014, 114 (2): 273 –292.

［194］Nanda R, Rhodes – Kropf M. Investment cycles and startup in-novation ［J］. Journal of Financial Economics, 2012, 110 (2) .

［195］Niehans J. Innovation in monetary policy: challenge and re-sponse ［J］. Journal of Banking and Finance, 1982, 6 (1): 9 –28.

［196］Nigel D, Love J H. Foreign direct investment, technology sour-cing and reverse spillovers ［J］. Manchester School, University of Manchester, 2003, 71 (6): 659 – 672.

[197] Olley G S, Pakes A. The dynamics of productivity in the telecommunications equipment analysis [J]. Econometrica, 1996 (64): 1263 – 1297.

[198] Phillips N, Tracy P, Karra N, Rethinking institutional distance: strengthening the tie between new institutional theory and entrepreneurship in strategic organization. Strat. Organ, 2009, 7 (3): 1 – 10.

[199] Pradhan R P, Zaki D B, Chatterjee D, Maradona R P, Dash S. Can stock market development boost economic growth and trade openness? Cointegration, Granger causality and forecast error variance decomposition tests for ARF countries [J]. Prajnan, 2015, 64 (1): 9 – 28.

[200] Reinhart C M, Tokatlidis I. Financial liberalization: The African experience [J]. Journal of African Economies, 2003, 12 (2): 53 – 88.

[201] Revilla E, Villena V H. Knowledge integration taxonomy in buyer – supplier relationships: trade – offs between efficiency and innovation [J]. International Journal of Production Economics, 2012, 140 (2): 854 – 864.

[202] Romer P M. Endogenous technological change [J]. Journal of Political Economy, University of Chicago Press, 1990, 98 (5): 71 – 102.

[203] Rosenbaum P R, Rubin D B. Discussion of on state education statistics: a difficulty with regression analyses of regional test score averages [J]. Journal of educational and behavioral statistics, 1985, 10 (4): 326 – 333.

[204] Schumpeter J A. Theorie der wirtschaftlichen Entwicklung [M]. Dunker and Humboldt, Leipeig, 1912; translated by Redvers Opie, The Theory of Economic development [M]. Cambridge, MA: Harvard University Press, 1934.

[205] Schumpeter J A. The Theory of Economic development [M].

Cambridge, MA: Harvard University Press, 1934.

[206] Scott W F, White L J. Empirical studies of financial innovation: lots of talk, little action [J]? Journal of Economic Literature, American Economic Association, 2004, 42 (1): 16 – 144.

[207] Shaw E S. Financial deepening in economic development [M]. New York: Oxford University Press, 1973.

[208] Stulz R M, Williamson R. Culture, openness, and finance [J]. Journal of financial Economics, 2003, 70 (3): 313 – 349.

[209] Tang T C. An examination of the causal relationship between bank lending and economic growth: Evidence from ASEAN [J]. Savings and Development, 2005, 29 (3): 313 – 343.

[210] Taylor L. Structuralist macroeconomics: applicable models for the Third World [M]. 1983.

[211] Thomas J C, Wilhelm W J. New Technologies, Financial Innovation, and Intermediation [J]. Journal of Financial Intermediation, Elsevier, 2002, 11 (1): 2 – 8.

[212] Tracey P, Phillips N. Entrepreneurship in emerging markets: strategies for new venture creation in uncertain institutional contexts. Manag. Int. Rev, 2011 (51): 23 – 39.

[213] Wolfgang P. Financial innovation in a general equilibrium model [J]. Journal of Economic Theory, Elsevier, 1995, 65 (1): 79 – 116.

[214] Young A. A tale of two cities: factor accumulation and technical change in Hong Kong and Singapore [J]. Nber Macroeconomics Annual, 1992 (7): 13 – 54.

[215] Zhang J, Wang L, Wang S. Financial development and economic growth: recent evidence from China [J]. Journal of Comparative Economics, 2012, 40 (3): 393 – 412.